居住福祉学の構築

居住福祉学の構築

早川和男・吉田邦彦・岡本祥浩
編　集

居住福祉研究叢書
第1巻

信山社

―― 〈編著者紹介〉 ――

早川和男 (はやかわ かずお／長崎総合科学大学教授・神戸大学名誉教授)

吉田邦彦 (よしだ くにひこ／北海道大学教授)

隅谷三喜男* (すみや みきお／元東京大学名誉教授)

阿部浩己 (あべ こうき／神奈川大学教授)

池田恒男 (いけだ つねお／龍谷大学教授)

岡本祥浩 (おかもと よしひろ／中京大学教授)

© 2006 信山社：東京 Printed in Japan

目　次

創刊にあたって（早川和男）vii
叢書第1巻の解題（吉田邦彦）ix

第1章　隅谷三喜男
新しい課題としての居住福祉　1

第2章　吉田邦彦
居住福祉法学の俯瞰図　17

第3章　阿部浩己
人間の権利としての「居住権」
　——国際法の視座——　65

第4章　池田恒男
現代日本の「居住福祉」の課題
　——法学の観点から——　87

第5章　早川和男
居住福祉社会の形成と居住民主主義
　——居住福祉資源の観点から——　153

＊　　＊

《附》居住問題研究者の社会的任務（早川和男）187

＊

あとがき（岡本祥浩）225
執筆者紹介（前付，227）

創刊にあたって

古来、多くの人は住居について語った。

　住居は幸福の根源である（ブッダ）。
　人間が大きな気宇をやしなうのに、その住まいの大らかさ自由さくらい大きな力を及ぼすものはない（ジョン・スチュワート・ミル）。
　食物着物にありましては、麦を喰い、羽織はなくとも、立派な生活ができるでしょう。いや、有名なお伽話には裸の王様さえあったではありませんか。然し、豚小屋に住んで幸福と感じ威厳を保つことは絶対に不可能であります（シャルル・ジード）。
　私は、人々の精神にとって住宅以上に大切なものを考えることができません。政府の緊急かつ重要な課題は、あらゆる可能な手段を用いて住宅を充実させることにあります（アトリー首相、1945年8月16日の議会演説）。

紀元前2世紀、前漢時代の中国には「安居楽業」という理念があった。「安心できる生活と生業を楽しむ」意で、人生の目標、政治の根幹という。

日本居住福祉学会は、住居は人間生存の基盤であり、基本的人権であり、生活と福祉の土台であるという認識のもとに、理論的・実証的調査研究を進める学際的な学術研究団体である。2001年1月の発足で、歴史は浅いが、現代社会の課題に立ち向かう重要な分野と考えている。多くの方々の参加を期待したい。

2006年3月

日本居住福祉学会会長
長崎総合科学大学教授

早 川 和 男

第1巻「解題」
―― 本叢書発刊の趣旨も兼ねて ――

日本居住福祉学会副会長
吉 田 邦 彦

1　日本居住福祉学会が設立されたのが、2001年のことであり、今年で6年目に入る。同学会会長の早川和男教授は、かつて自らが作られた日本住宅会議の現状、そのマンネリズムに飽き足らず、自省的再出発の意味を込めて、本学会は発足したように私は理解している。創立集会は、まさしく、福祉問題の基盤として住宅問題があるという「居住福祉」の理念の下に、徹底した現場主義と居住を巡る現状批判をモットーとして、「内発的関心」「学問的良心」に裏付けられる形で、全国から会員が集う企画であり、大会後の交流会、さらには、二次会では、参加者が各自の思いを熱っぽく語る会合であったことを昨日のことのように記憶する。そしてその後はがむしゃらに、現場の問題を追いかけているうちにこの数年が経過してしまったというのが正直なところである（当初は、縁もゆかり（コネ）もない私であったが、ちょうど創立集会の頃、早川先生が、NHKラジオ深夜便で「居住福祉」の意義を切々と訴えられ、その一語一句に共鳴し、突き動かされるように大会にやってきたことを懐かしく思い出す。しかしいつの間にか、初夏の年次大会以外にも年数回の現地研修会があり、さらに日中韓の毎年の居住問題会議もあるという形で、――機能不全に陥っているマンモス学会が多い（私の専門でもそのことはいえる）昨今では、――極めて例外的に真の意味で「学会」らしく、機動力の面でも珍しく柔軟で、他方で例外的に忙しい（しかしやりがいもある）学会の企画に関与するようになっていた）。

　しかし、ここ1、2年であろうか、「やりっぱなし」ではなく、そろそろ時期的に学会の成果が問われ、今後の反省の足がかりを作る意味でも、学術的成果をまとめてみようかという声が強くなった。幸い――安易に非学問的なハウツー物に流れる傾向が強い出版界の中で――

長年お付き合いのある信山社社長の袖山貴さんが、例外的にこうしたわれわれの思いを汲み取って貴重な手を差し伸べて下さり、ここに『居住福祉研究叢書』の第1巻を世に送り出すことになった。まずは、こうしたご好意に感謝申し上げたい。

　2　本巻は、しばしば当学会でも論題とされた、「居住福祉学の構築」をタイトルとして、居住福祉の問題について総論的に扱う論文を集めてみた。以下、簡単にそれぞれの論説について、コメントしておきたい。

　(1)　まず巻頭論文である隅谷論文であるが、これは、先の2001年6月の法政大学ボアソナードタワーでの創立大会で行われた記念講演であり、早川会長との対談も含めて極めて印象深い企画であり、巻頭にふさわしい。なぜならば、「居住福祉」実現に向けた住宅政策は、問題の重大さにもかかわらず、日本社会では閑却されてしまったわけであるが、同博士が会長を務められた社会保障制度審議会だけは、例外的に、学問内在的に──研究者自立的に──住宅問題の重要性を勧告しながらも、政府がきちんとそれを受け止めなかったこと、その後の審議会は性格が変質して受身のものとなってしまったことなどについて、会長自らが語る対談となっており、資料的な価値も高い（隅谷先生は、その後2003年2月に亡くなられた。謹んでご冥福をお祈りしたい）。

　学者としては、当然かつ健全な社会的貢献の仕方が、わが国では例外的になっており、構造的に居住福祉政策が日本社会で盛り込まれてこなかったことの異様さを改めて考え直してみるべきであろう。そしてこれは、最後に「付録」として収録した居住問題研究者の社会的任務に関する早川論文とも深く関係している。昨今では、きちんと自身の意見を述べない研究者が、行政に利用され「お墨付き」を与えるという現象（研究者の任務を忘れた御用学者問題）が、ますます顕著になっているだけに、掬すべき論文であろう。それを読めば、直ちに早川教授の知的誠実さ、廉直さ、（義侠心にも似たような）正義感の強さ

が溢れ出ていることが分かり、研究者としての当たり前の節度の問題は、今の時代には爽やかに映り、再出発した居住福祉法学の1つの重要な構成要素をなしているように私には、思われる。

(2) 次は、私の論文であるが、自分自身の論文の解題を書くというような野暮なことは控え、同じく民法学を専門とする池田論文との比較検討をここでは行うこととしたい。ただ若干、私の論文の背景だけを記しておくと、その原型は、2002年6月に鳥取市で行われた第2回大会（兼居住福祉推進フォーラム）でのシンポ「居住福祉学の方法」での私の報告に由来する（居住福祉研究2号（2004）に所収）。その前日は、片山善博鳥取県知事の感銘深い鳥取西部地震に関する講演があり（日本居住福祉学会編・知事の決断（京都修学社、2004）に所収）、そこでは、「被災住宅に個人補償しないという行政の先例はマインド・コントロールなのか」ということが法学者の私に突きつけられた課題であり、その晩、投宿先の白兎会館で眠れぬ一夜を過ごし、ロールズの「格差原理」を持ち出しながら、片山知事の英断を何とか学問的に基礎付けようと試みた苦肉の作というのが、個人的な思い出である。その意味で、時間にも限りがあって、俯瞰図とは言いながら、充分に論じていないことも少なくないと思われ、読者のご教示を請う次第である。

さて、池田論文は、当初は前記創立集会で報告される予定であったが、体調不良で叶わず、その数ヵ月後にかくも重量級の論文を寄せてこられたのであり、ここにも教授の学問的パトスが見事に示されているように思われる。池田恒男教授は、私が学問的にかねて尊敬しているこの分野での論客であり（私より10年上の大学紛争世代である）、わが所有権概念の規制のあり方に関する諸外国と比較法的考察という初発の問題関心をベースにして、昨今の規制緩和動向に対する懐疑という総論的問題関心（私も共鳴する）から、行政規制に関しては、建築基準法の規制緩和の批判がなされた後に、民法判例の批判的分析として、① マンション紛争（とくに、専有部分・共有部分の領域設定に関する紛争など）、② 借地借家法の「正当事由」要件の軟化（実証分析）、

③抵当権の肥大化（物上代位判例の賃借権への進出、短期賃貸借制度の崩壊）、④相隣関係の規制減退傾向、⑤景観訴訟などを幅広く横断的に考察してあり、居住福祉法学の分野の近時の貴重な収穫と評せよう。私としては、共鳴するところが多いし、拙稿の至らないところを論じてくださっているとも思うが、敢えて違和感を記すならば、第1に、教授が素材を民法判例に限られたために、扱われなかった居住福祉法学問題が出てくるのではないかという方法論的制約の問題があるのではないか。教授の扱う問題自体広汎で、それだけで充分という見方もあるかもしれないが、それを凌駕するほどに「居住福祉法学」問題は、社会の根幹に関わるスキームの問題であり、居住への公的支援問題一つとっても、従来の民法の枠を取って検討する必要を感ずるのである。

第2は、居住福祉法学の概念の問題である。教授のイメージは、規制緩和に慎重に対処し、消費者の視座から分析を進めると言うもののようだが、それだけで、居住福祉を捉え切れるのか、この点必ずしも鮮明ではないように映る。もちろんこれは「ないものねだり」であり、各人各様に暗中模索を重ねて協働していくべきものであろう。

第3に、マンション問題を詳論されたのは、現代社会においてアクチュアルであろうし、業者利益が優先されて、個人利益が浮き出て、共同体的規制が手薄になるということはその通りだが、他方で、例えば、建替え・修繕紛争などでもわかるように、共同体の規制と個人的居住権とが拮抗関係（ディレンマ関係）に立つことはしばしばあることで、居住福祉学は、個人的利益にも左袒することはしばしばであり、教授のように一方向的・線形的に考えることもできないと私は考えるが、この点、教授の立場もいずれまたお聞きしたいものである。

(3) このような雄編を寄せられただけに、また、私と同業の意欲的先輩であるだけに自ずと筆が進んでしまったが、今後とも民法学サイドからの居住福祉法学の議論を進展させるためにも、教授をはじめとする読者諸氏のご教示をお願いする次第である。

次は、阿部論文であるが、阿部浩己教授は、私と同年の国際人権法ないし難民問題などのエクスパートである。本論文も、法政大学での

総会で能弁に報告されたものであるが、教授が説かれるように、近年は居住福祉学が、国際人権法の問題になっていることに注意を喚起したい（第2巻で扱うわが国のホームレスやウトロの強制退去の問題は、国際法的に警告が発せられているのである）。このことからも、「居住福祉法学」が、わが社会の基本的な編成問題、根幹を成す法政策課題でありながら、国際的に見て不充分な事態であることが分かる（しかし、居住福祉に関して言えば、基本的な問題でありすぎて、かえって誰もきちんと議論しなくなってしまっているのではないか、と私には思われる）。わが国の居住事情は比較法的に見劣りがあり、国際法の先生からお叱りを受ける前に、本来ならば、私ども国内法の研究者がしっかり対策を講じなければならなかったはずであるが、この際もう一度謙虚に反省をしてさらに今後の一歩を進めることとしたい。

　本巻には、法学者のものが多くなってしまったが、これは意図的ではない。ただ、それくらい「居住福祉学」の構築問題は、「居住福祉法学」の構築問題と重なるように思われ、基本的レジーム作りとしての法的制度が求められているように考えたい。確かに、池田教授が指摘されるように、現状の司法（判例）は、もっと現状追認的で保守的かもしれないが、やはり「居住福祉」が基本的な社会のあり方（社会編成原理）、あるいは住宅を巡る所有のあり方に関わるだけに、法学者がもっときちんと、居住に関わる法的理念・原理を語り、斯界をリードしていかなければならないとも思う。このように法学研究者の役割は小さくないが、未だこの領域に関心を寄せる法学者は、――現場の要請とは裏腹に――少数であるのは遺憾であり、こうした事態は変えていかなければならないと考える。そしてまた、「居住福祉学」の射程の大きさゆえに、公法学と私法学、また国内法と国際法などの論者は、手を携えて協働してこの問題に当たらなければいけないだろう（日本の法学界の細分化、蛸壺化の現状は、こうした社会的・学問的要請に逆行している）。

　(4)　最後は、居住福祉学のリーダーである早川教授の論文である。「住宅は、基本的人権である」という持論とオーバーラップさせつつ、

居住福祉研究叢書第1巻　　　　　　　　　　　　　　　　［吉田邦彦］

　近年の論文では、居住福祉を語る際に、「居住福祉資源」をキーワードとされており（居住福祉学と人間（三五館、2002）参照）、本論文もそれに沿うものである。ここでは、身近な適切な住宅のあり方（欧米には、「居住適格保証」という法理もある）に始まり、地域・コミュニティのあり方に至るまで、一貫した考察が及んでいる。教授は、効率性優先の規制緩和の論理に対する「対抗原理」を示す必要があるとしばしば言われているが、豊富な事例を交えて、定評ある平易な語り口で的を射た対抗言説になっているように思われる。その射程は、テロ（復讐の応酬）・内戦・難民の時代に対する批判的含意にまで亘っている。また、最後の方で説かれる「居住福祉が根付いてこそ、自治、民主主義が培われる」という命題は、A・トックビルを髣髴させる名言であり、次巻以降で扱われる中山間地の居住福祉で論じられるように、平成の市町村大合併で、従来の基礎自治体が荒波に晒されている今だからこそ、肝に銘ずべき言葉のように思われる。

　3　今後の本叢書で扱うべき各論的課題を列挙して終わりにしたい。すなわち、さしあたり、私どもの念頭にあるテーマは、① ホームレス問題、② 強制退去問題（ホームレスもそうであるが、歴史的経緯から法的にはいわゆる「不法占拠」とされても、占有レベルで、取得時効などの柔軟化により、所有権限の再配分がなされるべき場合。「第3世界」では、これが大きな経済問題になっている）（以上が、第2巻で扱われる）、③ 中山間地の居住コミュニティの崩壊問題、さらに、④ 震災・水害などの天災、それにかかわる住宅（個人）補償のあり方、⑤ 耐震偽装問題が氷山の一角である欠陥住宅問題、⑥ 公共住宅のあり方（低所得者の住宅問題ないし一般的にも低廉住宅の必要性）、⑦ マンションの老朽化への対処、⑧ 障害者の居住問題、⑨ 高齢者・女性・外国人などへの居住差別問題、⑩ 居住に不可欠な生業の確保、⑪ 生活に密接な環境・食の安全問題などであり、さらには、⑫ アジア各国や欧米の先進諸国との比較分析も行わなければならないと考えている。問題山積である上に、若い学会で、何かと至らないところもあろうと思う。し

かし、冒頭で書いたように現場主義をモットーにして動いていると、実際の生活者（非専門家）から、核心を突いた問題の所在を教えられることも少なくないし、敷居の低い非権威主義を取り柄とし、また多分野の者が集う超学際性ないしE．サイードが言う「アマチュアリズム」を目指す当学会でもあるので、その意味でも、どうか多方面から忌憚のない読者諸賢のご意見をお寄せくださるようにお願いしたい。

第1章　新しい課題としての居住福祉

隅谷三喜男

　この居住福祉学会というのを作るについて、早川先生の要請がありまして、私も多少お手伝いしたことがありますので、そのことについて今日は一言二言だけ皆さんに最初に申し上げたいと思っております。居住福祉そのもののことについては私は専門家ではなく皆さんの方が専門家ですし、後で早川先生との対談やシンポジウムがありますので、私は歴史的なことをあらかじめお話して私の考えを申し上げておくこともよかろうと思っています。

○居住福祉は歴史的課題

　皆さんが最大の関心を持っていることは、今日の居住福祉であることは間違いないと思いますが、それはやはり、歴史的に形成されてきたものであるということです。まず、戦前に居住福祉的な問題提示があったかというと、一言で申しますとスラムというのが問題であった。実は私は、スラムに育ちました。明治時代に麻布に有名なスラムがありまして、といいましても私が生活していた家はスラムのはずれにありました。スラムというところで私は育ちまして、貧困、そこにおける居住はどういう問題をもっているかということに非常に関心をもっておりまして、大学に入った時に経営学を勉強しようとしたわけであります。

　戦前の都市のスラムというのは、都市スラムの中で再生産が行なわれることもございますけれども、より一般的には地方都市から次・三男の家を継がない人たちが都市に出てくる。都市においては長屋といわれる、だいたい4畳半1間、トイレは共同で、水道が大正になるとできてくるのですが共同水道で、おばさんたちがいろんなことを話し

合う場がこの共同水道であります。こういうような居住の中でだいたい当時は子どもたちの数は平均して4、5人いましたから、だいたい8畳1間に両親、子どもたちが4、5人ごろ寝をしている。そして、親父さんのほうは日雇いで、人力車夫とかで、そういう人びとの住居です。ですからそれでは、社会問題はスラムという世界が一般的であります。

○戦後の経済成長・家族制度の変化と居住問題

　戦後、状況は急速に変わります。戦争直後10年近くはスラムの状況が悪くなったと言ってもかまわないかもしれませんが、60年代に入りますと経済成長ということになりまして、二つの変化が起きる。一つは、農村の次・三男は都市に出稼ぎに出る。女性のほうもみんないろいろな繊維関係の工場等に出稼ぎに出ていましたが、結婚するとなると、村に帰ったりする人もあるし、あるいは都市で知り合って結婚したりしますが、戦争が終ってから日本の中小企業の生産技術というのは非常に低くなっておりました。ですから、機械というような部品は中小企業で作れなくて、役に立ちません。そこで戦後、30年ごろから中小企業の育成が問題となり、それは親工場との関連をきちっとつけるようになった。親工場が技術の面倒を見ることで、工業の発展の中で急速に中小企業の技術が上がりました。中小企業で日本くらいの技術をもっているのはないと思います。韓国や中国などでも中小企業がふえてゆきましたが、技術力はそんなに高くない。それが、日本の工業を支えました。

　中小企業の労働者になったのは、農村からの出稼ぎでした。だいたい当時は子どもは平均5人くらいいましたから、次・三男です。戦前から戦後にかけては長子相続で、次・三男は生活の元手は何もない。それが、戦後法律が改正され、遺産は平等に分配ということで、状況がちょっと変わってきました。そこで、多少のお金を持って都市に出てくる。そして都市での住居・住区がだいぶよくなりました。いわゆるマンション、イギリスで言えば王様の邸宅のことです。ところが、

日本はそういうような小さな、2間かときには3間くらいというような住居に住んでいる。

　これで住宅状況は一変しました。昭和30年ころから非常に変わりました。ですから、そこにおける居住福祉というものも姿を変えて、スラムに住んでいる、というよりは、ある程度の居住の条件はできたけれども、それでどういう新しい問題が展開されてきたとか、ということです。

◯社会構造の変化に追いつかない居住福祉

　日本の都市問題が一変しました。スラムというのは急速になくなりました。東京の下町といわれるところのスラムには大きな倉庫だの工場が出来て、そして住宅は郊外に集中する。それで住居は新しい社会福祉的なことが問題になった。これは、皆さんが住宅は福祉ということで、案外これから先の問題だと思っている。しかしこれは、新しい問題として60年代の高度成長の半ば以降に急速に増えてきたのです。

　夫婦共稼ぎの数字を皆さんに知ってもらおうと思って、統計表（4頁）がホームページに出してあったのでそれをここでいちいち申し上げたいのですが、その時間はないそうです。手短に申しますと、その上から10行目くらいのところだと思いますが、どういう活動状況にあるかというと、産業別には、農業はもうゼロです。かつて人口の半分は農家でした。それが戦後20年くらい、まあ10年くらいはあまり変化しませんでしたが、高度成長のころから急速に、農家は人がいないということもありますが、農家は男性が日曜日に1日やれば十分ということになって、奥さんの方がトラクターを運転したりというようなことになってきて、農業人口が急速に減ってきた。次・三男の場合には家を離れました。

　それからどういう職業についたかというと、自営業的なものもありましたが、大部分は雇用関係のような中でやるというように、社会構造が急速に変わった。その社会構造が変わったのに対して社会福祉が追いつかないというところに、皆さんが問題にしているこの居住福祉

居住福祉研究叢書第1巻　　　　　　　　　　　　　　　　　　　［隅谷三喜男］

就業状態別15歳以上人口、産業別就業者数、完全失業者数

(平成13年2月) 単位：万人

	男女計			男			女		
	実数	対前年同月		実数	対前年同月		実数	対前年同月	
		増減	増減率(％)		増減	増減率(％)		増減	増減率(％)
15歳以上人口	10,852	34	0.3	5,259	14	0.3	5,593	20	0.4
(就業状態)									
労働力人口	6,670	32	0.5	3,954	−16	−0.4	2,716	48	1.8
就 業 者	6,352	41	0.6	3,761	−5	−0.1	2,591	46	1.8
自 営 業 主	675	−31	−4.4	489	−17	−3.4	186	−14	−7.0
家族従業者	306	−2	−0.6	58	0	0.0	248	−2	−0.8
雇 用 者	5,349	72	1.4	3,203	13	0.4	2,146	59	2.8
完全失業者	318	−9	−2.8	193	−11	−5.4	125	2	1.6
非労働力人口	4,171	3	0.1	1,300	30	2.4	2,871	−27	−0.9
(活動状態別就業者)									
主に仕事	5,347	8	0.1	3,592	−3	−0.1	1,755	12	0.7
通学のかたわらに仕事	123	5	4.2	58	0	0.0	65	5	8.3
家業などのかたわらに仕事	773	28	3.8	46	4	9.5	727	24	3.4
休 業 者	110	1	0.9	66	−5	−7.0	44	5	12.8
(産業別就業者)									
農 林 業	232	−4	−1.7	134	−3	−2.2	97	−2	−2.0
建 設 業	622	−23	−3.6	524	−23	−4.2	98	0	0
製 造 業	1,304	4	0.3	856	17	2.0	447	−13	−2.8
運輸・通信業	401	−13	−3.1	321	−11	−3.3	79	−3	−3.7
卸売・小売業、飲食業	1,454	−16	−1.1	710	−12	−1.7	744	−4	−0.5
サービス業	1,767	102	6.1	832	29	3.6	935	73	8.5
(産業別雇用者)									
建 設 業	521	−11	−2.1	438	−12	−2.7	83	2	2.5
製 造 業	1,195	21	1.8	803	26	3.3	392	−5	−1.3
運輸・通信業	381	−13	−3.3	304	−11	−3.5	77	−2	−2.5
卸売・小売業、飲食業	1,183	−15	−1.3	577	−17	−2.9	606	2	0.3
サービス業	1,524	93	6.5	716	23	3.3	808	70	9.5
(従業者規模〈非農林業雇用者〉)									
総　数	5,316	75	1.4	3,183	13	0.4	2,133	62	3.0
1～29人規模	1,704	13	0.8	976	15	1.6	728	−2	−0.3
30～499人規模	1,749	44	2.6	1,017	10	1.0	732	34	4.9
500人以上規模	1,281	2	0.2	841	−19	−2.2	441	22	5.3

という問題が、だいたい70年代から大きな問題になってきました。農村の方では、長男をはじめとして財産をもっているし、老夫婦だけを対象とする福祉はそういう時代に対応、居住そのものについては昔から住居があります。

○学問は社会的経験が大切

そのことで農村の居住はいいのですが、そこで生活するということへの対応が非常に大事です。そのようなことをぜひ討論し研究してほしい、ということがまず一つ。もう一つは中小都市の福祉。都市部から離れたところの施設における福祉の方が対応しない。さらに大都市のマンションにおける福祉をどのように対応していくのかにも問題はあります。これは対談で問題が出てくると思うので、今はこれ以上は申しませんが、そのようなわけで、状況は急速に変化しています。

それで、その急速な変化に施設関係の福祉対策が遅れてしまう。地域、町といった自治体などでも同様です。それは私よりも皆さんの方がよくご存じのように、公共的な対応が行政単位になっていますので、そこでこの学会のようなものが地域に働きかけて、手遅れであるというようなことに対してきちっとした判断と指導を経験するということです。

学会というのは経験が大切です。ですから、この学会というのはそういう社会的な経験をできるだけ多くつんでいただきたい、と思います。

*　　*　　*

居住福祉研究叢書第1巻　　　　　　　　　　　　　　　　　［隅谷三喜男］

〈対談〉　社会保障の中の居住福祉

① 住宅政策の改革を指摘した社会保障制度審議会

　早川　世の中にはいろんな学問がありますが、住居に関わる分野は少数派でありまして、それも建築学や家政学が中心で、社会科学系の専門家は少ない。日本居住福祉学会は、幸い多方面の専門分野の方々の時代的・社会的関心と協力のもとに誕生したわけであります。隅谷先生のような方に住居の問題について発言していただくのは非常に心強いわけであります。

　それで、今回は当学会の顧問をお引き受けいただいた隅谷先生からいろいろお話を伺いたいというのがこの対談の趣旨なのですが、どうしても隅谷先生においでいただきたいと思ったのは、1995（平成7）年7月4日、先生が会長をされている社会保障制度審議会は、「社会保障体制の再構築に関する勧告──安心して暮らせる21世紀の社会を目指して」という勧告を村山富一内閣総理大臣に出されました。その中で非常に強い調子で日本における住宅の取り組みの遅れを指摘しておられます。少し読ませていただきますと、

　　「住宅・まちづくりは従来社会保障制度に密接に関連するとの視点が欠けていた。このため、高齢者、障害者等の住みやすさという点からみると、諸外国に比べて極めて立ち遅れている分野である。今後は、可能な限りこの視点での充実に努力を注がれたい。」

　　「我が国の住宅は社会における豊かな生活を送るためのものとしてはあまりにもその水準が低く、これが高齢者や障害者などに対する社会福祉や医療の負担を重くしている1つの要因である。」

　私は社会保障制度について勉強してきたわけではありませんが、政府関係機関に日本の住居の立ち遅れに対する意見として、また住宅は社会保障の基盤であるということを明確に指摘した文章を見るのは初めてであります。今日は、最初にこういう勧告を出された思いをお聞きしたいと思います。

隅谷 審議会というのはだいたい役所の必要があって設けられています。役所の方でいろいろ問題がある、そこで問題を整理して審議会にこういうようなことが問題になっているので意見を求める。けれども、ご意見をいただきたいというようなら、いいのですけれど、役所の方で判断するのです。長年仕事をしてきたのですから、役所の展開としてはこういうことが問題だと思うけれども、このことについて皆さんの意見をもう少しお聞きしたいということで、審議会は答申というのを作って役所に出します。答申文というのを作るのはお役人です。審議会というのは99％役所が作文をして、これでよろしいでしょうか、といって多少審議会で直してということもあるでしょうけど、それでOKということになります。だいたい、役所が問題を提起してその答えも役所が出しているんです。

② 役人が書かない唯一の答申

隅谷 だが、社会保障制度審議会というのは、ただ1つ例外的な審議会でして、勧告権というのをもっている。他の審議会は、審議を問われたことについて答申する。ところが社会保障制度審議会は、大内兵衛という先生が初代会長なのですが、この先生や初代の審議会のメンバーはうるさかった。われわれに勧告をする権利を与えよ、そうでなければ意味がないというので、内閣でまあ仕方ないな、社会保障制度審議会だけは勧告権を与える、ということになった。その勧告権ができまして、1年目に社会保障制度審議会は批判的な勧告を示した。社会保障制度審議会は1950年に戦争が終った時以来初めて勧告なるものをした。その勧告が元になって、日本の社会保障制度というものが本格的に機能するようになった。それから1960年ごろになりまして、日本経済が急に発展しましたね。発展したのでその状況に応じたように社会保障をもう一度考えた方がいいということになり、60年勧告で、勧告を出しました。

その頃はあんまり勧告らしいものがないですね。次から次に政府の方がこうしたいのですがどうでしょうか、審議をしてくれという要望が出てきて、それにしたがって議論をするようになりました。それでもひとつだけ特徴的なのは、普通答申を書く時はお役人が答申の案を書いてそれを多少直すのですが、社会保障審議会はできて以来全文委員が答申を書きました。役所の書いた答申ではございません。それだけ、独自性をもってやろうという意気込みでやりました。歴史的なことで興味をもたれて、今までどんなことを議論したのかなぁというようなことで、『社会保障政策50年史』

というものが出ています。いろいろな議論が書いてあります。

　そういう意味では委員の方がたの責任もなかなか重かったのですが、委員の中には副知事さんもいて、ちょっと言いにくいのですが、これは専門学校のようなものではないのですが、勉強させられたと言っていました。そういう関係でした。私は8年のところでやめると言ったのですが、もうちょっとと言われ、12年も会長をやっておりました。そこで、最後に2晩くらい泊り込みで委員と大議論をして、社会保障体制の再構築という勧告を出しました。当時も社会福祉学会というのがありますが、そういうところでも居住福祉のことまではあまり見かけないと思うのですね。そういう中で、私どもの審議会は大議論をいたしました。社会保障審議会には国会議員10人が委員になっていましたが、この年の勧告は議員さんは来なくていいよと言い、社会保障の専門家としての性格をもった人だけでつくりました。

③ 住宅政策は社会保障の基盤

　早川　いま、大内先生の話が出ましたけれども、1962（昭和37）年の大内委員会勧告はこれがまた住宅政策は社会保障政策だということを非常に明確に指摘されています。たとえば、「我が国の住宅難は国民全体の問題である。これに対する国の施策が不十分であるうえ、（中略）とくに国の住宅政策は比較的収入の多い人の住宅に力を入れているので、自己の負担によって住宅をもつことができず、公営住宅を頼りにするよりほかない所得階層の者はその利益にあずからない。これでは社会保障にはならない。住宅建設は公営住宅を中心とし、負担能力の乏しい所得階層のための低家賃住宅に重点を置くよう改めるべきである」と。厳しい意見ですね。

④ 政府はなぜ勧告を受け入れない

　早川　審議会として唯一委員がお書きになったということですが、この大内委員会の頃からこういう勧告が出ている。ですのに、なぜ政策に反映されないのですか。

　隅谷　結果的にいえば、問題点を指摘したのですが、それは他の審議会の場合には役所の方が「だいたいこういうことをしようと思うので審議してくれ」、とこうくるのですね。われわれの方は、役所の方があまり考えてないけれど、問題があるところについて、役所に帰って、役所の方がその問題を改めて考えなくてはならない。

第1章 新しい課題としての居住福祉

早川　しかし、これは単なる答申でなく「勧告」ですね。

隅谷　そうです。

早川　しかも総理大臣に対して。それにもかかわらず、聞き入れられない。

隅谷　聞き入れる能力がない。

早川　何を言われているのか、理解できないのでしょうか。隅谷委員会の勧告にはこうも書かれています。

「社会保障の均衡を図るためには些細な事故によって容易に貧困に陥るおそれのあるものに対する施策を充実する必要がある」と。

現在、リストラにあったり倒産したり病気や怪我などでホームレスに追いやられたりする人が増えています。そういう場合でも安心できる住居さえあれば失業保険や年金でなんとか生きていけるのですね。しかし、住むところがなければ直ちに路頭に迷います。そういう指摘を勧告として出されているのだと思います。先ほどのお話の中で、社会状況が変わったのに社会福祉の構造が追いつかない、というご指摘がありました。居住の安定は社会保障の基盤と思うのですが、その点隅谷委員会の勧告は的確に問題の所在を指摘されていると思います。

隅谷　この審議委員会というのは私が会長であった時に開かれた隅谷委員会ということです。社会保障に関する審議会というのは非常に一貫している。委員の大半はずっとこの両方にまたがって委員になっております。先ほどお話したように、この４、５年の社会の体質は大きく変化している。高度成長の時は、政府は一生懸命になって、成長する方向についてこうやれとか何とか言って、勧告したり協力したりする。その時代に脱落していく方が出てくる。ちょっと追いつけない。そういうのはどうしても見落されてしまうのですね。ですから社会保障としては、そういうこともちゃんと目が届くように考えてやってもらわなければ困りますよというのが、この勧告です。だから、われわれがやった時はもうひとつ先の問題、つまり社会が大きく変わろうとしているとき、どうしても大きな欠落部分が生じる。うまくいかないものがどうしても出てきてしまうのですね。社会保障はそのことを気をつけなくてはだめですよ、ということが２回目の勧告ですね。

5 公衆衛生は救貧対策の基盤

早川　もうひとつこれに関連して公衆衛生についての勧告が出ています。

「公衆衛生は救貧対策の基盤となり、かつ、今後全ての層に対し健康な生活水準の上昇力となる。これは個人の力では十分でなく社会が一体になって行われなければ効果をあげることはできないものであるから、社会福祉と並んで尊重されるべきである」。

　いま生活習慣病などいろいろ指摘されており、日常的な食生活の改善や運動などの個人的努力が大切であることは間違いないのですが、そういう風潮の下で社会的に健康を維持したり、福祉の基盤をつくるという視点が薄れている、どこかに追いやられているのではないか、という気がします。現実に、大学の公衆衛生についての講座がどんどん減っております。保健所なども、全国で800が600くらいに下がっていますね。個人の医療とか福祉サービスが必要なのはいうまでもありませんが、健康や暮らしの基盤としての居住の安定、公衆衛生の充実、という視点が後退している。ですからこの勧告も非常に重要な点だと思えるのですが、この点はどのような議論が行なわれたのでしょうか。

　隅谷　こういうことを敢えて勧告しようということなのですね。つまり、政府が、何といいますか、良くいえば気がつかない、ネグレクトしていることです。なにも厚生省か何かからこういうふうに言って下さいよとか、頼まれたわけではないのですが、社会保障について、しかしこれは大切ですぞ、ということです。公衆衛生というのは、一般の審議会の審議対象にならない、社会保障の中でもそういう分野を専門とする人は委員になっても出てこない。それとどうしても担当の厚生省が取り上げない。だから、公衆衛生というのは一体どこが責任主体かはっきりしない部分もあるのですね。ついつい、そういうところが比較的ネグレクトされてしまう。しかし、広い視野で見れば公衆衛生というのは本当に大切ですよ、ということをここで改めて言わざるを得ない、というのが社会保障の使命だ、ということです。

　早川　住宅とか公衆衛生は社会保障の基盤であると認識されているわけですね。それなのに、勧告している総理大臣に聞く能力がないとすれば誰が受けとめるのでしょう。

　隅谷　総理大臣に会いに行きまして、こういった勧告をしましたよ、だから、総理大臣として責任をもって対応をしてください、というふうに言いました。この時は大内先生でしたから、私は大内先生のお供をして、総理大臣に会いに行ったことがありますが、「はい。わかりました」と言って

いました。厚生省なら厚生省を呼んで、多少、気をつけてやって、などと言われたのだと思いますが、あまり体制的に受け止めるというようにはなりません。体制がないところについて言っているわけですから。責任主体がある分野については役所は一生懸命やるのですが、そういう官庁組織の中で欠如している部分があるのですね。そういうところが社会的に大きな問題になるというので、幹部にこういうところがあるんじゃないの、と言うと、ああそうだなと言いますが、役所の方にしたら自分の管轄のところじゃないのですね。

⑥ 戦後復興の西洋と日本の違い

早川 ありがとうございました。大内・隅谷委員会の勧告によって住宅が社会保障政策として取り組まれておれば、日本人の生活と福祉はずいぶん変わっていただろうと思います。審議会についてはこれで終りたいと思いますが、問題はどうして日本政府はこのように住居について無関心であり続けたかです。日本の近代化の道筋が「富国強兵・殖産興業」で、西洋諸国が住宅保障と公衆衛生を両輪にした都市づくりに取り組んだのと対照的です。たとえば1909年にイギリスで都市農村計画法が提案されるときJ・バーンズ地方自治庁長官はこう言ってます。「この法案提出の目的は全体的な社会的環境が改良されるための社会的条件を作りだすことにある。この法案は、健康な家庭、美しい住宅、快適な町、威厳のある都市、健康的な郊外地を作り出すことを目的としている」と。また第2次大戦ではアメリカを除いてすべての参戦国は都市を破壊され、大量の住宅を失なったのですね。それで戦後、旧西ドイツのアデナウアー首相とか、英国のアトリー首相などの議会演説を読んでみると、共通して「国土の復興は住居の復興から」と言っているのですね。ところが日本は、土地と住宅を金儲けの手段にする。これは、一体どのような政治構造からきているとお考えですか。

隅谷 ご指摘のようにイギリスでは1909年にスラムの調査などが出てきました。相当ひどいものでした。ですから、1909年、住居について基本的に考え直さなくてはいけないのではないか、ということが問題になりました。それからもう1つ、決定的な違いと思えることは、戦争が終って10年くらい経った時に、ドイツもそうですがイギリスは戦争で破壊された建物がそのまま残っていたのですね。ところが、日本は爆撃されて焼けてなくなってしまうのですね。原っぱになってしまったわけです。ヨーロッパの

建物は石造りですから爆撃されても、建物がずっと残っている。火事になっても、まぁくっついているものがちょこっと燃えるだけで、そのまま残骸として残こる。

　だから、住宅政策の考え方がヨーロッパとは違って、国の基本的住宅政策などはあまり表立って出ない。家をどんどん建てる。ロンドンなどは、なかなかそれができないのですね。20年くらい経っても爆撃された石なんかはそのままになっている。住宅ばかりでなく、寺院もあまり改築されないでいる。ですから、住宅問題というのは相当な腹を据えて、かなりの長期計画で新しい都市づくりをしなければならない。都市問題としての取り組みですね。日本はぱっぱっと、突っつくだけです。

　早川　建築様式の違いや焼跡の違いというのもあると思いますが、たとえば1945年から78年までの間にイギリスで建設された総住宅戸数の58.6％は公営賃貸住宅です。その半分以上は3LDKで広さは家族構成による。家賃は収入の6分の1以下と決められています。旧西ドイツは約40％が無利子100年返済の資金による社会住宅でした。だから、これらの国では失業すると家賃が下がるから、年金や失業保険でなんとか暮らせる。住居のナショナルミニマムが国家の手で保障され、国民の生活再建が可能になった。福祉国家の基盤は住宅保障によって成り立っているのではないか、と私は思うのですね。日本はなぜ戦後の復興を住宅から始めなかったのか、炭鉱などの産業復興を中心に捉えたために住宅はほったらかしになった。このような戦後復興の違いはどこから出てきているのかなぁ、と考えるのです。単なる政治の姿勢問題だけなのか、この辺はどのようにお考えですか。

　隅谷　ヨーロッパの場合には住宅というのを建設業者が気安く作るというようにはいきません。ところが日本には、社宅というのがある。ヨーロッパには社宅というのはないですね。これは企業の理念というのが違っていて、従業員の家庭のことについてもある程度の保護が出来る。だいたい日本の賃金制度は、年功賃金ですね。年を取って子どもが大きくなれば、食べることが何とか出来るようになる。これは日本の賃金制度であり、雇用制度である。だから、住宅は社宅というものを作る。外国からすれば、公共的な施設として住宅は考えられている。しかし日本は、社宅です。

　早川　そうですね。生活も福祉も住宅も、企業まる抱えによる恩恵的労働力の拘束ですね。すべてを個別企業内で解決しようとします。西欧諸国のように社会政策として取り組みませんでした。ですから、企業の格差に

よって住宅条件にも大きな差が生まれました。しかし今は、企業まる抱えというのは難しくなって、持ち家融資に変わっています。戦後の労働運動は、賃上げが中心ですね。けれども、いくら賃上げしても家の値段や家賃が値上がりすれば、何もならないわけです。一生ローンに縛られ、遠距離通勤を強いられ、ローン破綻です。持ち家政策というのは、労働運動にボディブローのように影響を与えているのではないかと思います。

⑦ 社会保障の研究が遅れている、日本の国立大学

隅谷 今いわれたようなことに関しては学問のあり方も関係あると思いますね。この中の大部分の方は大学とか研究機関にいると思いますが、日本の学問体系は非常に深刻な問題を持っている。というのは、国立大学には、社会保障という学問の科目がない。福祉の問題は福祉大学がやれというわけで、福祉もないのですが、そもそも社会保障という学問が一般の大学にはないのです。おかしな話です。文部省が作ろうとしないのですが、文部省には言い分がありまして、大学から申請がない、大学でうちには社会保障論がないから作ってくれ、というのは法学部ですよ。だから、社会保障というのは法律の先生はたくさんいるのですよ、大学の法学部には社会保障の講義がある。ところが経済学、社会学には社会保障論というのは、ありません。

それで作らなければいけない、と思って、作りかけたところで大学が紛争になってしまいまして、今になっても、社会保障論の講義をしてくれという大学がないのです。というのは、大学に研究者がいない。日本では社会保障の研究が一番遅れているのは国立大学ですよ。社会保障論の専門の先生が国立大学にはいないんですよ。で、私立大学にしかなくて、慶応なんかは比較的早くに始めたと思いますよ。それが今日の非常に深刻な問題です。皆さんと頑張ってね……やっていただきたい。

早川 学問や大学が社会の課題に応えない、応えようとしないということですね。

隅谷 社会保障という言葉も、ドイツにありません。使われていない。社会保障論はなかなか大きな領域なんですが、なにせ研究者は独立しないという問題はあります。

早川 現代社会ほど学問のあり方が問われている時代はないと考えています。それで私の恩師であった西山夘三先生と絶えず学問・学者のあり方について議論し、本にもまとめました（西山・早川『学問に情けあり──学

者の社会的責任を問う』三五館刊)。

隅谷 私は社会政策で労働問題を講義してきたんです。社会福祉研究をやりたいんですよ。その意味ではむしろ社会観っていうことを論議して、そして手を伸ばして社会福祉のようなことをやりたいというように。

早川 話がそれるかも知れませんが、北欧なんかに行きますと social welfare という言葉はタブーだというのですね、アメリカもそうです。施しの意味が強いといって使わない。かわりに social service とか quality of life、生活の質を向上させるという概念が中心になっています。生存権の保障や生活の質の向上の保障が社会保障・社会福祉の課題という視点に立てば、さまざまな学問的課題が出てくると思うんですね。日本の社会政策はそういう方向に向かおうとしてるんでしょうか。

隅谷 とにかく経済的なものが一番でありますからね。それと関係なしに社会福祉に関わるというのは資金も掛かりますから。やはり経済的な条件とどのように絡み合いながら展開できるか、誰が負担したらいいか、そういうことを考えなければいけないのです。それからどういう社会的な意味を持つのかなども問わなくてはいけない。どういうふうにすればよいか、大いに声を上げてやっていただきたい。

8 居住福祉学会への期待

早川 話が戻りますが、勧告ではまたこんなふうにお書きになっています。

> 「実質的には住宅問題であるものが福祉の問題として対策を迫られている事例もあり、生存と生活の基盤である住宅について、福祉との連携を重視した住宅政策の展開が不可能である」。

今、医療費の個人負担や介護保険料や消費税を上げるなど論議されていますが、どれも高齢化社会に向けての後追い的な対策ですね。病気にならない、福祉サービスを必要としない、自立して健康に生きられる社会を作る社会基盤づくりが必要で、その基盤が住居保障と考えるのですが。

隅谷 勧告はかなり基本的なところに立ち入って、その点をきちんと考えてくれなくては困ると……それだけの勧告でやめちゃったんですよね。

早川 この学会でも、顧問として今後もアドバイスをいただきたいと思います。

隅谷 ええ、居住福祉学会も、大いに頑張ってやっていただきたい。

第1章　新しい課題としての居住福祉

早川　問題提起と研究成果を社会にアピールしていかないといけないと考えています。ところで社会保障制度審議会がなくなったんですね。

隅谷　審議会自体がなくなりました。

早川　それはどういうお考えからですか？

隅谷　今でも社会保障のことをやる審議会は、何とか組織としてはあるんです。ありますが、前ほど勧告権をもってるとか、何か胸張っていえるような状態ではなくて、政府が何か言ってそれに答えるというようなものになってしまいました。

早川　長時間にわたって貴重なご意見をありがとうございました。この機会に今までの話の脈略で隅谷先生に質問をお受けいただけたらと思います。

井上英夫（金沢大学教授・社会保障法）　国立大学で社会保障の科目がないと仰しゃられて、確かに全体としてはそうかもしれませんが、金沢大学経済学部には社会保障論があります。法学部で私が社会保障法を担当して、社会保障法学会は会員が550人を超えました。そういう意味では、やや研究の状況が進んでは来ていると思いますが、経済学と法学と少なくとも私のところでは、経済学部と法学部で一緒に共同研究をして、社会保障を発展させようというふうにやっています。しかし、経済学部にそういう科目がないというのは、東大が悪いんじゃないかと。

隅谷　ついでに言わせていただくと、社会福祉法の学会も社会政策学会も住居の問題をもっと取り上げていただきたい。何を議論されてるのか、知りませんが。

井上　法律の方にあんまりないんですよ。社会保障法学会も持続問題の山積みですから。今、社会保障法学会で講座を作っています。全6巻でこの秋に発売しますが、その中の1巻を住居には出来なかったんですが、第5巻に公的扶助と併せて居住ということで構成して入れました。

早川　最後に、ひとつ憲法がらみでお話を伺いたいんですが。今、憲法改正が議論になっていますが、護憲派といわれている人たちの関心事は9条に集まっていますね。確かにそれは大事なことだと思います。しかし人間にとって最も基本的なことは25条の生存権ではないかと思います。そして安全に安心して住むことは生存権の基礎だと思うのです。日本の実状を見ますと、戦後の市場原理の住宅政策の下で、一揺れきたら潰れて死ぬ、という住宅が全国に累々とあるんですね。阪神・淡路大震災もほとんど全

員が家が潰れて亡くなっています。生存権の基盤は住宅保障だと思うんです。隅谷先生は憲法問題にも関わっておられると伺っていますが、護憲の視点からも、ぜひ取り上げていただきたいと思います。

　終りに居住福祉学というのは、保健・医療・法律・経済・社会政策、福祉・建築、町づくりなど極めて多分野に渡ります。たとえば町並み保全はコミュニティを守ることになるんですね。コミュニティを守るというのは福祉を守るということですから。住居は生存の基盤であり暮らしの器ですから、子どもからお年寄り、健康など、すべてに関わっていて超学際的にならざるをえないのです。

　隅谷　ただ今のお話に関連してひと言だけ申します。私はアメリカにも結構住みましたし、イギリスにもかなり住みましたが、おかみさんみたいな人が来て、この人は私の家に住むことになったからね、とか、この人は家に住んでお宅に買い物にも来るからよろしく頼む、というような、そういうコミュニティがあるわけです。ところが日本は戦後、そのようなコミュニティは崩壊しました。これもまた住宅との関連ということになりますが、ぜひ頭に入れておいていただきたい。

　早川　今日は大御所においでいただきましてありがとうございました。

　ついでにご存じない方に申し上げておきますと、五味川純平『人間の条件』（三一書房刊）の主人公のモデルは、隅谷先生です。

　隅谷　いやいや、それは（笑）。

第2章　居住福祉法学の俯瞰図
　　——住宅所有権・賃貸借規制を巡るディレンマと
　　公共的保護という観点からの再編

吉 田 邦 彦

I　はじめに——問題の所在と背景

　(1)　「居住福祉学の方法」というシンポ[1]を企画された早川和男教授は、「研究は孤独でなければならない。流行するテーマに追随してはならない」旨説いて、研究生活における集団主義・流行志向主義を諫めておられる[2]。私としても、民法研究のテーマは絶えず、社会的問題と向きあいながら、内発的関心に導かれつつ設定されていかねばならないと考えるので、近年社会的耳目を集めている居住福祉学[3]の領域に何故私がコミットしようとしているのかの経緯については、若干の説明が必要であろう。

　すなわち、阪神淡路大震災に関西地区が見舞われた頃、私はスタンフォード大学での在外研究に従事し、所有法理論にいささかの関心を持つに至り、21世紀的問題群を見据えつつささやかながら若干のテーマについて幾つかの論考を発表してきた[4]。戦時中に構想され、

（1）　本稿は、日本居住福祉学会シンポジウム（2002年6月、於鳥取県民ふれあい会館）での私の報告に若干の加筆修正を施したものである。

（2）　早川和男「21世紀の学問をになう人びとに」西山夘三＝早川和男・学問に情けあり——学者の社会的責任を問う（大月書店、1996）185頁以下。また、S.K.ネトル＝桜井邦明・独創が生まれない——日本の知的風土と科学（地人書館、1989）33-34頁、37頁、85頁（日本人の多くには、孤独に耐えるだけの強靭な精神が乏しく、流行研究に身を投ずることになるとする）も参照。

（3）　言うまでもないが、早川和男・居住福祉（岩波新書）（1997）、また早川＝岡本祥浩・居住福祉の論理（東大出版会、1993）、早川編集代表・講座現代居住1～5（東大出版会、1996）、早川他編・居住福祉学と人間（三五館、2002）などの一連の刊行物を代表とする、学際的な学問領域である。

（4）　吉田邦彦・民法解釈と揺れ動く所有論（有斐閣、2000）第7章以下は、その中間報告的なものである。

終戦直後に刊行された川島武宜博士の所有権理論[5]は、その後50年余り多大な影響をわが民法学界、いな法律学全般に及ぼしてきたが、「商品交換」を基軸とする同理論には流石に綻びが目立つようになってきたというのが私の問題意識である。とくに、社会（コミュニティ）に生きる所有主体の人格——つまり、その人間的充実——との関わりに留意すべきであるとの観点から（レイディン教授からの示唆に負う）、所有問題を再検討すべきであるとの企図で、これまで「人工生殖」「環境」「情報（とくに知的所有権〔知的財産権〕）」を扱ってきた（今後に考察を予定しているのは、「住宅」「年金などの社会保障」等の問題がある）。

(2) とりわけ所有法の一部門として「住宅居住 (housing)」の問題[6]には大いに民法理論的関心をそそられたが、背景問題は錯雑としており、なかなかの難題に思われた。しかも日本に戻ってきても、借地借家法のみをクローズアップさせる従来式の民法学の研究・教育の作法に、「私の問題関心」を接合させることには躊躇を感ぜざるをえなかった（例えば、彼地では多くの議論の的とされている、貧困・人種的差別や都市問題、あるいはコミュニティ論に関する扱い方は、民法学者のこれまでの議論では不充分と言わざるをえないであろう）。そしてむしろ、建築工学系の非法学研究者のイニシアティブにより、医療・福祉問題をも連携させつつ、実際的に且総合的に住宅問題を扱おうとする「居住福祉学」の方が、法学者にとっても琴線に触れ示唆を受けるところが多いと共鳴しているわけである。

そしてわれわれは今、震災補償（個人補償）について全国的関心を集めている鳥取の地[7]を訪ねて本シンポを行っているわけであるが、

---

(5) 川島武宜・所有権法の理論（岩波書店、1949）〔改版1987〕。さしあたり、本書については、吉田・前掲書（注）520頁以下参照。

(6) 住宅に関する所有権 (ownership)、賃借権 (lease property) は、アメリカ法学〔英米法〕においては、講学上所有法 (property law)——わが国の物権法にほぼ対応する講義分野である——の中で扱われている。この点、借地借家法が債権各論の主要領域として位置づけられるのと事情が異なることに、注意を要する。

(7) 平成12 (2000) 年10月6日午後1時半に鳥取西部地域（日野町、西伯町〔当時〕

奇妙なことに気づかされる。すなわち、「居住福祉学会」で取り上げられる素材の半数以上は、法学、しかも私の専門とする民法学と密接であるにもかかわらず、この会場の殆どが非法律家であると言うことである（それなのに、数多く寄せられる御質問は、各々切実な生活利益に根ざした法律問題であり、そこから受ける刺激は、専門の学会からのそれに勝るとも劣らない）。これだけ時代的要請の大きいアクチャルな学問分野であるのに、斯界に関心を寄せる法学研究者が僅かであるのは、専門分化の弊害であろうか、と考え込んでしまうのである。奇しくも、パレスティナ系アメリカ人のE・サイード教授が、現代知識人の危機として専門分化により狭い知に封じ込められて一般教養は犠牲とされ、リーダーと目される学者の顔色をうかがったり、時流・権力におもねる専門的知識人と化することを述べており、これに対して、知的愛好精神から自由に価値・概念を求め、種々の分野との繋がりを深め、大きな俯瞰図を描くアマチュアリズム〔アマチュアとは社会の中で思考し、憂慮する人間とされる〕の批判精神の意義を強調している[8]。時は今、司法試験に特化させた法学教育・法曹養成が行われるやも知れない日本版ロースクールが動き出そうとする前夜であり、そこにおける法学界の危機を上記指摘は見事に言いあてているように思われるし、他方で、居住福祉学会の研究者と接していると、隣接領域の非法律家

　　等）はマグニチュード7.3の大地震（震度6強）に襲われた（死者はなかったが、多くの住宅災害があった）。片山善博知事はこれに対して、高齢化・過疎化が進むこれらのコミュニティの崩壊を避けるためにも——神戸市をはじめとする従来の先例に抗して——同月17日には、全半壊の区別なく一律300万円の住宅建築補助金を支給する（県が200万円、市町村が100万円を負担する）（補修には、最高150万円まで助成する）ことを決定したのである。本震災についての詳細は、鳥取県防災危機管理課編集・平成12年鳥取県西部地震の記録（同課、2000）、日野町の災害・復興への記録（日野町、2001）など参照。また行政側の対応の、阪神大震災の場合との相違については、早川和男・災害と居住福祉（三五館、2001）182頁以下によられたい。
（8）　E. W. サイード（大橋洋一訳）・知識人とは何か（平凡社ライブラリー、1998）（原書1994）123-36頁、141-43頁参照。知識人の専門分化の問題については、その他例えば、RICHARD POSNER, PUBLIC INTELLECTUALS : A STUDY OF DECLINE（Harvard U. P., 2001）52〜.

〔アマチュア〕からの外野の声の方が、住宅法学の核心部分がヨリ良く見えるような実感を深くする。

(3) 「居住福祉学」の基本テーゼとして繰り返し説かれることに次のことがある。すなわち、居住は——医療・福祉などと並んで——最低限の人間らしい生活の基盤であり、基本的人権のコロラリーとして、一定程度の〔ナショナルミニマムとしての〕公共的保護が求められるということである（関連する根拠条文としては、憲法25条、また国際法的には、1948年世界人権宣言25条1項、1966年国際人権規約（社会権規約）11条、1996年「居住の権利宣言」（イスタンブール国連人間居住会議）などがある）[9]。諸外国（とくにヨーロッパ先進諸国）に比して、わが国はこうした公共的住宅思想が貧困である旨の批判に対して、法学（民法学）の側としてどのように受け止めていったらよいであろうか。

憲法25条には「プログラム規定性」という問題があるから、同条を承けた住宅政策立法が充実していかなければ有名無実となる。また終戦直後の焼け野原状態では、一見当たり前のような上記テーゼの即座の具体的実現には困難を伴い、居住のシビル・ミニマム的な公共的保障の具体化は「豊かな社会」の課題とも言えるであろう。しかし、戦後50年以上経ち、高度経済成長も経過した今日においてもなお、居住人権思想を巡る憲法学上の議論が、ほとんど蓄積されてないという事態は不可思議とも言える（むしろ、法学界で「住居は人権なり」と言ったら一笑に付され、学者としての価値まで下がるという状態だともされる[10]）。

---

(9) 早川・前掲書（注3）居住福祉ii頁（住まいの充実は、21世紀日本社会の中心課題の1つで、安心して生きる社会の基盤である）、12頁（居住環境は市民社会の基礎）、106頁以下（住宅行政〔居住政策〕と医療・福祉行政との合体の必要性）、145頁（「健康・福祉資本」としての住居・まち）、169-173頁（居住権の意識の希薄さ、人間尊厳につながる居住の必要性を説く）。また早川・住宅貧乏物語（岩波新書）（岩波書店、1979）187頁以下（人権・人間の尊厳を守るための、民主主義の基礎たる住宅思想の確立の必要性を説く）も参照。また関連条文については、日本住宅会議（中林浩監修）・住宅の権利・誓約集（シイーム、1999）10頁以下、104頁以下参照。

(10) 下山瑛二「住居法の枠組み」日本住宅会議編・住居法をめざして（ドメス出版、1984）34-35頁参照。また、戒能通厚「住宅基本権の法概念」講座現代居住1（東大

こうした事態の背景をどう考えたらよいのか。思うに、第1に、居住に関する所有権・賃借権などという憲法29条の「財産権」に関する問題は、所詮は民法学の問題になるからというわけか、憲法学上の社会権などの規定も交えた考察はやや希薄な空白地帯の様相を示していなかったであろうか(11)。それでは第2に、民法分野の方の対応はどうであったろうか。この点は前述のとおり、借地借家法の議論のみ前面に出ており、それは確かに借地借家市場の規制という側面があったが、やはり暗黙の前提として居住は私的問題という基本的発想があって、住宅供給ないし住宅建物を公共的にどのように規制し、制度構築していくかという視点は弱かったように思われる（このために、例えば、公営・公団住宅の供給という住宅給付行政の問題は、居住財産〔所有権・賃借権〕を下支えする密接・不可分の制度なのであるが、通常民法学の議論からは漏れてしまうという「視野狭窄」現象が生じてしまっているのではなかろうか）。

そこでここでは、対象を従来の民法よりも広めにとって、居住権に関わる所有権・賃借権の公共的――コミュニティ〔共同体〕的――保護・規制のあり方について、多面的に検討していく足掛りとして、その俯瞰図を示すことを本稿の目的としたい。以下にはまず、居住法学の種々の問題群を示し(Ⅱ)、その上でその方法論的問題点及び将来的な課題解決の方向性を探ることとする(Ⅲ)。

　　出版会、1996) 41頁でも、「講学的」に住宅人権論を陶冶することが急務なのに、十分な理論展開は見られなかったとされる。
(11)　例えば、石川健治「財産権条項の射程拡大論とその位相――所有・自由・福祉の法ドグマーティク」国家105巻3＝4合併号（1992）は、数少ない例外的文献の1つであるが、残念ながら未完である（同論文151-55頁、168頁注（12）では、生存を支える――最低限度の生活に必要な――人権を支える財産（所有権）の厚い保護という議論の紹介があるのは注目すべきだが、主たる検討対象とされるのかはわからない）。

II　住宅法学の問題群の分布状況

1　借地借家法制の緩和と市場主義の波
〔1〕　従来のわが賃貸借法の特徴とその変化

　居住賃貸借において、賃借人（居住者）保護の見地から、その市場作用（契約自由の原則）に対して民法がどのような法規制をしてきたかを、ごく簡単に見てみると、第1に、地震売買への対策としての賃借権の対抗力の付与（明治42（1909）年の建物保護法1条、大正10（1921）年の借家法1条1項〔現借地借家法10条、31条〕）があり、また第2は、賃貸借契約の更新拒絶・解約申入における賃貸人の「正当事由」（昭和16（1941）年改正による借家法1条ノ2、借地法4条1項、6条1項〔借地借家法6条、28条〕。導入当初は、賃貸人の自己使用の必要性があれば該当するような文言であったが、その後の判例により、賃借人の事情も比較考量することとなり、現行借地借家法ではその旨実定化された）が、注目すべきものであって[12]、この両者相俟って居住の存続保障ないし継続性の保護は比較的強力であったと評せよう（とくに後者は、戦時中の立法であり、家賃規制〔地代家賃統制令（昭和14（1939）年）〕とともに導入されており、1940年体制という日本社会の経済システムの一環で捉えることができ[13]、社会のセイフティネットとして重要であると位置づけられる）。

　これに対して、賃借権の譲渡・転貸の場合には賃貸人の承諾のない場合には、賃貸借は解除されうるという規定をわが民法は持っており（民法612条。小作人保護の見地から賃借権〔物権〕の譲渡・転貸を自由とした旧民法の立

---

(12)　この詳細は、さしあたり、星野英一・借地・借家法（法律学全集）（有斐閣、1971）参照。
(13)　内田貴「管見『定期借家権構想』——法と経済のディレンマ」NBL606号（1996）〔同・契約の時代（岩波書店、2000）219頁〕、佐藤岩夫・現代国家と一般条項——借家法の比較歴史社会学的一研究（創文社、1999）272頁。なお、健康保険、国民健康保険の皆保険化の原型ができあがるのもこの時期であり、いわゆる1940年体制の形成という点で、同様のことが言えることは、吉田邦彦「インフォームド・コンセントを巡る環境の変化と今後の課題」年報医事法学16号（2001）40頁〔同・契約法・医事法の関係的展開（有斐閣、2003）所収〕。

場〔財産編134条〕の変更である)、これは地主・家主の利益保護のための契約自由原則の規制と見うる[14]。しかしこれについては周知の如く、戦後の判例により、「信頼関係破壊(ないし背信行為)」理論による解除権の絞り込みがなされ、学界では1960年代頃には頻りにその基準論が議論された(川島博士の商品交換の所有権論及びM.ヴェーバーの影響から——人的要素を除外して——物質的(sachlich)〔経済的〕利害関係の問題に還元しようとする見解が相当に有力であったが(川村博士、広中博士など)、多数を占めたわけではなかった[15])。そして、「信頼関係破壊」の場面を限定しようとした少数有力説には、居住者の地位を安定化させるという実際的意義があったことは確かであろう(なお、借地上の建物譲渡の場合の特則〔借地法9条ノ2〔借地借家法19条〕〕〔地主の承諾に代わる裁判所の許可制度〕(昭和41(1966)年改正)参照)。ただその点を捨象して、非経済的側面を賃貸借の「信頼関係」に織り込めるか、換言すれば(当時問題とされた)売春婦[16]や風俗営業さらには暴力団等を

---

(14) 地主層の利益の表出であるが、ここには賃借人への個人的信頼、旧来の大家・店子関係的性格が反映しており、前近代的側面があるとされる(原田純孝「賃借権の譲渡・転貸」民法講座5(有斐閣、1985)300頁)。もっとも、「人的信頼関係」を顧慮すること自体が前近代的と言えるかどうかは検討の必要性があろう。

(15) 川村泰啓「借家の無断転貸と民法612条(2・完)——612条の歴史的構造把握への試論」法学新報63巻2号、3号(1956)とくに114-16頁、122頁、137-39頁(川島博士の影響が濃厚である。主に小作の問題が議論されている)、広中俊雄「近代市民法における人間——社会関係における『人的要素』と近代市民法」法哲学会報1963年(下)(1964)283頁以下(経済的効用の減少を問題にする〔286頁〕)、同「不動産賃貸借の解除要因としての信頼関係の破壊」司法研修所報33号(1965)(同・借地借家判例の研究(一粒社、1965)107頁以下(有償契約関係の処理につき、人的要素を視野に入れるべきでないとする)。

これに対する反論として、石田喜久夫「無断転貸と契約解除——広中教授の批判に応えて」大阪府大経済研究36号(1965)(同・不動産賃貸借の研究(成文堂、1980))、鈴木禄弥「賃借権無断譲渡ないし無断転貸を理由とする『解除』の制限」(同・居住権論(新版)(有斐閣、1981))111-12頁参照。

(16) 最判昭和33・1・14民集12巻1号41頁は、次々と米軍将校軍属及びその愛人に、高額の間貸し料をとって転貸したという事例。閑静な高級住宅街で子供の教育上も良くないなどと認定され、背信行為と認めるに足りない特段事情はなく、解除できるとされた。

どのように処遇するかという、快適な居住環境・生活環境のためのコミュニティ的規制の問題は今日でもアクチャル且デリケートな理論的課題である。少数説は、経済利益問題に帰着させる、代替的な賃借権論（fungible lease property）に支配されていて、ヨリ厚みのある財産権論からの再考が迫られているが、反面でアメニティも斟酌したコミュニティ的法規制は、個人主義的居住権と緊張関係に立ち、差別問題と隣り合わせであることも忘れてはならないであろう(17)。

ともあれ、居住権の存続保障（だけ）は、従来比較的強力だったわけであるが、近年は事情が変わってきていることをここで押さえておく必要があろう。つまり、近時はこの場面での市場主義的な規制緩和の動きが見られるのであり、まず借地借家法の統合（平成 3（1991）年）に伴い、所定の要件の下で前記「正当事由」の要件を取り払うという定期借地権の導入（同法22～24条）がその一里塚であった（その趣旨としては、借地権の活性化（供給増）、土地の高度利用、当事者の自治〔規制緩和〕による権利関係の調整などが言われていた(18)）。

そして続いての動きは、借家権についても同様の定期借家権を導入するもの（借地借家法38条）であり、これは、多数の民法学者の反対にもかかわらず（もっとも、営業用か居住用か〔又は非定着型か定着型か〕で類型的に区別して、前者につき「正当事由」要件の緩和を説く議論は以前からあった(19)）、経済学者の規制緩和論に押される形で議員立法（平成11（1999）年良質な賃貸住宅等の供給の促進に関する特別措置法）によるものであった。

すなわち、この論点に関しては、「正当事由」要件を堅持する民法

---

(17) 住宅問題における共同体主義的規制と個人主義的保護とのせめぎ合いの問題については、Gregory Alexander, *Dilemmas of Group Autonomy : Residential Associations and Community*, 75 CORNELL L. REV. 1 (1988) 参照。

(18) 例えば、稲葉威雄「借地法改正の基本的視点（上）（中）」NBL363号 11 - 12頁、366号11頁（1986）。

(19) 例えば、水本浩「借地・借家法の現状と課題」現代借地借家法講座 3（日本評論社、1986）11頁以下、14-16頁、稲本洋之助他編・借地・借家制度の比較研究——欧米と日本（東大出版会、1987）226頁。

学者と、それを選択的に不要としてもよいとする経済学者との間の議論は「平行線を辿った」[20]（例外はある）。後者の主たる論拠としては、「正当事由」要件を除去することにより、従来に比べて借家供給（とくにファミリー向けの規模の大きいもの）が増大して、その結果として、家賃も安価になる点が強調されたのであるが（東京都の民間賃貸住宅のサンプルでそれが実証されるとする論文もある[21]）、実際には、バブルがはじけて「借り手市場」の状況にあり、定期借家の導入には慎重であるとのことである[22]。

　両者の分岐点の幾つかを参考までに指摘するならば、第1に、民法学者は賃貸借当事者間の個別的な公平・正義論（例えば、具体的借家人の生活維持、住居の安定、家庭・地域生活の静穏、職場への接近）にも目を配るのである[23]が、経済学者は、潜在的借家人を見据えた事前的な借家供給のマクロ的政策論を語ろうとする。これは、「法と政策」の緊張関係に関わるものでどちらか一方に割り切れるものではなく、住宅政策論としても、「正当事由」を廃止すれば潜在的借家人の需要は低下するということにも配慮が必要であることも忘れてはならない[24]。さらにヨリ根本的に住宅政策を語るのであれば、借家の民間市場だけを論ずるのでは一面的であり、公営住宅の提供や家賃補助の是非なども併せて議論される必要があろう[25]（一般論としては、経済学

---

[20]　「(座談会) 定期借家権論をめぐって」ジュリ1124号 (1997) 40頁における野村豊弘教授の発言。経済学者サイドの定期借家推進論としては、岩田規久男「借地借家法の経済学的分析」季刊現代経済24号 (1976) が嚆矢であり、その後のものとして福井秀夫「借地借家の法と経済分析（上）（下）」ジュリ1039、1040号 (1994)〔同・都市再生の法と経済学（信山社、2001）所収〕、阿部泰隆他編・定期借家権（信山社、1998）など参照。

[21]　大竹文雄＝山鹿久木「定期借家権制度と家賃」住宅土地経済41号 (2001) 10頁以下、とくに17頁。

[22]　末永照雄「実務の現場から見た定期借家制度」ジュリ1178号 (2000) 31頁参照。

[23]　例えば、鈴木禄弥「いわゆる『定期借家権構想』について（上）」NBL586号 (1996) 11頁、13頁。

[24]　内田・前掲書（注13）225頁参照。

[25]　この点の古典的指摘としては、鈴木禄弥・居住権論（有斐閣、1959）5頁、63頁。

者もこの点に異論がないようだが、しばしば脱落する嫌いがある)。また第2に、経済学者サイドには、契約自由の原則を重視する志向があり、不動産の価格騰貴分〔開発利益〕を――合意（対価的取引）もなしに――借家人に配分する理屈はないとする[26]（これに対して、民法学者サイドは、所有者・賃借人間の分配のあり方は政策的問題だとするし、借家人の居住利益ないし継続的信頼利益の保護に配慮して、土地所有者への一律帰属〔絶対的所有権（absolute property）[27]〕を否定する[28]）。これは換言すれば、住宅所有権・賃借権の権限配分の問題であり、長期居住による生活関係志向的な――単発的な合意志向ではない――配分が問われるであろうし、マイノリティや高齢者・母子家庭などに対する家主の恣意に対しては公平的矯正が問われる。何となれば、居住権には生存権の基盤をなす公共的性格があるという基礎づけに行き着くのであるが、近年は、ともすると市場主義化の波を受けてこの点が閑却されやすいのも、従来必ずしも住宅問題の基礎原理が詰められてこなかったからのように思われる[29]。

---

(26) 例えば、前掲（注20）座談会10-14頁、34-35頁の阿部泰隆・岩田規久男発言参照。また、阿部泰隆「新たなオプションとしての定期借家権の擁護」（土地問題双書）震災と都市計画・定期借家権（有斐閣、1998）223頁以下。

(27) このような、アメリカでは新ロック主義ともされる絶対的所有及び契約自由のスキームに対して、リバタリアン（自由尊重主義）的な概念主義として、理論的批判を加えるものとして参考になるのは、MARGARET JANE RADIN, REINTERPRETING PROPERTY（U. Chicago P., 1993）98-119である。

(28) 鈴木・前掲（注23）15頁、また前掲（注20）座談会13-14頁の瀬川信久・吉田克己発言など。アメリカでも、財の分配状況・権力の不均衡に鑑みて、弱者（the vulnerable party）の関係的信頼利益の保護の見地から、――絶対的所有権論を批判して――一定の所有利益をシフトさせるという所有理論の一環で、この問題を扱う、Joseph Singer, The Reliance Interest in Property, 40 STAN L. REV. 611, at 682-84（1988）が注目に値しよう。

(29) 居住の公共的側面への意識が不十分なまま形成されている現行法現象から、――比較法的検討もなしに――規範的な住宅法ビジョンを攻撃する（例えば、阿部教授は、借金を返せないなら居住権を奪ってよく、生存権的居住権を言う民法学者はおかしいという〔前掲（注20）座談会32頁、34頁〕）のは、議論の混乱を招く倒錯的論議であろう。

第2章 居住福祉法学の俯瞰図

〔2〕 その他の賃貸借市場規制の弱さ

(1) しかし、以上の「存続保護」を別とすれば、住宅賃貸借市場に対する規制は弱い。まず第1に、対価（家賃）の規制は今日ではあまりなされていない。戦時中導入された地代家賃統制令は、まさに直接的に規制するものであり、戦後も住宅難対策として制定された（昭和21年勅令443号。昭和27 (1952) 年以降は法律としての効力をもった）が、昭和25 (1950) 年の改正によって新築建物については適用除外とされ（23条）（その他、一時使用の借地・借家、商業用・事業用のものについても除外された）、大きく規制対象は絞られて意義は薄れている（その後、昭和61 (1986) 年には全面廃止された）。しかも、そうした家賃の自由化は、民間の借家建設を促すために意図的になされたのであった[30]。もっとも、この点で借家法7条〔借地借家法32条〕の「相当家賃制度」が、市場家賃との対比で借家人の負担能力等を考慮して、抑制機能がある旨指摘されている（佐藤岩夫教授）[31]が、「継続賃料」の抑制といっても、賃貸借の期間にもよりけりで、相対的なものであり（更新料や権利金という形での徴収もある）、それほど強調することはできないであろう。

諸外国と比較して明らかであるのは、西欧諸国では一般的である家賃補助制度がわが国では欠落していることであり（その必要性はかねて説かれている）[32]、その結果として例えば、わが国においては文京

---

(30) これについては、渡辺洋三・土地・建物の法律制度（中）（東大出版会、1962）522頁、575頁。

(31) 佐藤岩夫・前掲書（注13）296－98頁、309頁。

(32) 既に佐藤岩夫「住居利用関係法研究序説——住居利用関係法の展開におけるドイツ型とイギリス型第1部（1）」法学50巻1号（1986）106頁以下、同「同上第2部（2）」行政社会論集3巻1号（1990）33頁〔加筆の上、前掲書（注13）に所収〕、同「住居賃貸借法の一般条項性とその明確化をめぐる諸問題——独英両法制からの示唆」私法51号（1991）236-37頁が隣接の法制度として重視するところである。また、内田勝一「都市における居住問題」岩波講座現代の法9都市と法（岩波書店、1997）166頁でも、日本においても、家賃補助・家賃規制の制度が不可欠だと説かれる。
また経済学的文献として、金本良嗣「住宅補助政策の経済学」都市住宅学4号（1993）12頁以下は、素朴な住宅補助肯定論を批判し（所得補助の方が一般的には望ましいと

居住福祉研究叢書第1巻　　　　　　　　　　　　　　　　　　　［吉田邦彦］

地区などでも、学生が高額の住宅費を負担することが当然視されるような事態となっているのである。

　また、公営住宅は低廉家賃での賃貸という意味で対価コントロールがなされていると見うるが（昭和26（1951）年公営住宅法1条参照）、わが国での公営住宅の位置づけに関する立法者意思は民間の借家建設が軌道に乗るまでの「つなぎ」としていたことに留意すべきであって[33]、やはり原則としては民間市場価格に委ねられているのである（ところで、公共賃貸住宅の割合がわが国よりも低いアメリカ〔全住宅比が、日本では7％ほどに対し、アメリカ合衆国は1.5％弱である〕も、自立的な民間借家市場を認めるデュアリズム（ケメニーの分析）[34]の典型例であろうが、同国ですら、少なくとも学界においては、家賃規制〔レント・コントロール〕に関する多くの議論が見られる〔賃貸建物の約1割がコントロールの対象となっている〕ことに注意しておきたい。すなわち、家屋所有者優遇の権利［持家政策］の下に、賃借人の政治的・法的地位が弱いことに鑑みて、サンタ・モニカ、ニューヨークなどの賃借人運動に見られる公的介入への関心は高いのであって[35]、その意味でむしろわが国の状況の方が比較法的には孤立的である）。

　(2)　さらに、住居の質・居住水準の維持・向上という視点も欠落している（これは、賃貸借に限らない問題であるが、借家の場合にとくにそ

　する）、宅地供給促進を重視しつつも、欧米で一般的な家賃補助制度を支持している（16-17頁、19頁）。

(33)　この点については、さしあたり、佐藤・前掲書（注13）302-03頁参照。

(34)　JIM KEMENY, FROM PUBLIC HOUSING TO THE SOCIAL MARKET : RENTAL POLICY STRATEGIES IN COMPARATIVE PERSPECTIVE（Routledge, 1995）. 佐藤・前掲書19-20頁、310頁はこれに依りつつ、デュアリズムだと契約自由・規制緩和が、民間部門では志向されるとしているが、その必然性はないように思われる。

(35)　E. g., STELLA C. APEK & JOHN I. GILDERBLOOM, COMMUNITY VER-SUS COMMODITY : TENANTS AND THE AMERICAN CITY（SUNY Press, 1992）16-20、31〜（賃貸借市場への政府の介入の必要性）、48-49（空間の「商品化」批判）; JOHN GILDERBLOOM & RICHARD APPELBAUM, RETHINKING RENTAL HOUSING（Temple U. P., 1988）127〜. また人格的所有論の見地からの正当化として、Margaret Jane Radin, *Residential Rent Control*, 25 PHI. & PUB. AFF. 350（1986）, do., *supra* note 27、84〜参照。

うであり、民間借家の多くが、狭小・低質・低設備の木賃アパートという事態を生んでいる)[36]。この点では、ヨーロッパ諸国もさることながら、アメリカ合衆国においても、1970年代の判例によって、居住適格の保証(warranty of habitability)という法理が確立している[37]ことにも、参考までに注意を喚起しておいてもよいだろう。

(3) これに対して、せめてもの「良質な住宅」への活路としての持家(その場合には、住宅金融公庫法が住宅の建設基準の確立に努め〔「住宅金融公庫融資住宅共通仕様書」を定める〕、民間住宅建設の技術水準のボトムアップの役割を果たしたとされる[38])の場合であっても、「欠陥住宅」問題が跡を絶たないのはどうしたものであろうか(阪神淡路大震災の被害の大きさも「住宅災害」と言われるのである)[39]。この点、民法学上「瑕疵担保」の問題については、周知の如く数多くの議論が存在するところだが(もっとも、請負人の担保責任(民法634条～638条)に関しては、それほど研究は多くないとされ[40]、従来のディスコースは、法的性質

---

(36) この点は、例えば、早川和男「住宅裁判・住宅政策にみる日本人の住意識」(甲斐還暦)現代社会と法の役割(日本評論社、1985) 52頁、また佐藤・前掲書(注13) 305頁でも指摘されている。同論文では、西欧諸国における居住水準の基準法定の努力がある(イギリス公営住宅におけるパーカー・モリス基準、ドイツにおける第一次、第二次住宅建設法基準)ことにも言及される。

(37) E. g., Javins v. First Nat'l Realty Corp., 428 F. 2d 1071 (D. C. Cir., 1970), cert. denied, 400 U. S. 925 (1970) (質に対する正当な期待の保護をはかり、ワランティの違反があれば、賃料の支払義務も免れるとする)。さらに RESTATEMENT (2ND) OF PROPERTY §§ 5.1-5.6 (1977)、より一般的問題状況については、Samuel Bassett Abbott, *Housing Policy Housing Codes and Tenant Remedies : An Integration*, 56 B. U. L. Rev. 1 (1976) 参照。

(38) 大本圭野・〔詳言〕日本の住宅政策(日本評論社、1991) 856頁。

(39) 欠陥住宅問題の実情の一端としては、さしあたり、黒田七重・裁判官は建築を知らない!?――私の欠陥住宅訴訟からみた司法の現状と住宅づくり21世紀への提言(民事法研究会、1999)(背景として、建築確認(建築基準法6条)における精査の不充分さにも触れる〔142頁以下〕)、吉岡和弘＝加藤哲夫＝齋藤浩美・欠陥住宅に泣き寝入りしない本(洋泉社、1999)(欠陥住宅問題は、わが国の建築業の下請構造に潜む構造的問題だとする〔33-34頁〕)など参照。

(40) 例えば、諸外国における土地・建物の欠陥被害とその法的救済(日本住宅総合センター、1999)まえがき(能見善久執筆)参照。

論や請求権相互の関係など抽象的概念論の色彩が強かった[41])、これだけ切実な住宅問題の社会的要請に充分に応接してこなかったことには考え込まされる。

　実際に問題とされている幾つかを列挙するならば、第1に、建築業者に対する損害賠償額の程度如何（とくに、取壊し、建替費用についてまで賠償請求できるか否かが、民法634条1項但書の「過分ノ費用」の類推の可否として問われる）であるが、近時は積極的な裁判例が出ている[42]ことが注目される。また第2に、救済の実効性との関係で、瑕疵修補請求権及び損害賠償請求権と請負代金債権との同時履行関係（民法634条2項参照）の成否——これは、代金債権についての遅延損害金の有無に繋がる——の実際上の意味は大きく、この点で積極的判断を下す裁判例が近年下されている（最判平成9・2・14民集51巻2号337頁）。もっとも、相殺が認められればこの判例は無力となるので（同平成9・7・15民集51巻6号2581頁では、その場合には相殺の意思表示をした日の翌日から付遅滞になるとする）、抜本的には、欠陥が重大の場合には果たして「完成」「引渡」があったのかという角度から（それがなければ、債務不履行（民法415条）として、完全履行請求ができ、代金支払義務もないこととなる（同632条））、請負人の担保責任の規定の射程を絞り、債務不履行一般の問題とするような工夫が求められよう[43]。

　さらには、第3として、住宅欠陥問題を、従来の民法学の思考様式流に、これを市場問題（私法問題）とするだけでは、法規制の幅を狭

---

(41) 例えば、下森定・建売住宅・マンションの売買における売主の瑕疵修補義務について（日本住宅総合センター、1984）とくに34頁以下、森田宏樹「売買契約における瑕疵修補請求権に関する一考察（1）～（3・完）」法学53巻6号、54巻2号、55巻2号（1990～91）。若干コメントすれば、確かに森田論文の指摘するように（「（3・完）」309-10頁）、下森教授が当事者の合理的意思解釈から不完全履行として瑕疵修補請求を肯定する（前掲書36-38頁）ところは、法定責任説と矛盾するところがあるかも知れないが、同教授の論文の方に住宅取引問題へのアクチュアリティを感ずる。逆に森田論文の方が、概念法学的色彩が濃厚なのである。

(42) これについては、吉岡他・前掲書（注39）82頁以下参照。

(43) このようなアプローチが、立法者意思（梅謙次郎博士の立場）にも沿うことも含めて、今野正規「民事判例研究」北法52巻5号（2002）1764頁以下から示唆を得た。

めることに注意が必要であろう。すなわち、同問題の背景には、建築基準法上の規制の弱さ（建築確認〔同法6条〕のチェックの杜撰さ）があることに鑑みるならば、肌理細かな中間検査（インスペクター制度）などの行政法的規制が求められるところである（この点で、平成11 (1999) 年に制定の「住宅品質確保促進法」[44]で定められた、住宅性能評価表示制度（同法5条以下）は任意的だが、今後の展開が期待される。また同法では構造耐力上重要な部分等については、瑕疵担保期間が強行的に10年間（引渡から）に伸長されている（87条、88条）〔民間（旧四会）連合約款27条2項、宅建業法40条は2年間としている〕ことも注目されよう）。なぜ、住宅の欠陥抑制については、民法的（私法的）規制だけでは足りず、行政法的規制の併用が必要かについて、所有権法の側から引き取って考えるならば、ここでも住宅所有権及びその内容としての品質保証の公共的性格ということに想到することとなり、それゆえに後見的保護の基盤整備も求められることになろう。

2　マンションにおける共同管理問題
〔1〕　マンション砂漠と近隣ネットワーク形成の方途

マンション居住の問題は、借家に比べて相対的に「持てる者」の話だが、近年は爆発的に増大している（分譲マンションは、最近では年間10万戸以上の単位で供給され、平成12 (2000) 年末には約385万戸になるという）のとは裏腹に、その管理は無秩序状態のところも少なくなく、背後にはマンション砂漠の問題が控えている。

騒音やペットなどを巡る隣人紛争は、しばしば感情的な対立に発展して、——そこにおける依法的処理の役割（法の役割）にも限界があり、かと言って自主的処理にも困難があり——「転居」に至るということも指摘されるところである（尾崎論文）[45]。

---

(44)　この法律については、伊藤滋夫他「(座談会) 住宅の品質確保の促進等に関する法律の制定をめぐって」ジュリ1159号 (1999)、伊藤滋夫編・逐条解説住宅品質確保促進法（有斐閣、1999）参照。なお、同法律が民法学界からの内発的議論によって制定されたものでないことは、今日の民法学の問題状況を示しているように思われる。

マンションにおける共同体とは誠に人工的・形骸的なものであり（親交的・機能的結合とは異なる）、しかもその受け皿となる昭和37（1962）年制定の区分所有法は、物権的共有（民法249条以下）の延長線上に立法化されており、同箇所の共有とは、我妻栄博士のゴム鞠の比喩[46]を持ち出すまでもなく個人主義的共有であって、ブツブツに個別化された〔個人主義的細分化〕所有論のイメージがその基調にあったわけである。

　まさしく、個人的所有権相互のネットワーク作りは従来の民法学の弱点であり、そのコミュニティ的再編は今後の重要課題として残されていたわけである[47]。もっともこの点で、その後同58（1983）年の区分所有法の大きな改正により、その団体的規律が進められ（管理組合が法制化され（3条）、義務違反者の停止請求及び排除制度〔4分の3以上の特別多数決による〕（57～60条）、建替え制度〔5分の4以上の特別多数決による〕（62～64条）などが規定された）、その前提として区分所有者集団の自治、自主管理に委ねるという原則が立法者意思であったようである[48]。しかし、極めて人工的な団体たる区分所有者団体（3条）の実態は脆弱な存在であり、自主管理の担い手として耐えうるものなのか怪しいところがあり、いざ住宅紛争が生じた場合に居住権思想にも配慮を示す成熟したコミュニティたりうるかにも眉唾のところがある

---

(45) 尾崎一郎「都市の公共性と法（4・完）——マンションにおける生活と管理」法協113巻12号（1996）1686頁以下。同「都市的紛争と法」岩波・現代の法9都市と法（岩波書店、1997）210頁、220-24頁など参照。

(46) 我妻栄〔幾代通補訂〕民法案内（全訂版）3-2物権法下（一粒社、1981）（初版1968）〔185〕参照。また、同〔有泉亨補訂〕・新訂物権法（民法講義Ⅱ）（岩波書店、1983）（初版、1952）〔342〕では、物権編共有のような近代法の共同所有においては、主体間の団体的結合は極めて微弱だとされる。

(47) この点の指摘は、吉田邦彦・民法解釈と揺れ動く所有論（前掲書（注4））（有斐閣、2000）128頁以下も参照。

(48) 濱崎恭生・建物区分所有法の改正（法曹会、1989）109頁、345-46頁（区分所有法の内在的制約からの剥奪で、村八分の運用の懸念の必要はないとする）、377頁以下（1人でも反対すれば建替不能となることの不合理を打開するための将来問題の対策であり、公的介入・援助の措置は後日検討されても遅くないとする）参照。

第 2 章　居住福祉法学の俯瞰図

との危惧を払拭することはできない（管理組合には従来のコミュニティ・ストックが承継できておらず、「まちづくり」も通常の区分所有共同体が実現するところではなく、この団体が「中間集団」と呼べるほどのものなのかという尾崎助教授の懐疑[49]は、当たっているように思われる）。それにもかかわらず、孤立的マンション居住者相互に、いかに近隣ネットワークを形成していくかは、「居住の豊かさ」に関わってくるというパラドクシカルな課題に今われわれは直面しているわけである。

〔2〕　居住を巡る個人主義と共同体主義とのディレンマ――とくに「建替・補修」論争

(1)　ところで、昭和58 (1983) 年に新設された、「共同利益違反行為者」に対する集団的排除請求制度（区分所有法59条、60条）の具体的適用としては、従来「暴力団問題」排除が問題とされたが[50]、近時は「外国人の居住権」に関わる集団的圧力も問題とされており[51]、こうなると団体的居住秩序形成の背後に潜む、個人的居住権抑圧とのディレンマ問題というデリケートな課題に目を向けざるをえないであろう[52]。

そして同様の理論的問題は、最近クローズアップされているマンションの「建替か補修か」を巡る議論についても指摘できることを忘れてはならないであろう。すなわち、平成12 (2000) 年末に行政改革（規制緩和）との関連でマンション建替え制度が問題視され、翌13

---

(49)　尾崎・前掲（注45）「1」法協113巻9号 (1996) 1352 - 53頁参照。
(50)　例えば、最判昭和62・7・17判時1243号28頁（横浜山手ハイム事件）（暴力団員が賃借人の事例であり、区分所有法60条による占有者への引渡請求の集会決議の際に、区分所有者の弁明の機会を与える必要はないとした）。この問題については、丸山英気「民事介入暴力とマンション法（上）（下）」NBL415号、418号 (1988 ～ 89) など参照。
(51)　日本マンション学会「集合住宅における外国人の居住問題」第4回大会（横浜）研究報告集別冊3号 (1995) 96頁以下などの実状リポートを参照。
(52)　Alexander, supra note 17 がこれを扱う好文献であるが、寺尾美子「アメリカにおける所有形式集合住宅の増加と多数派支配の問題――コンドミニアムを中心として」藤倉皓一郎編・英米法論集（東大出版会、1987）とくに300頁以下でも、①譲渡・賃貸・担保設定制限、②使用制限、③子ども・黒人排除などの問題に関する判例状況を分析している。

(2001) 年2月の法相からの諮問を受けて、建替えの円滑化の方向で、法制審議会では、区分所有法62条の要件緩和を進行させている[53]。しかし「マンション建替えの円滑化」とは、裏から言えば、少数派(修繕派)の個人主義的居住権の保障との間にデリケートな緊張関係を孕むことを充分認識して、慎重な考慮が必要であろう(具体的には、①同条1項の「建物の効用の継続・回復のために過分の費用」を要したか否かの司法的チェックは、少数者の権利保護のための「最後の砦」という側面がある(鎌野教授の指摘)[54]ことに留意が必要であろうし、また②建替となった場合の売渡請求(63条6項)は、〔1年間の居住権(同条5項)の後の〕強制買収にも類似したところがあり、その価格については単に「商品交換」的市場価値で割り切るのではなく、人格的所有の反映としての使用価値をも考慮すべきものである[55])。

---

(53) 法務省民事局参事官室「建物区分所有法改正要綱中間試案補足説明」(平成14(2002)年3月)ジュリ1224号(2002)117頁参照。〔本稿脱稿後(平成14(2002)年12月)に、区分所有法62条は改正され、「過分の費用」要件は削除された(同条1項)。建替え理由、修繕にかかる費用の額・内訳・計画内容などは、決議事項・通知事項とされているものの(同条2項、5項)、司法的チェックがなされなくなったことは、少数派の居住保護の見地からは後退した立法と言えよう(さらに、団地内の建物の建替承認決議は、議決権の4分の3以上で足りるとされている(69条1項))。〕

(54) 鎌野邦樹「マンション建替え論序説──阪神淡路大震災の経験と区分所有法の課題(未完)」千葉大学法学論集13巻2号(1998)60頁(もっとも、それに続けて、明白に反する「特段の事情」がない限り、決議を尊重する旨〔61頁〕、トーンダウンされているのが、やや気に懸かる)。さらにまた、西原道雄博士は、同条項の「過分の費用」か否かの判定にあたり、復旧費用と建替費用の比較検討がなされるべきだとされており(「区分所有法62条のマンション建替決議の客観的要件」日本マンション学会第8回大会(仙台)研究報告(1999年4月24日開催)。遺憾ながら活字になっていない)、示唆に富む(もっとも、判例はこれに対して、建物の財産価値と比較して、「過分の費用」を判断している(例えば、大阪地判平成11・3・23判時1677号91頁〔新千里桜ケ丘住宅事件〕))。

(55) 西原・前掲報告(注54)から示唆を得た。この点で、「売渡時価」につき、改正立法関係者の見解(例えば、濱崎・前掲書(注48)450頁以下、別冊NBL12号・改正区分所有法の概要(商事法務研究会、1983)51-52頁)でも、正確に読むと建替決議を前提に、再建建物及び敷地利用権の価格と取壊し経費との差額であり、建替の見込のない評価よりはるかに高くなるが、不参加者の権利を強制的に買取るのであるから、それでも構わないとしていたことが注目される。

(2) さらに考えると、マンション管理の問題は、民法（区分所有法）の問題だけで片付けることはできないことにも注意を要しよう。建替決議のケースは、(i)マンション老朽化と(ii)震災マンションの場合に大別できようが、前者（(i)）について考えてみよう。すなわち、老朽化が進むにつれて、資力のある者ほど他に転居して、相対的に「持たざる者」が残存することとなり、自治〔自主管理〕能力は低下する。しかし反面で、設備の故障・悪化は増大して修繕費用の高額化が進むという悪循環があり、老朽マンションのスラム化（milking）が進行する現象が今後急上昇することも見込まれている[56]。ここには所得の格差（貧困問題）とも関わっており、品質管理に関する市場放任主義という、わが国の住宅政策の帰結とも見ることができて、この期に及んで再度当事者自治的な規制緩和という基本姿勢をとることには、時代錯誤的ではないかとの疑問を持つ（住宅市場主義が根強いアメリカにおいてさえも、住居のスラム化を避けるための住宅補助・住居品質規制による所得再分配の政策的意義の議論が蓄積されているのである[57]）。

確かに、スラム化が進行するに先立ち、マンション建替えを促進するという理屈それ自体は、わからなくもないが、果して居住者自治による建替えという区分所有法のスキームを推し及ぼせるのか、むしろ公的なバックアップが不可欠ではないかということについては再考を要しよう（この点で、大本教授は、入居者の低所得化、老朽化ゆえに、建物修繕・建替費用の捻出の困難さにも触れて、もともとわが国の住宅政策としては集合住宅の分譲はすべきではなく、賃貸にすべきであって、政

---

(56) 例えば、日本住宅会議編・マンション居住（住宅白書2002－2003）（ドメス出版、2002）97‐101頁〔松本恭治執筆〕参照。

(57) Bruce Ackerman, *Regulating Slum Housing Markets on Behalf of the Poor : Of Housing Codes, Housing Subsidies and Income Redistribution Policy*, 80 YALE L. J. 1093（1975）が先駆的文献があり、その他、Richard Markovits, *The Distributive Impact, Allocative Efficiency, and Overall Desirability of Ideal Housing Codes*, 89 HARV. L. REV. 1815（1976）; Duncan Kennedy, *The Effect of the Warranty of Habitability on Low Income Housing : "Milking" and Class Violence*, 15 FLA. ST. U. L. REV. 485（1987）など参照。

府・自治体などの公共機関が何らかの補助、支援が必要であろうとされる(58)ことが注目される)。そのような法規制は民法（区分所有法）の役割を超えるとして、専門分化ないし役所の縦割り主義という形式的理由から、無造作に建替決議の規制緩和のみを進めて、市場化の波に老朽マンションを投ずることの住宅政策的展望——例えば、ディベロッパーの地上げに対して、既存の居住権をどのように確保するのか等——の欠乏に大きな憂慮を禁じえなく思う（さらに、こうした当事者自治的市場主義的発想の根底には、住宅所有権保護の公共的性格への配慮の薄さとも関係しているように考えられる）。

(3) 次に、被災マンションの建替問題の方（前記(ii)）はどうであろうか。被災地である鳥取での報告であるだけにこの点を少し立ち入って考えてみたい（なお、被災による建物滅失の場合の再建についても、平成7（1995）年制定・施行の「被災区分所有建物再建等に関する特別措置法」により、区分所有法62条と同様の規制が推し及ぼされている〔同法3条〕）。

すなわち、阪神大震災以降、100棟を超えるマンションにつき建替えがなされた（解体された住宅は14万5000戸程度）とのことで、まさしく区分所有法62条が試されているとも見うるが、近時は補修派（少数派）サイドから建替決議の無効確認訴訟も相次いで提起されており(59)、修繕で足りる建物の多くが解体されたとの指摘も有力に出されている（マンションの9割は修復できたのであり、復旧費は解体費より安かったと述べられる）(60)。補修派（少数派）には、高齢者や（高額

---

(58) 大本圭野「居住問題と住宅政策」講座社会保障法5巻——住居保障法・公的扶助法（法律文化社、2001）34-35頁。

(59) 例えば、神戸地判平成11・6・21判時1705号112頁（グランドパレス高羽事件）（建替決議を有効とする）（控訴審大阪高判平成12・7・13未公表も同様）、神戸地判平成13・1・31判時1757号123頁（東山コーポ事件）（区分所有法62条の要件を欠き、決議は無効とした）、大阪地伊丹支判平成13・10・31未公表（宝塚第3コーポラス事件）（無効請求棄却）。

(60) 例えば、島本慈子・倒壊——大震災で住宅ローンはどうなったか（筑摩書房、1998）88頁以下、上田隆「居住権を奪われた被災マンション住民の苦悩」建築ジャーナル962号（2002）、西澤英和＝円満字洋介・地震とマンション（ちくま新書）（筑摩

再建ローンの支払いもままならぬ）低額所得者も少なくないとのことであり、もし過剰解体・再建が事実だとするならば、彼（彼女）らの現実の居住権の由々しき侵害問題とも捉えることができ（さらには、大切な社会的居住ストックの喪失であり、多量の廃材残土処理という環境上の問題もある）、なぜこうした奇妙な現象が生じたのかを一瞥しておこう。

種々の要因が考えられているが、最初に逸することができないのは、公費投入の仕方が解体・建替の方向に偏っていることである（①まず、解体費用は全額公費負担であり〔平成7（1995）年1月の厚生省方針による。市町村が負担し、その半額を国が補助する〕、②また、「優良建築物等整備事業」（平成6（1994）年に建設省が開始した）を拡大適用して、解体後の調査計画費、土地・共同施設整備費につき、5分の4の補助が出る（震災特例で引き上げられた）。さらに、③住宅供給公社、住宅・都市整備公団による買収も用意されている）。「公費解体」と呼ばれる所以である（何故、解体優遇の偏向が生じたかの背景としては、ゼネコンの利害（日本の土建国家的体質）の反映やボロ〔欠陥工事〕隠しの側面など指摘されている）[61]。次に、住民の相談にのったコンサルタントやディベロッパーによる——居住権を二の次とした——「建替え」を食い物にする（その結果、居住者の高額の多重ローンが残される）というような問題構造があるとされており、その根底には、スクラップ・アンド・ビルド的な住宅感覚が潜んでいる（そのような無責任な建替誘発行為として、具体的には、(i)補修費用について不当に高額の見積りをしたり、不充分な

書房、2000）（修復補強建物は、被災していない建物に耐震強化せずに住み続けるよりも、安全だとされる〔62頁〕）、梶浦恒男・新世紀のマンション居住——管理・震災・建て替え・更新を解く（彰国社、2001）102頁以下など参照。

また、被災マンション住民（とくに少数派）の実際の声については、三浦照子・漂う被災マンション（被災地クラブ、1998）、光山明美・瑕疵（きず）——マンションに住むということ（GU企画出版部、2002）があり、また、鶴田守人＝谷口浩司編・建替えか補修か——被災マンション住民の証言（被災地クラブ、2002）は、訴訟関係者の貴重な資料を収めている。

(61) 島本・前掲書（注60）118頁以下。

居住福祉研究叢書第1巻　　　　　　　　　　　　　　　　　　　　　　　　[吉田邦彦]

調査しかしなかったり、(ii)補修によることの危険性をあおったり、(iii)（補修のための公庫融資もあるのに）解体についてのみあるように装ってアドバイスするなど挙げられる）。さらには、話し合いの受け皿としての管理組合の成熟した自治能力〔自立的統合力〕の脆弱さ——それゆえに第三者の誘導にも弱い——、また少数意見への不寛容という集団主義的雰囲気、民主的議論の手続の閉塞状況なども説かれるところである（ここには、公費解体の期間限定からくる手続軽視の傾向も繋がっている）[62]。

考えてみると、団体的規律が大幅に新設された昭和58（1983）年の区分所有法改正の時に、少数派の居住権に留意した居住法学のディレンマ問題に充分な意が払われていたのかについては、疑問もなくはなく[63]、況んや昨今の状勢の如く、効率性や規制緩和の波に押されて、住民当事者自治の「仮想の世界」に引き込もるに至っては尚のことであり、時代的要請に応えていないと言わざるをえないであろう[64]（む

---

[62] この点に関しては、例えば、グランドパレス高羽事件につき、島本・同上書137頁以下、鶴田守人他編・前掲書（注60）6-8頁（鶴田執筆）、15-16頁（梅田素子執筆）など参照。こうした事態に対して、神戸地判平成11・6・21前出は、「過分の費用」がかかったかの解釈につき無造作に、多数派の意向を追認する姿勢を示しており、「多数派対抗的」（counter-majoritarian）な司法の役割を充分に果たしていないのではないか、との疑問が残る（さらには、売渡請求権の「時価」（区分所有法63条4項）につき、更地敷地価額から建物の除去費用を控除して算定する旨の立場を示しており、これは立法者の趣旨（注55参照）にも反するし、少数派の居住権への配慮も稀薄であるように思われる）。

[63] 例えば、区分所有建物管理問題研究会編・区分所有建物の管理と法律（商事法務研究会、1981）100頁で、星野英一教授は、「一旦団体が設立された以上は、……多数決で構成員を拘束することはちっともかまわないし、そこが団体の特色であって契約と違う」と発言されており（また同書77頁では区分所有法についてはもっと団体的に考えて、集会の規定を優先させるともする）、団体法理を重視される反面で、マイノリティの個人主義的配慮が稀薄になっていないだろうか。なお、平井宜雄教授は、多数決、特別多数決、全員一致という具合に、管理のありよう（議決要件）をファンクショナルに考えて、要件が重いほど、基本権的な所有に近い事項になるとされるのであるから（同書124頁）、本稿に説くディレンマ的スキームとも親和的と見うる。

[64] 前掲（注53）「中間試案補足説明」では、民法という領域設定のゆえか、本文に述べたやや生臭い背景事情には一切触れられず、災害マンションの場合には費用は容易に算出できて、建替えの合理性を根拠づける具体的説明も可能である如く説かれて

第 2 章　居住福祉法学の俯瞰図

しろ、阪神大震災からの教訓として、住宅所有権の現実を尊重しつつ、健全な住民自治を機能させるような後見的「基盤整備」に一層意を払うべきであり、マイノリティの見地からの司法の役割も大きいと考える）。

〔3〕　附——震災被災者の支援のあり方（個人補償の可能性）

(1)　ところで、前述の補修・修繕に対する公費支出を避けるという法構造には根の深いものがあり、そこには、建物が解体されない限り——つまり、個人財産としての住宅が残っている限り——財政的な公的支援はできないという考え方が潜んでいるようである。しかし、震災対策のあり方として、住宅は私有財産であって、それに対する個人補償はできないと考える（それゆえに、平成10（1998）年制定・施行の「被災者生活再建支援法」においては、支援金支給のためには収入額による制限が付されているし〔3条〕、使途においても、見事に住宅は外されている〔同法施行令3条、施行規則1条、2条〕）ことは、果して法律学上論理必然的なことなのであろうか。この点は再考が迫られるのであり、震災に関する個人補償を封ずる法的根拠は見当たらず、にもかかわらず従前は「当然の如く」語られてきた「ドグマ」（あるいは「マインド・コントロール」）だったのではないか、と疑ってかかる必要がある（その証拠に、西原道雄博士も建物の建替えと修理との間の扱いのアンバランスな相違を問題とされ、後者についても、災害救助法（昭和22（1947）年法律118号）23条1項6号の柔軟な運用により、公的補助を行うことを提案されているし[65]、さらに、住宅法政策における市場作用を重視される阿部泰隆教授でさえも、「個人補償」否定論は論破できて、被災者に一定の資産・所得があっても、立ち上りのために自立支援を受けられるようにすべきで、仮設住宅、公営住宅にのみ時間と金をかけて沢山作るよりも、迅速な現金支給の合理性を説かれている[66]ことが注目されるのである。また、それゆ

いるが（ジュリ1224号（2002）122頁）、実態認識及び社会的対応として果たして充分になされているのであろうか。

(65)　西原道雄「災害と社会保障の総論的課題——大規模災害における賠償・補償・保障」社会保障法13号（1998）176頁。

(66)　阿部泰隆「災害被災者の生活再建支援法案（上）」ジュリ1119号（1997）104頁。

えに、あれだけの神戸の大震災でも動かなかった従来の「先例」（＝ドグマ）に抗して、個人補償を認めた片山鳥取県知事の英断（注7参照）がこれだけ社会の耳目を集めているわけであろう）。そして、震災のような災害の場合においてすらも住宅復興支援を拒否するというドグマ――しかし反面で、道路・公園・港湾整備、さらには神戸空港という「公共工事」には高額の災害補助が投じられている――には、まさしくわが国では公的な「居住保障」の思想が根付いていないことを、如実に示しているのではなかろうか。

（2）　確かに、民法の不動産法制から言えば、土地・家屋は個人所有財産という意味でプライベートなものなのではあるが、だからと言って、震災・火山噴火等で壊滅的ダメージを受けた住民に対して救済の手が差し伸べられないというのは、率直に見て「おかしなこと」であり、「不正義なこと」とも言えるであろう（しかも、道路工事・区画整理・港湾建設等の「公共工事」には、ふんだんに公費が投入されるのであれば、何のための被災「特別法」なのかとの疑問が生じても、不思議ではない）。

近時の正義論において、もはや古典的文献となっているJ・ロールズ教授の正義原理の中に格差原理（maximin rule/difference rule）と言うものがあり、無知のヴェールに包まれた「原初状態」に置かれた者が合理的に選択する正義原理として、最も不利な境遇に置かれた人々の利益の最大化をはかるような政策決定が求められると言うことになる[67]（例えば、自身が生まれる前、また受精の前の状態であると仮定してみよう。どんな地域・家庭的境遇に育つことになるのかも知れず、また病的遺伝子のために身障者となるかも知れないであろうから、格差原理に適う「公共的選択決定」として、身障者保護等の社会的施策が導かれることとなろう[68]）。そしてこれを住宅問題についても当て嵌めるならば、

---

(67)　さしあたり、JOHN RAWLS, A THEORY OF JUSTICE（Harvard U. P., 1971）136〜（無知のヴェール）、150〜（正義の二原理）。〔（矢島鈞次監訳）・正義論（紀伊國屋書店、1979）105頁以下、115頁以下。〕また、ロールズ（田中成明編訳）・公正としての正義（木鐸社、1979）31頁以下も参照。

住宅は原則的に私有財産であるのだが、震災の被害を受けるなどの事情次第では公共的保護が求められ、その限りで「公」的（パブリック）な課題となるわけである。

しかし、わが国では、従来住宅に関しては「公」「私」の峻別が厳格であり（そして、その私的性格が異常なまでに強調されすぎた嫌いがある(69)）、他面で居住問題における「公」とは何なのかの詰めが充分になされておらず(70)、その結果、狭隘で且歪んできている。公共的住宅（public housing）の正義論的基礎づけがなされていないのも、その表われと言えよう。次述するホームレス問題にも繋がるわけであるが、ロールズの正義論を持ち出すかはともかくとして（例えば、武川正吾助教授は、「市民権」という概念に住宅への政府介入の論拠を求められる(71)）、住宅に関する「公的議論」を積み上げる努力が必要なのであり（そうでないと、無造作に市場化の波に流される〔平成7（1995）年6月住宅宅地審議会答申「新しい政策体系の考え方」参照〕ことにもなりかねない）、人間生活の基盤である居住問題におけるナショナル・ミニマムの保障の行方につき、真摯に向き合うことは、グローバル化現象とともに貧富の格差が拡大する21世紀社会の喫緊の課題と言えよう（アメリカ法学は、福祉思想が根づいていない先進諸国の法として異色の存在であるが、それだけに問題の所在は見えやすいと言える。そして居住問

---

(68) 柳澤桂子・ヒトゲノムとあなた――遺伝子を読み解く（集英社、2001）225‐27頁では、遺伝子解読なり医療の技術が進んでも、染色体を自分で選ぶことはできない。誰もが持つ病因遺伝子（劣性）につき、障害者は偶然の結果、「私」に配られる代わりに受け取ってくれた。従って、社会は障害児を受け入れて、幸せに生きていける福祉の充実をはかる必要があるとされており、本文に述べた如き響きを持って迫ってくる。

(69) 寺尾美子「都市における計画的土地利用と法」（東大公開講座）都市（東大出版会、1991）191‐93頁では、少し意味合いは異なるが（公共的制限の弱さという趣旨である）、「私有権」現象と呼ばれている。

(70) 司馬遼太郎・土地と日本人（中公文庫）（中央公論社、1980）105頁〔石井紫郎発言〕、107頁〔司馬発言〕では、日本では「公」と「私」がスパッと分れており、ヨーロッパと大きく異なり、また日本の「公」は実は曖昧であり、公衆便所とか公園とかになってしまう旨述べられる。

(71) 武川正吾「社会政策としての住宅政策」講座現代居住1（東大出版会、1996）73頁。

3 不況下における居住権保護
〔1〕 ホームレス問題とその居住所有論上の位置づけ

(1) バブル崩壊後の構造不況が長引くのに伴い、倒産・リストラ・失業率は増加の一途を辿り、目下のホームレス（野宿生活者。諸外国の「ホームレス」の捉え方はこれより広い）は、3万人を超えるとされる（大阪・東京・横浜・名古屋等の大都市で目立って増えており、とくに日雇い労働者等の多い大阪市では平成10（1998）年の調査では8660人であった。ホームレスとなる人々は、従来、不安定就労に関係する中高年男性が大半を占めていたが（東京の調査では平均54歳とのことである[72]）、最近は若年層や女性も増えつつあり、構成は多様化する傾向にある[73]）。

ホームレスが生成される要因は、複合的・競合的に錯綜しており、例えば、(a)雇用機会の減退・縮小（建設業日雇労働者は、1970年代後半には、約55万人であったが、1990年代半ばには約30万人になっている）[74]、(b)家族関係の弛緩化、個人への分解（ホームレスには、未婚者、離婚者が多く、女性の場合には夫からの暴力回避ということもある）[75] なども関係しており、そして他面で、(c)生活保護などの福祉行政姿勢の

---

(72) 都市生活研究会（代表岩田正美）・平成11年度路上生活者実態調査（同会、2000）12頁。なお、東京23区のホームレスには、遠隔地出身者が2割を占めるとのことであり（同書14頁）、北海道の季節労働者も供給源となっているようである（この点については、椎名恒「北海道の建設産業の『季節労働者』とホームレス」社会政策学会誌1号（日雇労働者・ホームレスと現代日本）（御茶の水書房、1999）65頁注30参照）。

(73) 東京23区の女性ホームレスは約150人になっているとのことである（朝日新聞（夕刊）2000年12月2日5面）。

(74) 福原宏幸＝中山徹「日雇労働者の高齢化・野宿化問題──大阪に即して」前掲（注72）社会政策学会誌1号22頁以下。

(75) これについては、岩田正美「現代の貧困とホームレス」講座現代居住1（東大出版会、1996）127頁以下、同・ホームレス／現代社会／福祉国家──「生きていく場所」をめぐって（明石書店、2000）51頁以下など参照。

消極性も事態を悪化させているようである（近年は、「自己責任」「自助努力」の強調の下に、例えば、生活保護法 4 条 1 項の「補足性」要件〔生活困窮者の資産・能力その他あらゆるものの活用が求められる〕の解釈も厳格になされている[76]。さらにまた、法的根拠がないにもかかわらず、住所不定者や 65 歳未満の者に対しては受給を認めないという慣例がある如くである[77]）。しかしここでは、(d)居住法学ないし都市の公共空間の利用のあり方という観点からホームレスの著増現象を眺めてみたい。

(2) すなわち、ホームレス産出のメカニズムとして、本稿で光を当てている、住宅所有・賃借の側面での生活保障という思想の弱さ（低廉な住宅は減少しているとされる）は大いに与るところがあり、ホームレスの居住問題を現代社会内部に受け止めていくようなシステム作りに抜本的に取組むことは未だなされていないのではなかろうか。ここでは、21 世紀的な新たな所有法学のあり方というところにまでって考えてみると、個人主義的所有観によって「排除」されてしまったホームレスの人々をいかに公共空間（コモンズ）に受け入れていくかという所有論の転換・再構築が迫られているのである（アメリカのホームレスの分析で、かかる批判的所有論が示されており（シュネブリ教授等）[78]、示唆を得た）。

---

(76) 名古屋高判平成 9・8・8 判時 1653 号 71 頁（林訴訟）（生活保護申請に対して、稼働能力不活用として、生活扶助・住宅扶助を認めなかった処分を適法とする。軽作業を行う就労意思があったが、「毛髪を整えていない」ことによる採用拒否にあっており、実際に就労の場がなかったケースである。1 審〔名古屋地判平成 8・10・30 判時 1605 号 34 頁〕では、行政処分を取消し、損害賠償も一部認容していた）。大谷恭子・共生の法律学（有斐閣選書）(2000)（「『ホームレス』の人々とともに」）217 頁では、本判決を評して、野宿生活を始めると、身なりも乱れ、就労も遠のき、生活保護も認められないという悪循環を指摘する。

(77) 厚生労働者は、平成 13（2001）年 3 月を目処に文書により、こうした制限をしないように指導するとのことであるが（朝日新聞（夕刊）2001 年 1 月 20 日 8 面）、その実効性のほどはよくわからない。

(78) Stephen J. Schnably, *Rights of Access and the Right to Exclude: the Case of Homelessness*, in : PROPERTY LAW ON THE THRESHOLD OF THE 21st CENTURY (G. E. VAN MAANEN & A. J. VAN DER WALT EDS.) (Institute for Transnational Research, 1996). さらに、Jeremy Waldron, *Homelessness and the Issue of Freedom*, 39

ところが、日本社会の現実としては、岩田正美教授も指摘される如く、ホームレスを「異質化」し「社会的に排除する（social exclusion）」ことが再生産される悪循環に歯止めはかけられていない（「排除」を行う「世間」の大勢に同調し、それに異議申立てられることは少ないとされる）[79]。その結果として、居住隔離（residential segregation）ないし貧富の格差は、わが国でもアメリカ同様に深まり（例えば、大阪西成区と阿倍野区との居住景観の格差を想起せよ）[80]、開設された簡易シェルターも、近隣住民からは迷惑施設という捉え方にもなりかねない（平成14（2002）年に制定された、「ホームレス自立支援特別措置法」11条〔いわゆる適正化条項〕では、都市公園その他の公共施設の管理とホームレスの起居の場所としての利用を、排斥的に捉えるスキームを前提としており、従来の枠組の延長線上にあることが危惧される）。

　事柄は住民の所有意識に関わることであるが、伝統的思考様式には根強いものがあり、そのことは近年森田洋司教授らを中心として行われた大規模な大阪市の野宿者問題意識調査でも、裏書されているようである（すなわち、市民意識として、多くは「シェルター建設」を総論で支持するのであるが[81]、「公共空間の開放」についてはこれを支持する意

UCLA L. REV. 295（1991）（common property の団体的規律（297）、他者の権限制限によるホームレスの人々の自由・尊厳をはかる（324）ことを説く）や Joseph Singer, *No Right to Exclude : Public Accommodations and Private Property*, 90 NW. U. L. REV. 1283（1996）も併せて参照されたい。

(79) 岩田正美「『ホームレス』としての現代の失業・貧困」前掲（注72）学会誌7頁以下、同・前掲書（注75）23頁以下、243頁、260頁、262頁。

(80) 因に、アメリカで人種問題も交えて、この問題を本格的に扱うのは、Richard Ford, *Urban Space and the Color Line : The Consequences of Demarcation & Disorientation in the Postmodern Metropolis*, 9 HARV. BLACKLETTER J. 117（1992）; do., *The Boundaries of Race : Political Geography in Legal Analysis*, 107 HARV. L. REV. 1841（1994）であり（解決の方向性としては、人種的な空間隔離を除去し、移動選択の自由が確保された公共空間の生成が目指される）、また Martha Mahoney, *Law and Racial Geography : Public Housing and the Economy in New Orleans*, 42 STANF. L. REV. 1251（1990）; do., *Segregation, Whiteness, and Transformation*, 143 U. PA. L. REV. 1659（1995）も参照。

(81) 大阪市立大学都市環境問題研究会（代表森田洋司）・野宿生活者（ホームレス）に関する総合的調査研究報告書（2001）519頁。

見は極端に少なく、辛うじて、条件付に「ルールを作ればよい」とするもの15％、「一時的ならよい」とするものが20％とのことである[82]。また野宿者に対する一般市民のイメージの持ち方については、20歳代では「邪魔物」、30歳代は「恐怖」とする者が多い（これに対して、40歳代になると「弱者」イメージが強くなる）旨報告している[83]）。さらに、ホームレス居住については都市管理者との抗争が相次いでいるが、それは行政当局もホームレスを排除の対象とする旧式の所有観念に支配されていることを示している（例えば、東京・新宿における段ボール小屋撤去（平成8（1996）年1月)[84]、札幌・JR高架下の「エルムの里」公園のホームレス排斥〔転居措置〕（同13（2001）年11月)[85]など）。

（3） しかし今後とも増加が見込まれるこの問題を前にして、根本的対策としては、第1に、労働自立支援とともに、（従来閑却されてきた）居住保障の必要を強調すべきであることは、居住所有のシビル・ミニマムの「公共性」から導かれるところである（諸外国で、公共住宅が多いところでは、わが国ほどホームレス問題は深刻ではない）。また第2に、行政の立ち遅れに鑑みると、「草の根」のボランティア活動の展開は注目すべきものであるが、この点につき市民意識は必ずしも積極的ではないから[86]、公的にこうした市民の社会参加をバックアップしていくような態勢作りも併せて必要であろう（例えば、平成

---

(82) 前掲（注81）報告書522頁。
(83) 前掲（注81）報告書472頁。日本社会の市民意識が、野宿者に冷淡であること、及び狭く閉鎖的な共同性との関わりについては、森田洋司編著・落層――野宿に生きる（日本経済新聞社、2001）40頁以下も参照。
(84) これに対して、座り込みを行った2人の日雇い労働者につき、威力業務妨害罪による逮捕・公訴がなされたが、無罪とした、東京地判平成9・3・6判時1599号41頁は注目されよう（段ボール小屋撤去作業は、手続瑕疵が大きく違法であるとし、また同小屋に対する路上生活者の所有権にも配慮している）（もっとも、控訴審で逆転している）。
(85) 小西祐馬「札幌『エルムの里公園』の野宿者への退去要請をめぐって」Shelter-less11号（2001）97頁以下。
(86) 前掲（注81）報告書520頁によれば、ボランティア活動を評価する者は、未だ多くないとのことである。

11（1999）年以降有力となっている、「釜ケ崎のまち再生フォーラム」の諸活動、とくに簡易宿泊所の改装による、「サポーティブハウス」という形での野宿者の居住の拠点作りは、自立支援の基盤整備として注目されるのである[87]）。

なお前者の点に関連して、公共住宅の是非については、（日本と同様住宅保障の手薄な）アメリカにおいても政策論上の論争があり、それに批判的な論者（とくにエリクソン教授）は、単なる低廉家屋の増大だけではホームレス問題の解決にならないのであり（依存体質を高め、既存の居住家屋からシェルターに誘引する「歪んだインセンティブ」が生ずると言う）、合理的な生活改善プログラム（例えば、職業訓練、雇用カウンセリング、麻薬、精神障害治療）が必要だとする[88]（これに対して、本稿のように、居住基本権という角度から、合理的家賃での住宅供給の必要性を説き、ホームレス救済の直近の要請は無視できないとする擁護派も有力である[89]）。問題は二者択一的ではないのであり、肌理細かな多面的施策を行うことが必要であることが、この政策論争からの示唆であり、ここで述べたい3点目である。例えば、予防法学的には、ホームレス予備軍（prehomelessness）にも光を当てて、家賃補助（バウチャー）などにより賃料不払いによる退去とならないような基盤作りもあってしかるべきであり、いずれにせよ居住保護思想が従来稀薄であったことは、強調されてもおかしくないと思われる。

---

(87) これについては、ありむら潜「エッ、ほんまかいな、寄せ場でまちづくり──釜ケ崎地域再生の胎動」Shelterless 5号（2000）89頁以下参照。

(88) E. g., Robert Ellickson, *The Homelessness Muddle*, 99 PUB. INTEREST 45, at 50-51, 53-54, 57-60、また、WILLIAM JULIUS WILSON, THE TRULY DISADVANTAGED : THE INNER CITY, THE UNDERCLASS, AND PUBLIC POLICY (U. Chicago Press, 1987) も、アメリカの下層階層の社会学・経済学的問題を検討して、アフォーダブルな住宅供給だけでは、ホームレスの長期的解決にはならず、また貧困者の隔離化問題も生ずるとする。

(89) E. g., Curtis Berger, *Beyond Homelessness : An Entitlement to Housing*, 45 U. MIAMI L. REV. 315, at 328 ～ (1990-91) ; Stephen Wizner, *Homelessness : Advocacy and Social Policy*, 45 U. MIAMI L. REV. 387, at 403（低廉住宅へのアクセスの欠如が、直結する重要問題だとする）(1990-91).

〔2〕 **倒産における居住権保護の不充分さ**

(1) リストラ等が雇用状況の悪化や給与カットが続く中で、バブルの負荷としての高額のローン債権は残されて、返済できない場合の執行法上の居住の処遇如何は、――ホームレス問題と隣接する――切実な問題であろう。

この点で注意を要するのは、わが執行法制上、差押禁止財産の範囲は限定されていて、土地・家屋という不動産は対象になっていないことである (民事執行法131条、破産法6条〔現34条3項2号〕。「生活に欠くことができない衣服、寝具、台所用品、畳及び建具」(民執131条1号) などの動産を差押えてはならないとされるに止まる)。素朴に「安心できる住まいの確保」の見地から考えるならば、肝心の土地・家屋が何時執行されるかわからないのであれば[90]、畳・建具・家具などだけ保護されるシステムは滑稽にすら映るのであるが、住宅は重要な引当財産として差押の対象〔与信の礎〕とすることに定着したのであった。しかしこうしたことが余りにも当然視されているところに、住宅所有権の公共的性格に対する意識の弱さが反映しているのではなかろうか。

もっともこの点で、平成11 (1999) 年に制定された「民事再生法」で設けられた住宅資金貸付債権の特例 (民再法196条以下) は、住宅ローン債権の弁済期を猶予して、その執行による住宅の喪失を抑止する「住宅資金特別条項」を定めることを認めたものであり、住宅保護法制として注目されよう (とは言え、本特則が、民事訴訟法学者の内発的議論の蓄積から生じたものでないことは、わが国における住宅思想の弱さを窺わしめる)。とは言え、ローン債権に後順位担保権がある場合には別除権の行使が認められているし (同法198条1項但書)、サラ金等に手を出していて債務が膨れ上がり、弁済猶予の「特別条項」の意味も無に帰することもあるから、この特則による保護も限定的であることには留意しておかなければいけないだろう。

(2) この分野の比較法的一瞥を試みると、大陸法諸国では概ね住宅

---

(90) もっとも、一般の破産手続においては、可及的に住宅には手をつけないようにするということが慣例のようである (札幌地裁執行部の奥田正昭判事の御教示による)。

への執行がなされているようだが（なお、フランス法においても、住宅法の生成期の20世紀初頭（1909年）に「差押不能財産の設定に関する法律」により家族財産（bien de famille）〔800フランを限度とする〕の保護がはかられた（設定証書の謄記により、差押不能となり、抵当権の対象とならなくなる）。戸建持家政策の一環であったが、結局、信用手段の必要性から普及はしなかった[91])、住宅保護の観点から異彩を放っているアメリカ法の事情を以下に概観しておきたい。

　すなわち、英米（とくにアメリカ）では、19世紀半ば頃から家屋の差押禁止（homestead exemption）の立法が相次いでなされ（嚆矢は、テキサス州（1839年））、その背後には、土地（家屋）所有者の独立・自由の保護及び所有権の広汎な分配の確保の企図があったようである（もとより、これに対して、銀行などからの反発がある）[92]。これに対して、差押禁止の範囲を場所的に又は金額的に制限している州法も少なくないが、今尚倒産の局面で幾つかの州（フロリダ州、テキサス州、アイオワ州、カンザス州、サウス・ダコタ州）では、家屋について無制限の差押禁止という立場が維持されており、その弊害も指摘されている（他方、擁護する側は、例えばテキサス州では家屋の規模が多く、制限を設けると多くの者が家からの退去を余儀なくされることへの危惧が述べられる)[93]。

　こうした状況を承けて、1978年の連邦倒産法では、住民については1万5000ドルを限度として財団除外とする規定がおかれている

---

(91) 吉田克己・フランス住宅法の形成――住宅をめぐる国家・契約・所有権（東大出版会、1997）376-78頁、440頁参照。

(92) ホームステッド法の歴史的考察としては、Paul Goodman, *The Emergence of Homestead Exemption in the United States : Accommodation and Resistance to the Market Revolution 1840-1880*, 80 J. AM. HIST. 470（1993）参照。

(93) 差押禁止財産の範囲の限定の仕方が州毎に多様であることについては、さしあたり、CURTIS BERGER & JOAN WILLIAMS, PROPERTY : LAND OWNERSHIP AND USE（4th ed.）（Aspen Pub., 1997）413-16参照。また、フロリダ州などの倒産における財団除外無制限の立場を巡る議論については、Philip Shenon, *Home Exemptions Snag Bankruptcy Bill*, THE NEW YORK TIMES, April 6, 2001, A1, A19が興味深い記事である。

(522条(b)項(1)号、(d)項(1)号)。しかし、「州法」の規制との選択を認める立場が採られているために、倒産者に寛大な州では、連邦倒産法上の制約は回避されこととなる[94](そのために近年は、債権者側の要望ないし弊害の指摘を受けて、無制限の州法についても、連邦レベルで制限を設けることにつき、数多くの議論が賛否両論に分れて展開されているのである)。ともあれここでは、わが国では、当然のこととされている執行法上の居住の不安定が、アメリカでは沸騰する議論の争点となっていることに、注意を喚起したいのである。

4 居住差別問題
〔1〕 高齢者・女性等に対する差別

(1) 日本社会の高齢化の進行とともに、高齢者の居住差別問題、さらには障害者・外国人等のそれが顕著になってきているとのことである[95]。高齢者及び障害者は生活上のリスクが高く（例えば、火の不始末、家屋損傷、家賃滞納などの問題が起こりやすい)、貸家経営者はこれらの者に借家したがらず、民間借家住宅市場では入居拒否が多いとされており[96]、もしそうであるならば、居住機会の平等ないし老後の安居保障の理念との関係で由々しき問題であろう（住宅市場は階層性があることは指摘されており[97]、高齢者の借家市場はタイトなのであり、現に居住する者にとっての「正当事由」(借地借家法28条) の持つ意味は、小さくないのであり（もっとも、老人には、借家法を盾にとって対抗する気力もないとされる〔早川教授の指摘〕)、普遍化志向の強い功利主義的議論

---

(94) この点は、高木新二郎・アメリカ連邦倒産法（商事法務研究会、1996）251-52頁、257-58頁。また、条文は同書557-58頁参照。

(95) 例えば、日本住宅会議編・住宅白書2000――21世紀の扉をひらく（居住の権利確立をめざして）（ドメス出版、2000）24-26頁〔上野芳子執筆〕。

(96) 大本圭野「高齢者の生活保障と住居」社会保障研究所編・住宅政策と社会保障（東大出版会、1990）195頁。また、早川和男・住宅貧乏物語（岩波新書）(1979) 72頁以下、日本住宅会議編・すまいと人権（ドメス出版、1983）116頁（ひとり暮らしの高齢者はなかなかアパートが貸してもらえず、2年毎の更新期には立退きを迫られるとの指摘がある〔津田光輝発言〕)。

(97) 前掲（注20）座談会・ジュリ1124号（1997）37頁〔吉田克己発言〕。

から、安易に定期借家を一般化する方向に走ることに慎重でなければならないことが知られよう)。

　また、離婚、死別等により「ひとり暮らし」となった場合に、公営住宅の入居資格がなくなり退去させられる(公営住宅法17条に関する)ことは、高齢者の生活居住権上の深刻な問題であり、1970年代半ばに「ひとり暮らし裁判」となったことは著名であり[98]、それなりの立法的変革の意義もあった(昭和55 (1980)年改正による17条改正)。しかし公営住宅も縮減される方向にある昨今、事実上居住確保が充全にはかられるかは予断を許さない。この点で、過般(平成13 (2001)年)に制定・施行されている「高齢者の居住の安定確保に関する法律」は、高齢者向けの優良賃貸住宅の供給促進をはかるものであり(バリアフリー等の所定の要件を充たし、登録した(35条)賃貸人は、高齢者居住支援センターによる高齢者の家賃債務の保証を受けられ(11条)、また地方公共団体から、優良賃貸住宅の整備費用の一部及び入居者の家賃減額の一部につき補助を受けられる(41条、43条))[99]、時宜に適ったものであり、今後の展開を注目していきたい。

　(2)　女性の場合はどうであろうか。一見問題がなさそうであるが、母子家庭や単身女性の場合にはハンディ〔住宅へのアクセス上の不利益〕があることが指摘されている[100](統計的にも、女性世帯の持家率は、いずれの年齢層でも配偶者がある世帯より低く、死別世帯よりも離別〔離婚〕世帯はさらに低い(中年層になるとその開きが大きくなる)ことが示

---

(98)　これについては、さしあたり、河野正輝＝木梨芳繁＝下山瑛二編・住宅の権利——ひとり暮らし裁判の証言から(ドメス出版、1981)参照。

(99)　本法律及び関連法令については、犬塚浩(高齢者居住法研究会)編・Q＆A高齢者居住法(ぎょうせい、2001) 126頁以下参照。

(100)　例えば、松原諄子・女が家を買うとき(文春文庫)(文藝春秋、1990)(初版1986) 213頁では、銀行がローンを貸したくないお客のナンバーワンは、自由業の独身で40歳未満の女性であり、住宅金融公庫の指針にしても、年収がローン返済額の2倍というのが目安となっている(不安定収入の女性は不利になる)との指摘がある。また、同・東京23区女たちの住宅事情(文藝春秋、1987) 181頁には、母子家庭はアパートを借りるのが難しい旨の報告もある。

される[101]。

　これは、離婚後の女性の就労機会の保障や扶養のあり方なども関係している問題であるが、住宅ローンを支払う経済的余裕はなく、借家市場によらざるを得ないという実情を反映するものであろう。住宅保障基盤整備のあり方として、公営住宅とともに、家賃補助などの検討は急務と言ってよいだろう。と言うのは、田端教授も指摘される如く、女性世帯に対する社会的差別が存在することへの対策として、社会的スティグマを解消させるためにも、母子住宅などの集合住宅を建設するのではなく、ソーシャル・ミックスを可能にするような住宅支援政策が求められているからである[102]。

〔2〕　在日外国人問題

(1)　在日外国人に対する居住差別の問題も、今尚充分な打開策が施されていない悩ましいトピックである。既に断片的には触れているが（1〔1〕、2〔2〕参照）、近年における外国人労働者の増加とともに、従来看過されてきた差別問題がようやく議論されるに至っているので、ここで改めて論じておきたい（このような人種がらみの居住差別、隔離の問題はアメリカでは、深刻なアジェンダであり（同国の連邦の持家政策、公共的融資政策それ自体に差別的取扱いが見られたのであり、その負の遺産として、隔離問題を増幅させている[103]）、それだけに批判的人種理論の角度からの住宅問題の議論には蓄積があり、示唆するところが多い（注80の文献参照））。

　まず、賃貸借における入居差別問題を見ると、1990年代に入り、

---

(101)　田端光美「女性の自立と居住保障」社会保障研究所編・女性と社会保障（東大出版会、1993）271 - 72 頁。このデータはやや古いが、今日の状態がこれより──悪化しこそすれ──好転しているということはないであろう。

(102)　田端・前掲（注101）278 - 80 頁参照。

(103)　このような、家屋所有者向貸付協会（Home Owners' Loan Corporation ［HOLC］）(1933年設立)の人権差別的融資政策については、KENNETH JACKSON, CRABGRASS FRONTIER : THE SUBURBANIZATION OF THE UNITED STATES (Oxford U. P., 1985) 190 ～ ; DOUGLAS MASSEY & NANCY DENTON, AMERICAN APARTHEID : SEGREGATION AND THE MAKING OF THE UNDERCLASS (Harvard U. P., 1993) 51 ～参照。

居住福祉研究叢書第1巻　　　　　　　　　　　　　　　　　　　　　　　　［吉田邦彦］

在日韓国・朝鮮人の入居拒否事例で損害賠償を認める判決例(104)が出されて注目された（その理由は、契約成立の期待をさせつつ、在日韓国人という差別的理由から契約締結を拒否するのは信義則に違反するというものである。もっとも、家主の入居拒否の違憲性（憲法14条違反の有無）、大阪府及び仲介業者の責任は否定している。この点で黒人排除を目的とする制限的約款の違憲性を論じた、アメリカのリーディングケース(105)では、同約款を司法的に実現することは、state actionになるとしており、従って第14修正に違反すると説くのであり、こうした憲法の私人間適用には学ぶべきところがあろう）。しかしその後も、法の下の平等（人種的平等）の見地から行政側が行政指導できるのは仲介業者に対するに止まり、差別的賃貸条件を設けて住民票のチェックを行う家主への直接指導はできていないとのことである(106)。国籍・人種による差別を公然と認める実態の横行という点で彼我の違いは大きく、憲法上の平等理念の脆弱さ、ひいては個人主義的に一定程度の居住を保障するという「公共理念」への鈍感さには反省が求められよう（もっとも、諸外国でも事実上の差別はあるが、別問題であろう。平等理念の浸透があるからこそ、「正面からの」差別はなされなくなるのである）。

　ここでの問題も、前記の居住における共同体主義と個人主義とのディレンマ・鬩ぎ合いの一環をなすものであることには注意すべきであり、ここにこの問題の難しさがある。在日外国人の入居が嫌われる理由としては、居住コミュニティの快適さ・上品さ志向があるが（家主側が挙げるのは、部屋の汚れ、におい、契約者以外の多数の者の居住、夜中における騒音等である)(107)、日本社会ではまま見られる「横並び」

---

(104)　大阪地判平成5・6・18判時1468号122頁（建一［ペ・コニル］さん事例。26万余円の損害賠償が認容された）。

(105)　Shelley v. Kraemer, 334 U. S. 1（1948）. さらに、人権差別的な制限約款の違反を理由とする損害賠償を否定したものとして、Barrows v. Jackson, 364 U. S. 249（1953）も著名である。

(106)　神戸新聞平成11（1999）年7月16日。

(107)　日本経済新聞（夕刊）平成5（1993）年6月18日による。因に同記事では、大阪府のアンケートによれば、約5800の府中の不動産仲介業者の36％が、家主から外国

の集団主義的行動様式（集団的な入居差別的賃貸行動）が、マイノリティ・社会的弱者の居住権を排除する機能があるというデリケートな側面（アメリカでも、高級化（gentrification）志向ゆえの共同体的規制〔排除的ゾーニング（exclusionary zoning）〕と、個人主義的〔平等主義的〕居住保障〔公平な割け前（fair share）〕とを架橋するスキームのあり方については、多くの議論がある[(108)]）については、警戒しなければならないであろう。その意味で、住宅関係者（とくに家主側）の「信頼関係」概念について、「人的要素」を排除して、反論可能性の高い基準を目指された、広中俊雄博士の試み（注（15）参照）には——批判人種法学的見地からの——現代的意義が失われていないわけである。

(2) ところで、わが国における人種的マイノリティの土地利用及び居住が、民法を中心とする近代の土地・住宅法のシステムの中に組み込まれず、法的承認を得られていない場合には、建前上は「不法占拠」とされてしまい、居住法学上深刻な立退問題の危機に住民が晒されることになりかねない（例えば、近代法システムが適用される前から居住するアイヌ民族や「強制連行・労働」という経緯から居住事実を継続させている在日韓国・朝鮮人の問題がそうである）。

このような場合、わが国ではこれまで掘り下げて検討されてこなかった、多文化・多民族社会の理念——そこでは、「他」「異質」なる者への寛大さ、相互承認による共生・緩やかな統合が求められる——に照らして、マイノリティ民族の現実の居住・占有の事態を改めて法的に再評価していくという、21世紀的な居住所有権の再編のプロセ

人の入居拒否の申し出を受けているとの実態が報告されている。
(108) とくにニュージャージー州のマウント・ローレルでのゾーニング事例（Southern Burlington County NAACP v. Township of Mount Laurel (I) 336 A. 2d 713 (N. J., 1975) ; (II) 456 A. 2d 390 (N. J., 1983)）については、莫大な論稿があることは、さしあたり、CHARLES HAAR, SUBURBS UNDER SIEGE : RACE, SPACE, AND AUDACIOUS JUDGES (Princeton U. P., 1996) また、JESSE DUKEMINIER & JAMES KRIER, PROPERTY (3rd ed.) (Little Brown, 1993) 1121-40, BERGER & WILLIAMS, *supra* note 93, at 985-89, 994-99 など参照。

スが求められているとも言える(109)。単一・同質的（monolithic）な土地・住宅所有スキームを謙虚に反省して、現実的な居住所有権限の再配分の作業が求められているわけで、これはもはや民法学のスキームを超えるとも見うるが、敢えて探すならば、かかる「公共的観点」からの現代所有法学の矯正の課題に答えるものとして、「取得時効」（adverse possession）制度をクローズアップさせることができ、占有尊重説はまた新たな響きを持ってくることとなろう（このような再構築の見直しに際して、示唆を得たのは、シンガー教授の関係的所有論の立場からの批判的考察であり、そこでは「権限上の不安定な弱者」（the more vulnerable party）に対する——長期間の占有の事実の暗黙の承認から生ずる合理的期待ゆえのインフォーマルな——所有権限の移転システムとして、取得時効法を位置づけている(110)）。

5　居住福祉基盤整備・ネットワーク作りへの協働の要請
〔1〕　高齢者医療・福祉基盤としての居住機能は充分か

(1)　1990年代に入り、厚生省［厚生労働省］は今後の急速な社会の高齢化に備えて、在宅福祉政策の推進をはかっているが（ゴールドプラン［高齢者保健福祉推進10ヶ年戦略］及びその見直し。ホームヘルパーの増員、デイサービスの充実、訪問看護や特別養護老人ホームの整備・充実などが計画される）、居住は、そうした施策の基礎となる(111)。在宅医療・福祉ないしノーマライゼイションの理念を真に根づかせる

---

(109) 吉田邦彦「アイヌ民族と所有権・環境保護・多文化主義（上）（下）」ジュリ1163号、1165号（1999）、同「アイヌ民族の民法問題（上）（下）」ジュリ1302号、1303号（2005）、また、同「在日外国人問題と時効法学・戦後補償（5）」ジュリ1219号（2002）、同「いわゆる『補償』問題へのアプローチに関する一考察（上）（下）」法時76巻1号、2号（2004）などは、このような問題意識から執筆されたものである。

(110) Joseph Singer, *The Reliance Interest in Property* (*supra* note 28), 40 STAN. L. REV. 611, at 665 ~ (1988). See also, do., ENTITLEMENT : THE PARADOXES OF PROPERTY (Yale U. P., 2000) 45-46（フォーマルな権限移転・保護のシステムとインフォーマルなそれとの緊張関係を指摘する）.

(111) 早川・居住福祉（岩波新書）（前掲書（注3））136頁以下でも、社会的予防医学としての住宅政策の重要性が説かれている。

ためには、——それを支える医療・福祉従事者の営為及びそのマンパワーの充実とともに——居住環境の整備が不可欠なのである。

このことは、地域医療のパイオニア的存在である佐久総合病院の若月俊一医師が、予防医学の一環で長野地方の「冷え症」の研究に従事されて、暖房設備の不充分さに目をつけられたし（同じ寒冷地でも、脳卒中・心臓病は、東北・北陸などと違って北海道には少ないのは、暖房設備の相違に由来し、高血圧患者に奏功すると言う）[112]、また豪雪地帯である岩手県沢内村病院の加藤邦夫医師が、生命行政の一翼を担うものとして住宅改善運動を提唱して、昭和30年代から50年代にかけて見事に履践されて、同地域では旧式の萱葺きの家屋は影をひそめて採光に配慮した近代建築に切り替わっている（かつては、部屋の寒さが乳幼児の高死亡率を招き、煙でトラコーマも多く、主屋と離れた風呂場・便所は脳卒中の多発場所であった。また採光不良から、くる病が続出していた）[113]。また、施設ケアにしても、家庭居住に近づけたユニットケアの方が痴呆を予防することも近年指摘されているところである（例えば岡山県のきのこ老人保健施設などの実践例がある[114]）。

(2) しかし、これまで縷々述べてきたように、従来のわが国の社会保障行政においては、住宅保障を欠落させている——居住面への公的支援には極めて消極的である——という意味で跛行的なのである（広井良典教授は、医療・年金・福祉の全体を有機的に捉えた上での、制度再構築を説かれていて[115]、その視野の広さには示唆を受けるが、ここでも

---

(112) 若月俊一・村で病気とたたかう（岩波新書）（岩波書店、1971）122-25頁。

(113) これについては、増田進『『生命を守る村』自戦記——"沢内生命行政"哲学と実践」太田祖電他・沢内村奮戦記（あけび書房、1983）145頁以下、太田祖電「生命尊重の行政」国家公務員共済組合連盟・共済新報平成13（2001）年6月号45頁以下など参照。

(114) 同施設の取組については、おはよう21・2002年1月号6-11頁、また、医療経済研究機構・普及期における介護保険施設の個室化とユニットケアに関する研究報告書（同機構、2002）とくに136頁以下を参照。また、こうした「ユニット方式」の取組に配慮した介護報酬改定の動きがあることにつき、朝日新聞平成14（2002）年8月21日（朝刊）18面参照。

(115) 広井良典・日本の社会保障（岩波新書）（岩波書店、1999）38頁以下など参照。

住宅問題への配慮は弱い)。

　今後は、公費の使途及び産業構造・種類のあり方も、再編が焦眉の課題であろう。すなわち、これまでの公共工事優先の予算消化・自縄自縛・機能不全に陥ることなく[116]、超高齢化社会を迎える21世紀においては、草の根の地域行政・地方自治が地元住民の生活基盤に根ざす形での、医療・福祉産業への構造転換を意識的に進めていく必要があろう（この点で近年注目されているのは、岩手県藤沢町での佐藤守町長の意欲的な取り組みである（障害者施設も他に先駆けて開設しており、「地域福祉保健医療が生む福祉効果」に着目されている））[117]。川上武氏が、佐久総合病院での取組をもとにして、メディコ・ポリス構想を打ち出している[118]が、高齢化をメリットとした地域再生策に活路を見出すことが目下需給両面で求められていると言えようし、当然のことながら、その際に居住保障のための公的支援の要素は抜きにはできないだろう。

〔2〕　地域的生活ネットワークと「町の空洞化」問題

　(1)　地域的な生活居住環境のネットワーク——それは向う三軒両隣や町内会での社交に始まり、購買のネットワーク（顔見知りの商店・床屋等）、行きつけの「掛かりつけ医」、さらには見慣れた風景なども含まれる——は、安心した居住生活を支えている。すなわち、こうした居住コミュニティは、目に見えない居住福祉資源なのである[119]（その証拠に高齢者の転居は痴呆を誘発することは指摘されているし、また神戸の震災後に街から遠く離れた仮設・復興住宅で多くの孤独死が生じた

---

(116)　この周知の問題については、さしあたり、五十嵐敬喜＝小川明雄・公共工事をどうするか（岩波新書）（岩波書房、1997）とくに138頁以下参照。

(117)　大久保圭二・希望のケルン——自治の中に自治を求めた藤沢町の軌跡（ぎょうせい、1998）127頁以下、とくに146-48頁参照。

(118)　川上武＝小坂富美子・農村医学からメディコ・ポリス構想へ——若月俊一の精神史（勁草書房、1988）、同・戦後医療史序説——都市計画とメディコ・ポリス構想（勁草書房、1992）参照。

(119)　早川和男「居住福祉資源の再評価」早川他編・居住福祉学と人間（三五館、2002）242-43頁。

ことは、こうした側面の配慮の欠落が招いた悲劇であろう[120]。そして他方で、過疎地域では、点在する住宅を集めて、生活コミュニティを形成することによる居住環境改善運動なども注目されるところである（例えば、岩手県沢内村長瀬野地区の場合[121]）。

(2) ところが、かつての買物・社交の場であった下町的雰囲気は急速に失われつつあり、従来の町の中心部がゴーストタウン化していくという「空洞化」現象は全国至る所で進行中である。この背後には大規模安売り店舗の市場経営戦略に定位した進出・撤退を自由に認める——その結果として小規模店舗の運命は左右される——規制緩和推進の独禁法上の競争政策があるわけである（平成12（2000）年3月には「規制緩和推進3か年計画」が閣議決定されており、自己責任原則と市場原理に立脚した自由で公正な経済社会を目指すのが、公取委の現下の重要課題とされている）[122]。

---

(120) それぞれにつき、早川・居住福祉（前掲書（注3））109頁以下、早川・災害と居住福祉（前掲書（注7））51-52頁。また、後者（孤独死）の実態については、額田勲・孤独死——被災地神戸で考える人間の復興（岩波書店、1999）が詳しい（コミュニティ・連帯の観点からは、仮設住宅の方が「増し」であることについては、216頁以下参照）。

(121) これについては、岩手県沢内村・集落再編成計画（沢内村、1972）、長瀬野新集落「和衷会」・（長瀬野新集落移転30周年記念誌）しんしゅうらく——共につくり、共に生きる（和衷会、2001）。また、斎藤吉雄編・コミュニティ再編成の研究——村落移転の実証分析（御茶の水書房、1979［新装版1990］）93頁以下は、これに関する詳細な研究である。

(122) この点は、吉田・民法解釈と揺れ動く所有論（前掲書（注4））100頁でも簡単には触れている。確かに平成10（1998）年には、「中心市街地整備改善活性化法」が制定・施行され、商工会議所などが中心となって、「まちづくり機関」（TMO）を設立して、空き店舗対策などに取組むこととなっている。しかし他方で、本文に述べた如く、規制緩和が推進されているならば「焼け石に水」であり、政策相互に齟齬を来しているとも言えよう（日本経済新聞の調査でも、TMOを設立した市区の内の半数がまちづくりの効果はないとの見方を示している［日経平成14（2002）年8月26日朝刊1面、26-27面参照］）。こうした状況の打開のためにはやはり、居住環境問題と競争政策との緊張関係につき、どこかで調整がなされなければならないのであろうが、それを行う制度を欠いているのが実情である。しかしもしそうであるならば、競争政策を打ち出す公取委が、こうした副次的効果を斟酌するような視野の広さが求められるように思われる。

また都市計画の欠如のゆえに、都市の乱開発（スクラップ・アンド・ビルド）によるコミュニティ解体も指摘されているところである[123]（例えば、震災の被害が大きかった神戸市長田地区においては、駅前に多くの高層復興住宅が建設されているが、「等価交換方式」で、かつての下町的コミュニティを形成していた住民で、この高層ビルに戻った者は多くはない）。住宅建設は民間市場に委ねられ、家賃補助などの措置も行われていないのであるから、こうした帰結は見易いことであり、ここにはコミュニティ的居住福祉の配慮の不在を疑わざるをえない。

〔3〕　**環境・公害・嫌忌施設・廃棄物処理問題——負財の再配分のあり方**

　(1)　さらに、居住・福祉基盤整備の中には、環境保全に関わる問題が含まれる。今でこそ 1960－70 年代の重大な公害事件は少なくなったが、よりマクロ的な——地球規模での——環境破壊現象は止まるところを知らない。身近で且切実な生活利益に関わる問題として、例えば嫌忌施設の設置や廃棄物処理[124]が、人口稠密のわが国において、今世紀の深刻な課題になろうことは容易に推察できるし（それゆえに平成 12（2000）年には循環型社会形成推進基本法をはじめとする諸立法がある）、これは居住環境と密接に関わりあう。

　従来の自己利益ないし私的選好を志向する個人主義的私的所有論のスキームからは、こうした環境的に「嫌忌」される問題はコモンズに押し出されてしまい（いわゆる「コモンズの悲劇」の問題）、それを公共的にどのようにコントロールしていくかという 21 世紀に不可避のアジェンダに対応する議論の土俵は提供されず、その意味でも新たな所有理論の再編が求められているのであり、それは住居の公共的保護・規制の問題とも不即不離の関係に立つ。

　放置しておけば、政治的に声の弱いマイノリティが不公平に環境的

---

(123)　早川・前掲書（注3）142 頁以下。
(124)　例えば、高杉晋吾・産業廃棄物（岩波新書）（岩波書店、1991）51 頁以下、漆博雄「東京一極集中と廃棄物問題」八田達夫＝八代尚宏編・東京問題の経済学（東大出版会、1995）167 頁以下など参照。

不利益を受忍するという、「環境的正義」(environmental justice) の難題に直面することになる。アメリカでは現に、数多くの議論が蓄積されており（例えば、ルイジアナ州のニューオーリンズ郊外〔石油コンビナート密集地帯〕における、深刻な大気汚染問題を想起せよ[125]）、一極集中的構造から過密メガロポリスを抱える日本も、他人事ではないであろう[126]。

(2) 前節でも論じたことであるが、以上のように居住福祉基盤整備には、医療・福祉政策、競争政策、都市政策、さらには環境政策という具合に、従来の法系列としては異種の分野・カテゴリーの問題が錯綜しているわけである。従ってこうした今世紀的なアクチュアルな課題に直面しているわれわれは、──専門分化を進め、ともすると狭い領域設定を行って、その分野のスペシャリストを養成しようとする、近年の時流とは正反対に──むしろ学際的・総合的に、各分野を連携させて考察していく社会的要請が高まっていることを自覚して対処すべきものであろう。

Ⅲ　むすび──居住法学の特色とその考察方法論

1　居住法学の特性

以上に、住宅法学の目ぼしい論点をアトランダムに拾って、問題状況を私なりの切り口も交えつつ論じてきたが、最後にむすびとして、この分野の特色及びアプローチの仕方を述べて終わりとしよう。

すなわち、契約法・取引法においては経済学的モデルの適用というような机上の議論も有力であるのに対比して、居住法の分野の法的スキーム構築に際しては──相対的ではあるが──状況は種々のコンテクスト［背景事情］に関わっていて多様であることに留意が必要であろう（例えば、しばしば言及した個人主義と共同体主義との緊張関係・ディ

---

(125) 私もかつて（1999年1月）、チュレーン大学環境法クリニックの方とともに現地を訪ねたことがあるが、詳しくは、本田雅和＝風妙子・デアンジェリス・環境レイシズム──アメリカ「がん回廊」を行く（解放出版社、2000）46頁以下を参照。
(126) 吉田・前掲書（注4）457-59頁でも既に論じている。

レンマの調和の仕方も、「時」と「場合」により異なってくる)。

　それゆえに、抽象的ないし普遍主義的にアプローチするよりも、個別具体的な状況への配慮が不可欠で、個々の「現場の声」から多面的にフィードバックするような研究手法は重要であり、フィールドワークを通じて講学上閑却されがちなアクチュアルな社会的要請に敏感になるという経験的 (empirical) な取組みが貴重であろう (つまり、法社会学的、歴史的考察が必要によると言うことであり、安易に「横のものを縦にする」式の平行移動風の比較法的考察は、所有権法、とりわけ住宅法の領域では難しく、慎重にアプローチしなければなるまい。国により、又地域により、そして置かれた関係当事者の境遇 (貧富、人種の相違等) により、史的にその法的問題は多様であり、一般化が難しいからである)。

2　住居を巡る所有論的考察の必要性

　(1)　冒頭 (I参照) にも述べたように、従来所有法理論といえば、マルクスの部分的な摂取・接合による川島博士の商品所有権的イメージが支配的であって、人格に関わる所有権構想が必ずしも詰められてこなかったように思われる。そして、「住居」は人間的生活、人格的充実の拠点という意味で、居住に関わる所有論 (賃借権論も含む) の洗い直しが必要な時期となって久しいのではなかろうか (そうした人格的配慮が充分でないと、「商品化」や「等価交換」が過度に押し広められて、人間疎外、アイデンティティ喪失、基本的人権侵害などの諸問題が生ずることとなる)。また従来の「所有」の理解は、物が私的に (プライベートに [自己利益のために]) 排他的に当該個人 [所有者] に帰属されるというものであった。しかし、住居という財は、人格形成の礎(いしずえ)であり、人間生存・人間的充実の基盤として、衣・食・住の三本柱の一翼を担うものであるから、通常の市場取引の対象である代替的商品とは違った特異性 (idiosyncracy) があり、且一定程度は基本的人権として公共的保護を与える必要があることが、もっと自覚的に認識されるべきものであろう。

　こうした基本的視座から従来の議論を見てみると、住居所有の保護

の基礎づけを憲法論として説くものは確かに存在したのであるが、散発的、断片的、一般的なものに止まった（例えば、我妻博士が説く財産権を「生存権的基本権」のカテゴリーに入れる立場がそれであり[127]、宮沢俊義博士も、人権宣言の見地から最低限度の生活に必要な財産を支配する権利として、生存権の延長で社会権的な性格を認めることができると説く[128]のも同趣旨であろう。さらに、渡辺洋三博士は、より明示的に一歩を進めて、生存権的財産権［人権としての財産権］と資本所有権［資本主義的財産権］との区別を主張されている[129]）。そして憲法25条もプログラム規定とされるのであるから、終戦直後の「焼け野原」の状況において、どれだけ真摯に住宅所有の保護の具体的あり方が考えられたかには、疑問が残る。また、所有権［財産権］の問題は、確かに憲法上の規定があるものの（憲法29条）、具体的中味については民法が定めることとなるから（民法206条以下）、わが憲法学上それ程深めた考察がなされてきたとは思われない。さりとて、民法学の領域の側とても、本稿で若干試みたように、基本的人権論を踏まえた住宅所有論の具体的解釈論の展開が充分になされていたわけでもなく、相互に「譲り合い」の様相を呈している。住宅問題の社会的枢要性に鑑みると、こうした法学理論上の知的怠慢の状況は、誠に不幸な事態であり、社会的批判の知的リーダーたるべき研究者の任務が放擲されてきたとさえ考えられなくもない。

(2) この小稿でなしうることは限られており、将来的議論の方向としては、渡辺博士の示唆に沿いつつ、住居所有権保護の濃淡を、基本的人権に叶うものか否かという観点から、(a)生存権的所有権、すなわち人間的生活の基礎としての居住権か、(b)単なる代替的な投資対象としての資産的所有権かで区分していくべきものであろう。そして前者

---

(127) 我妻栄「新憲法と基本的人権」民法研究Ⅷ 憲法と私法（有斐閣、1970）181頁以下、とくに223頁以下（初出1948）。

(128) 宮沢俊義・憲法Ⅱ（法律学全集）（新版）（有斐閣、1971）101‐02頁参照。

(129) 渡辺洋三「土地・開発法制」西山夘三＝山崎不二夫＝山本荘毅編・国土と人権——国土問題の総合的分析（時事通信、1974）355頁以下、とくに同・財産権論（一粒社、1985）141‐48頁。

[(a)] については、一定限度の公共的保護が要請され、また一般の市場的取引利益とは異なる考量が必要だという観点からも住宅法学の再編が社会保障法学上の問題の一環として急務となっているという認識が必要であると思われる。

ホームレスや震災問題は、住宅の公共的保護の側面に気づかせる好個の素材と言えるし（もっとも、わが国ではこの課題に従来対峙していないことは前述した（2［2］、3［1］））、さらに住宅の対価や補償を考える場合においても、単なる市場的な代替価値のみならず、生活的使用利益を十分に斟酌する必要があるであろうが[(130)]、この点も必ずしも充分な議論がないままに代替価値志向の市場取引原理の波に呑み込まれているのが実態であろう（例えば、この点は、区分所有法63条の売渡請求額の算定にも関連するし、無造作な（市場価値による等価交換を前提とする）土地区画整理や都市再開発にも反省が必要であろう）。

3　住宅法学のトータルな分析の要請

これまでは住宅所有の私的性格が強調され、ともするとそれに対する公的規制の課題は、——その現実的要請とは裏腹に——隅に追いやられがちであって、また近年の民法学のタコツボ的専門分化の傾向はそれに拍車をかける如くである。

しかし、住宅問題の所在・本質を見抜き、バランスのとれた法政策を展開するために必須であるのは、私法・公法の総合的考量であり、分析の枠組を広げる必要がある（夙に、借家法は住宅政策の一部分だとして、民法の一面性を衝かれていた、末弘博士の慧眼[(131)]を、この際想起すべきであろう）。従来、民法学者が住宅法を語る場合には、借家における「正当事由」問題（借地借家法28条）や売買、請負の「瑕疵担保」（民法570条、634-38条）など講学上の民法問題だけを扱いがちであるが、

---

(130) 早川和男・空間価値論（勁草書房、1973）17頁が既にこのような視角を打ち出していることが、改めて注目に値する。

(131) 末弘厳太郎「住宅問題と新借家法案」法協39巻2号（1921）141頁以下［同・嘘の効用（改造社、1923）に所収］。

それだけでは住宅法学の一面しか見ていないことは、本稿の不充分な分析だけでも示せたのではなかろうか。

例えば、①マンションにおける「修繕か建替えか」の紛争（区分所有法62条以下）には、震災建物に対する公費補助システムの跛行性から歪みが生じていることの実態認識が不可欠であろうし、震災後の避難所、さらには仮設・復興住宅の供給のあり方も間接的に影響しているであろう。②また公営住宅の供給の程度や家賃補助システムの有無も、借家市場の動向を分析するには不可欠の重要ファクターであろう。③さらには、都市計画や住宅政策の不在が齎（もたら）す、無秩序な家屋建設のスプロール化は空間利用の非効率性を招き、それゆえに居住価格の高さに反映するということもありえよう（空間の無秩序な細分化による住宅供給の不経済について、空間的アンチコモンズと称した分析もなされている（ヘラー教授）[132]。しかし、他方で、高層過密住宅が必ずしも「居住環境の快適さ」には繋がらないとの議論は十分にあり得て、効率性論理では割り切れず、実態は単純ではない）。

4 少数派・マイノリティの視角からの批判的考察の意義

(1) 最後に、多数派の主張では見過ごされがちな、少数派ないしマイノリティの視角からの批判的考察の意義を述べておこう。とくにそれが居住の権利に関わる場合には、その公共性ゆえに「少数者の声」の方にむしろ謙虚に耳を傾け、法益考量を慎重に行うことが求められているからである（例えば、①マンションの建替決議に反対する少数補修派の「過分の費用」がかからない旨の主張、②法形式的な「権原」の観点からは根拠薄弱な在日外国人の長期占有保護を説く経緯がそれである。さらには、③近年の抵当権実行の強化の方向での議論[133]の反面で、債務

---

[132] Michael Heller, *The Tragedy of the Anticommons : Property in the Transition from Marx to Market*, 111 HARV. L. REV. 621 (1998). 本論文については、吉田邦彦「ロシアの住宅事情とその所有理論的考察」アメリカ法 [2001-1] (2001) 154頁以下も参照。

[133] 目下、改正の検討中である「担保・執行法制の見直し」においても（その後、平成15 (2003) 年法134号として、旧民法395条の短期賃貸借の廃止などの改正がなさ

居住福祉研究叢書第1巻　　　　　　　　　　　　　　　　　　　［吉田邦彦］

者の居住権の保護や会社従業員の労働債権保護の主張がトーンダウンしがちなことにも意を払い、また下請業者の「法定担保物権」制度による保護にも目を向ける必要があろう）。

　(2)　この点で考えておきたいのが、居住福祉法学における司法の意義である。すなわち、立法のあり方が、従来の法制審議会の一本主義から変容を遂げて、昨今はともすると「多数派意見」が反映されがちなプロセスにもなっていることは、大方の民法学者の反対を押し切って制定された定期借家権の例（前述）、さらには、業界利益との関係もありうるマンション建替えに関する改正の例などを考えてみるだけでも、わかるであろう。それだけに、住宅法学の領域においても、司法が、その「反・多数派」的（counter-majoritarian）な批判的役割に留意して、「少数派の利益」に配慮した判断を行い、最後の公共的権利の砦となっていく現代的意義は益々大きくなっているとも言えるわけである[134]。

れた。さらに、抵当権に基づく妨害排除に関する判例の展開〔最大判平成11・11・24民集53巻8号1899頁など〕も参照）、融資債権者［＝抵当権者］の地位強化が目的とされがちであるし、また、不良債権処理と称して進められる「債権の証券化」にも格付け評価で良質とされた債権を対象とする、「いいとこ取り」の側面があり、それによる皺寄せを被るトレード・オフがあることにも留意すべきである。

(134)　司法府（の憲法解釈）の反多数派的役割については、アメリカでは数多くの議論がある（e. g., JOHN ELY, DEMOCRACY AND DISTRUST : A THEORY OF JUDICIAL REVIEW (Harv. U. P., 1980) 67～; MARTIN REDISH, THE FEDERAL COURTS IN THE POLITICAL ORDER : JUDICIAL JURISDICTION AND AMERICAN POLITICAL THEORY (Carolina Academic P., 1991) 124～. また、積極司法の代表的裁判官であるブレナン判事の憲法民主主義の憲法哲学の根底には、個人・人間の尊厳があることについては、FRANK MICHELMAN, BRENNAN AND DEMOCRACY (Princeton U. P., 1999) 12-13, 40-41 参照）。日米では、裁判官の選出の仕方などコンテクストは異なるが、立法に関しては「公共選択」論者が明らかにしたように、利害関係者のレントシーキングの所産という現実があることも確かである（その点で、日本の立法はアメリカに接近しつつある）。従って、もはや素朴に司法は立法府の意思を尊重すると言うだけではすまされず、むしろ、それに対抗的な司法府の意義が改めて問われていると言えるであろう。この点については、さらに、吉田邦彦「21世紀における『民法と社会』を考える——批判的『法の支配』構想一斑」法社会学58号（2003）も参照。

第3章 人間の権利としての「居住権」
――国際法の視座――

阿 部 浩 己

1 社会権規約と一般的意見

　長く国家間の関係を規律する法体系として機能してきた国際法は、平和と人権の密接な関係が認識された第二次世界大戦を契機に、その姿を大きく変容させることになった。人権の尊重は、国際社会の準憲法とでもいうべき国際連合憲章（1945年採択）で平和の実現とともに機構の目的に掲げられ、その後1948年に世界人権宣言が採択されると、これをきっかけに、地球上のすべての人間に保障される人権規範を定める国際文書が次々と作成されていくことになった。こうして国際法は、21世紀を迎えた今日、国家と個人あるいは個人と個人の関係を明瞭に規律の対象に取り込む法体系に変貌し、人権の保障は、国際法の存在理由の一つに位置づけるまでになっている。

　居住権は、多くの国際人権文書において、最も重要な人権規範の一つとして認められている。それらの文書を例示すれば、次のとおりである。世界人権宣言 (25条1)、経済的、社会的及び文化的権利に関する国際規約 (11条1。なおこの条約は、以下、社会権規約と略称する。)、あらゆる形態の人種差別の撤廃に関する国際条約 (5条(e)(iii))、女性に対するあらゆる形態の差別の撤廃に関する条約 (14条2(h))、子どもの権利に関する条約 (27条3)、難民の地位に関する条約 (21条)、あらゆる移住労働者及びその家族構成員の権利の保護に関する国際条約 (43条1(d))。これら国際人権文書のなかで、居住権の内容をもっとも明確に示しているのは社会権規約である。同規約において定められた居住権の実態を考察することにより、国際法における居住権の相貌を知ることができる。

65

居住福祉研究叢書第1巻　　　　　　　　　　　　　　　　［阿部浩己］

　社会権規約は1966年12月16日に国際連合総会で採択された条約で、日本についても1979年9月21日に効力を生じている。居住権は、そのなかで、「人類社会のすべての構成員の固有の尊厳及び平等のかつ奪い得ない権利」（前文第1段）の一つして、11条1で、次のように規定されている。「この規約の締約国は、自己及びその家族のための適切な……住居を内容する適切な生活水準についての並びに生活条件の不断の改善ついてのすべての者の権利を認める」[1]。

　この条項の内容を具体化してきているのは、社会権規約の履行を国際的に監視する「経済的、社会的及び文化的権利に関する委員会」（以下、社会権規約委員会）である。現行の社会権規約委員会は、国際連合経済社会理事会決議1985/17により設置されたもので、人権の分野において能力を認められた18名の独立した専門家から成っている。社会権規約の締約国は、16条1により「この規約において認められる権利の実現のためにとった措置及びこれらの権利の実現についてもたらされた進歩に関する報告」を、社会権規約委員会に定期的に提出する義務を負う。同委員会はそうした報告の審査を行い規約の履行を促すとともに、一般的意見（General Comment）などを通じて、精力的に各条項の規範的明確化をはかっている。一般的意見は社会権規約委員会により適宜提示されるものだが、居住権については、1991年に示された一般的意見第4号でその内容が詳細に定式化されている[2]。

　一般的意見第4号が国際法における居住権の内容を指し示す最適の

（1）　1979年8月4日に公布された本条約の公定訳（＝政府訳）は、「適切な」という箇所が「相当な」となっている。これはadequateという英語の訳なのだが、本稿では、権利の内実と日本語の本来の意味を踏まえ、よりふさわしいと考えられる「適切な」という語を用いる。また、「住居」はhousingという英語の訳だが、本意見書では、文脈に応じて「居住」という語も用いる。ちなみに、社会権規約の正文に日本語は含まれていない（同規約31条参照）。公定訳といえども条約の訳文にすぎないことはいうまでもなく、条約法に関するウィーン条約33条が指示するように、条約の解釈は、常に正文に立ち戻ってなされなければならないことはいうまでもない。

（2）　General Comment No. 4 (1991), U. N. Doc. E/1992/23. 一般的意見第4号を訳出したものに、申惠丰『「経済的、社会的及び文化的権利に関する委員会」の一般的意見」青山法学論集38巻1号102-110頁。

第3章 人間の権利としての「居住権」

資料であることについて、実務上も学説上も一般的な了解があることは疑いない[3]が、これを条約の解釈規則に従ってさらに敷衍すれば、次のようにいうことができる。条約の解釈規則は、国際慣習法を法典化した条約法に関するウィーン条約31条および32条に示されている。居住権条項の解釈は、これらの条項に体現された国際法上の規則に則って行われなければならない。同条約31条1によれば、「条約は、文脈によりかつその趣旨及び目的に照らして与えられる用語の通常の意味に従い、誠実に解釈する」ものとされる。条約の解釈上、文脈というときは、前文も含まれる（同条2）。31条の解釈手段によって意味が確定されない場合には、32条により、解釈の補足手段を採用することができる。

一般的意見がこうした解釈規則のどこに位置づけられるのかについ

（3） 一般的意見第4号で示された居住権の内容は、国際連合人権委員会の下部機関である人権小委員会（「差別の防止及び少数者の保護に関する小委員会」、後に「人権の促進及び保護に関する小委員会」と改称。なお国連改革の一環として、人権委員会は2006年に廃止され、代わって人権理事会が発足している。）において、適切な住居への権利を調査研究するため任命された特別報告者の報告書（Rajindar Sachar, *The Right to Adequate Housing: Progress Report*, U. N. Doc. E/CN. 4/Sub. 2/1993/15）でそのまま踏襲されたほか、居住権に関する国際的な学術文献のなかでも繰り返し引用され、確認されてきている。たとえば、その代表的なものとして、Matthew Craven, *THE INTERNATIONAL COVENANT ON ECONOMIC, SOCIAL AND CULTURAL RIGHTS: A PERSPECTIVE ON ITS DEVELOPMENT* 329-347（Clarendon Press, 1995）; Scott Leckie, "The Right to Housing," in *ECONOMIC, SOCIAL AND CULTURAL RIGHTS: A TEXTBOOK* 107-123（Asbjorn Eide, Catarina Krause & Allan Rosas eds., Martinus Nijhoff Publishers, 1995）。日本でも、国際人権規約の注釈書である宮崎繁樹編『解説国際人権規約』（日本評論社、1996年）73-78頁［上柳敏郎執筆担当］をはじめ、今井直「社会権規約における締約国の義務の性質」島田征夫他編『変動する国際社会と法』（敬文堂、1996年）233-236頁、藤本俊明「忘れられた人権侵害と外国人の居住権保障」田中宏・江橋崇編『来日外国人白書』（明石書店、1997年）248頁、熊野勝之編著『奪われた「居住の権利」――阪神大震災と国際人権規約』（エピック、1997年）200-212頁など、居住権を分析する国際法の文献は例外なく一般的意見第4号に依拠している。さらに、社会権規約委員会によって示された居住権の内容は、国際連合人権センター（現、国際連合人権高等弁務官事務所）が頒布している人権冊子（*Human Rights Fact Sheet No. 21: The Human Right to Adequate Housing*（1993））を通じて、全世界的規模で広められることにもなった。

て実務上あるいは学説上見解は必ずしも統一されているわけではないが、日本の裁判例のなかには、これを解釈の補足手段とみなしているものが見られる[4]。その一方で、条約法条約31条3(b)の「条約の適用につき後に生じた慣行であって、条約の解釈について当事国の合意を確立するもの」という文言を援用しながら、そうした事後的慣行あるいは補足的手段に「準ずるものとして相当程度尊重されるべき」と判示している裁判例もある[5]。そのいずれであれ、一般的意見は、条約の有権的な解釈を示す資格を備えた条約機関[6]の示す法的見解として、少なくとも、条約を誠実に解釈する際に「当然に考慮に入れるべきもの」[7]であることは否定できないところである。居住権条項の解釈にあたり社会権規約委員会の一般的意見を参照することは、国際法の求める条約の解釈規則に即応した法的営みということである。

以上の前提を踏まえ、次に一般的意見第4号によって示された居住権の内容を具体的にみてみることにする。なお、以下の2では居住権の内容のみを示すこととし、この権利の裁判規範性にかかわる問題などについてはその後に検討することにする。また、占有権保障との関係で、社会権規約委員会が、一般的意見第4号とは別に一般的意見第7号[8]を採択し、そこで特に強制退去（立ち退き）の問題に論及しているので、以下ではあわせて参照することにする。

（4）　大阪高判1994・10・28判時1513号86頁、広島高判1999・4・28。

（5）　大阪地判2004・3・9判時1858号79頁。

（6）　Magdalena Sepulveda, *The Nature of the Obligations under the International Covenant on Economic, Social and Cultural Rights* 88（Intersentia, 2003）.

（7）　村上正直「裁判所による人権条約の適用に関する諸問題」（社）部落解放・人権研究所編『国際人権規約と国内判例』（解放出版社、2004年）22頁。

（8）　General Comment No. 7（1997）, U. N. Doc. E/1998/22. 一般的意見第7号を訳出したものに、申恵丰『「経済的、社会的及び文化的権利に関する委員会」の一般的意見（二）」青山法学論集40巻3・4合併号378-385頁。なお、強制退去に関しては、国際連合人権センターが1996年に公刊した強制退去に関する冊子（*Human Rights Fact Sheet No. 25: Forced Evictions and Human Rights*）と、同じく強制退去に関する1996年の国際連合事務総長報告書（*Guidelines on International Events and Forced Evictions*, U. N. Doc. CN. 4/Sub. 2/1996/11）も参照することにする。

2 居住権の相貌

国際法上、居住権は、安全で、平和に、そして尊厳をもってある場所に住む権利とされている。この権利は、プライバシーをはじめとする他の人権規範と密接に関連しており、また、社会権規約11条2は、単なる居住権ではなく、「適切な」居住権の実現を求めている。したがってそれは、ただ単に頭上に屋根があるだけの避難所といった、狭く制限的な意味で解釈されてはならない。もとより、居住権は、社会的に有利な人々に特権として与えられるものでも、社会的に不利な人々に恩恵として与えられるものでもなく、「人間の固有の尊厳に由来する」(社会権規約前文第2段) 基本的人権である。

居住権は、住居へのアクセス、継続的な居住の保障、居住の質的保障、という三つの側面に分けて把握できる。まず第一に住居へのアクセスについてみると、ここでは、住宅の供給と家計適合性、差別の問題が特に問題となる。社会権規約の締約国は、住宅の供給を自らすべて行う責任まで負っているわけではなく、民間と公共との適切な割合での住宅供給が行われればよい。もっとも、住宅供給のための政策策定にあたり、当事者との広範な協議およびその参加を得ることが求められる。また供給される住宅の価格あるいは家賃は、適切な居住を阻害するものであってはならない。住居にかかわる財政的負担は、その他の基本的ニーズの達成が脅かされるレベルであってはならず、家計に適合した住居を入手できない者には、住宅のニーズを適切に反映した補助金制度などが提供されなくてはならない。このほか、賃借人は、不合理な家賃・賃上げからの保護を受ける。

社会権規約2条2は、「締約国は、この規約に定める権利が人種、皮膚の色、性、言語、宗教、政治的意見その他の意見、国民的若しくは社会的出身、財産、出生又は他の地位によるいかなる差別もなしに行使されることを保障することを約束する」と定める。居住権の行使にあたっても、当然に、こうした差別は禁止される。「他の地位」のなかには、高齢者、子ども、障害者、疾病者などが入ることになろう

が、これに限られることなく、失業者や低所得層なども含め、不利な条件にある人びとには、住居へのアクセスを実質化するため、優先的な考慮が払われなくてはならない。

　第二に、居住の継続的保障について。ここでは、とりわけ占有権の保障が問題になる。居住問題に関わる国際社会の現況が示すとおり、占有権の保障は、居住権の確保にとって要の位置を占めるといって過言でない。占有は、賃貸住宅、共同住宅、借家、自己所有、応急住宅、非公式の定住など様々な形態をとるが、その形態のいかんにかかわらず、すべての人は、強制立ち退き、嫌がらせ、脅しなどから法的に保護される程度の占有権を保障される。そのような保護を欠いている者については、当事者との真正な協議により、占有の法的保障を与える即時の措置がとられなくてはならない。

　占有権は絶対的な権利というわけではなく、一定の場合には立ち退きを強制することも認められる。しかし、そうした強制退去は、規約の要請に適合しないとの推定を受け、最も例外的な事情において、かつ、関連する国際法の原則に従ってのみ、正当化される。強制退去については、国際連合人権委員会決議 1993/77（1993 年 3 月 10 日採択）や人権小委員会決議 1995/39（1995 年 8 月 24 日採択）などが、「居住権の重大な人権侵害」としてきわめて強い非難を重ねてきている。都市部の再開発（建て替え）や「浄化」（スラムの撤去）、巨大ダムの建設などを理由とする立ち退きの強制が世界各地で大規模に行われていることへの当然の憂慮表明である。もっとも、だからといって、国際法上あらゆる場合に強制退去が禁止されているわけではない。ただ、社会権規約委員会がいうように、強制退去はまず国際法上違法という推定を受けるのであり、その推定は、「最も例外的な事情において、かつ、関連する国際法の原則に従って」いるということが示されてはじめて覆されるのである。

　強制退去とは、当事者（個人、家族、共同体）がその意思に反して、占有している家屋や土地から恒久的にまたは一時的に立ち退かされることをいう。これは、居住権のみならず、プライバシーや健康への権

利、教育への権利、あるいは生命の権利など、関連する人権諸規範を重層的に侵害する事態につながりかねない。したがって、それを正当化しうるのは「最も例外的な事情」がある場合に限られている。いかなる事情をもって「最も例外的」というのかは、個別具体的な事案に即して決せられるべきものだが、たとえば、近隣に対する人種差別的あるいは執拗な反社会的言動、支払い能力があるのに正当な理由なく賃料の支払いを拒み続けること、賃貸物件を正当な理由なく破壊すること、他人の権利を侵害する明白な犯罪的言動などは、一般的にいって、そうした事情に該当するものと思料される。

 ただ「最も例外的な事情」があったとしても、それをもって即座に強制退去が正当化されるわけではない。強制退去は「関連する国際法の原則に従って」行われなくてはならない。「関連する国際法の原則」の一つは、代替措置の誠実な追求である。ここでは特に、立ち退きが強制される場合において、適切な代替住居の提供および／または適切な補償金の支払いが求められる。強制退去が断行される場合には、当事者が以前よりも劣悪な生活条件を強いられることがあってはならず、少なくとも、当事者がホームレス状態に陥ったり、他の人権侵害が引き起こされるような事態は回避されなくてはならない。

 「関連する国際法の原則」のもう一つは、手続的保障である。立ち退きの問題について協議する真正な機会が提供されなくてはならない。立ち退きに代わり得るあらゆる実現可能な措置が、当事者との協議を通じて探られなくてはならない。強制退去は、往々にして、居住水準の向上などを理由に、「やむを得ないもの」あるいは「公共の利益を促進するもの」として実行される。表面上掲げられた理由のいかんにかかわらず、立ち退きに代わる措置をとる余地が真に存しないのかが誠実に検討されなくてはならない。また、強制退去に先立って当事者に適切で合理的な通知がなされることも求められている。強制退去の合法性を争う実効的な司法的救済の必要性についてはいうまでもない。

 居住権の中核ともいえる占有権の法的保障を制約する強制退去は、このように、最も例外的な事情がある場合に、適切な代替措置（補償

措置）と適正な手続的保障を伴ってはじめて合法化される。そのいずれが欠けても、強制退去は居住権を侵害する違法な行為となる。

第三は、居住の質的保障である。これはさらに、サービスや設備などの利用可能性、居住性、立地条件、文化的相当性に細分される。まずサービスや設備などの利用可能性とは、健康、安全、快適さ、栄養の確保に不可欠な設備の確保のことをいう。安全な飲料水、調理、暖房および照明のためのエネルギー、衛生および洗濯設備、食料貯蔵手段、ゴミ処理、排水設備などが継続的に利用できなくてはならないということである。居住性とは、居住者に十分なスペースを与え、かつ、居住者を寒さ・湿気・暑さ・雨・風・その他の健康への脅威、構造的危険、病原菌の媒介生物から保護することをいう。居住性は、サービスの利用可能性とも重なり合うものだが、それにとどまることなく、建物の構造にも深く関わっている。不適切な欠陥住宅がしばしば死亡率や罹患率の増加を引き起こしていることがこの観点から問われることになる。

立地条件とは、住居が雇用の選択肢、健康ケアサービス、学校、子どものケア施設、その他の社会施設へのアクセスを可能にするものであることをいう。立地条件は、過度の通勤時間・費用をかけることなく人々が正常な生活を営むことを可能にし、さらに、汚染された地域あるいはその近くに住宅が建築され住人の健康が害されるようなことがあってはならないことを求めている。最後に文化的相当性とは、住宅の建築方法や建築資材、それらを支える政策が文化的アイデンティティを適切に反映するよう求めるものである。文化的要素を無視した住宅の建築により、人々の生活を支える伝統的コミュニティの存在が危殆に瀕するおそれがあることが認められている。

社会権規約11条1の定める居住権は、このように、きわめて豊かな内容をもった人権規範として立ち現われている。

3 義務の重層性

必ずしも日本に限られることではないが、社会権規範については、

自由権規範と違って、プログラム的あるいは政治目標的な内容をもつにすぎず、具体的な義務を国家に課すものではない、という議論が現在でもみられる。このような議論は社会権規約についてもそのままなされてきた。たとえば、「国際人権規約について」という演題のもとに実施された「平成11年度総括裁判官研究会」（1999年7月7日）において、横田洋三・東京大学教授（当時）は、社会権規約（特に6条および7条の労働権規定）を解説して次のように述べている。「これは努力規定ですから、実現努力規定ですから、直ちに違反ということではないのですね。その方向に向けて努力しているということが大事なのであって、直ちに違反ということにはなりません」（同研究会講演要旨15頁）。

社会権規約が単なる努力奨励文書であるということになると、居住権の内容がいかに豊かに構築されても、その実現はいちじるしく困難になる。だが、社会権規約の義務の性質を横田教授のように理解することは、かつては一般的であったとしても、国際法の現在の理論／実務水準とは明らかに適合しない。自由権規範は具体的で即時の義務を国家に課すのに対し、社会権規範は抽象的な努力義務しか課さない、という単純な二分論的理解は、現在の国際法の水準からはかけ離れている。

社会権規約が国家に具体的な義務を課すものではないという理解は、締約国の義務について定めた社会権規約2条1の次のような規定ぶりによって促されてきた。

「この規約の各締約国は、立法措置その他のすべての適当な方法によりこの規約において認められる権利の完全な実現を漸進的に達成するため、自国における利用可能な手段を最大限に用いることにより、個々に又は国際的な援助および協力、特に、経済上及び技術上の援助及び協力を通じて、行動をとることを約束する。」

なかでも「漸進的」という語の使用が、社会権規約の義務の性質を

努力奨励的なものと解する決定的な要因になってきたように見受けられる。しかし、一般的意見第3号[9]が指摘するように、漸進的に達成すればよいとされているのは関連諸権利の「完全な実現」なのであって、それまでの間、国家が何ら具体的な義務を負わないということではない。国家は、社会権規約を締結したことにより、諸権利の完全な実現を漸進的に達成するため、利用可能な手段を最大限用いて、即時に必要な行動を始める（あるいは控える）義務を負っている。完全な実現には時間がかかろうが、そのための行動は即時に起こさなくてはならない。いかなる行動が即時にとられるべきもので、いかなる行動が後にとられればよいのかは、権利・義務の性質に応じて一様でないが、いずれにせよ、漸進的実現義務を抽象的な努力義務あるいは政治宣言的な目標に解消してしまう理解は、社会権規約委員会によっても、内外の支配的な学説によっても支持されていない[10]。

また、社会権規約2条1において権利の実現は「立法措置その他のすべての適当な方法に」よるとされているが、このことは、社会権の実現がすべからく立法裁量に委ねられているわけではない、ということを意味する。むろん立法が必要な場合が少なくないことはいうまでもないが、それで事足れりというわけではない。また、社会権は立法措置を介さずに実現されることもある。

ところで、近年、国際社会では、自由権、社会権を問わず、すべての人権の一体性・相互不可分性が多くの機会をとらえて強調されるようになっている。たとえば、1993年の第2回世界人権会議で採択されたウィーン宣言及び行動計画第5は、次のように規定する。「すべ

---

(9) General Comment No. 3 (1990), U. N. Doc. E/1991/23. 一般的意見第3号を訳出したものに、申惠丰『「経済的、社会的及び文化的権利に関する委員会」の一般的意見」青山法学論集38巻1号97-102頁。

(10) 社会権規約委員会の一般的意見第3号以外に、学説としては、前述したMatthew Cravenをはじめとする諸論者のほか、Asbjorn Eide, "Economic,Social and Cultural Rights: A Universal Challenge," in *ECONOMIC, SOCIAL AND CULTURAL RIGHTS: A TEXTBOOK*（Asbjorn Eide, Catarina Krause & Allan Rosas eds., Martinus Nijhoff Publishers, 1995）など、他にも多数。

第3章 人間の権利としての「居住権」

ての人権は、普遍的であり、不可分かつ相互に依存し相互に関連し合っている」。このような認識により、自由権と社会権とを截然と二分する思考は、学説上も実務上も急速に支持を失いつつある。今日では、自由権、社会権を問わず、人権の実現のために国家の負う義務は次のような三類型あるいは三層構造のもとに理解するのが一般的である(11)。

三層構造とは、尊重義務、保護義務、充足義務という三つの層から国家の義務が構築されていることをいう。尊重義務とは、国家自らが人権侵害を行うことを控えること、保護義務とは、国家が第三者によって行われる人権侵害を規制すること、そして充足義務とは、個人の自助努力によって達成され得ない側面を国家が補い、結果的に人権の完全な実現を達成することをいう。すべての人権規範について、こうした三層構造的な理解が妥当するものと考えられるようになっている。

これまで、自由権は国家の不作為により実現されるものであるのに対して、社会権は国家の作為（積極的な介入）があってはじめて実現されるものであるとされ、こうした理解のもとに、社会権の法規範性が著しく弱められてきた。しかし、自由権といえども、国家の不作為のみによって実現されるものではない。たとえば、自由権のなかでもっとも重要な規範の一つである生命に対する権利（「市民的及び政治

---

(11) 1997年1月22日から26日にかけて、社会権規約の効果的な実施を促すためオランダのマーストリヒトで開催された国際専門家会議において採択された「経済的、社会的および文化的権利の侵害に関するマーストリヒトガイドライン」("The Maastricht Guidelines on Violations of Economic, Social and Cultural Rights," *HUMAN RIGHTS QUATERLY*, Vol. 20, pp. 693-694) 参照。このガイドラインの注釈として、Victor Dankwa, Cees Flinerman & Scott Leckie, "Commentary to the Maastricht Guidelines on Violations of Economic, Social and Cultural Rights," Id., pp. 705-730. また、義務の三類型について詳論した、社会権規約委員会の一般的意見第14号（General Comment No. 14 (2000), U. N. Doc. E/C. 12/2000/4）も参照。なお、尊重・保護・充足に促進（promote）を加える論者も少なくない。中井伊都子「国際人権条約における社会権の権利性」国際人権16号（2005年）75頁、申惠丰「コメント：社会権の権利性——国際人権法の射程範囲——」同上誌92頁など参照。

的権利に関する国際規約」(以下、自由権規約と略称)第6条)について
みると、国家自らが市民の生命の恣意的な剥奪を控える(尊重義務)
だけで生命権が実現されるわけではなく、国家は、刑法典などの制定
により市民間で起きることのある生命権侵害行為を規制することを義
務づけられており(保護義務)、また、医療・保健制度などの拡充に
よって、乳幼児の死亡や産後の女性の死亡などを防ぐことまで求めら
れている(充足義務)。そうすることによってはじめて生命権の完全
な実現への道が開かれることになる。

　伝統的な理解では、自由権については、国家の不作為の側面が強調
されるきらいがあった。しかしそれは、国家が負う義務の一面(尊重
義務)を強調しているにすぎない。その一方で、社会権については国
家の積極的な介入の側面が強調される傾向にあった。だが、これもま
た、国家の負う義務の一面(充足義務)を強調しているにすぎない。
裁判規範の観点からいえば、尊重義務は国家が行為を控えることなの
で、即時に合法・違法の認定がしやすい(国際法学上は、こうした場合
に、当該規定に自動執行性があるという。)のに対して、充足義務は国家
の積極的な介入が必要とされるため、裁判所としては合法・違法の判
断に踏み込みにくかったことは否定できない。それが、社会権の裁判
規範性の否定、そして社会権の具体的権利性の否定につながっていっ
てしまった観がある。しかし、自由権規範であっても充足義務の側面
は裁判に馴染みにくいのであり、逆に、社会権規範であっても尊重義
務の側面は本来、司法判断に問題なく適合するものなのである。

　ここで、2で述べた居住権の内容に立ち戻り、これを義務の三層構
造との関係で簡単に再整理しておくことにする。居住権は住居へのア
クセス、継続的な居住の保障、居住の質的保障という三つの側面から
把握できるが、まず住宅へのアクセスについていえば、住宅の供給は
主に国家の充足義務に関わり、家計適合性は保護義務、差別は主に尊
重・保護義務にかかわると理解できる。もっとも住宅の供給にしても、
個人が自助努力により住宅を取得しようとしているのを国家が妨害す
るような場合には、国家の尊重義務違反が問われることになる。

第3章　人間の権利としての「居住権」

　占有権の法的保障を中心とする継続的な居住の保障の側面は、保護義務に加えて、尊重義務が先鋭的に問われるところである。特に、違法な強制立ち退きを国家自らが行う場合は、国家の尊重義務違反が直接に問われることになる。国家は違法な立退きの強制を控えればよいのであり、そうした行為を控えなかったことは即時に違法と認定できるものである。社会権規約委員会も、一般的意見第7号（第8パラグラフ）において、「国家自身は、強制退去を控えなければならず、さらに、強制退去を断行する国家機関または第三者に対する法の執行を確保しなければならない」と、きわめて強い表現を用いてこの点を指摘している。このほか、住居の質的保障の側面では、サービスなどの利用可能性、居住性、立地条件、文化的適切性などいずれも、主に保護・充足義務にかかわるものと理解される。

　社会権規約2条1が規定するように、締約国は、立法措置その他のすべての適当な方法により居住権の完全な実現を漸進的に達成するため、自国における利用可能な手段を最大限に用いて行動をとることを約束している。締約国は、居住権の完全な実現に向けて、「漸進的に」歩を進めていくことを求められている。居住権の充足義務の側面は、そうした「漸進的に」という術語の語感をもっともよく反映しているものかもしれない。実際のところ、居住権の充足義務がかかわる側面は、利用可能な資源を最大限用いながら、時間をかけて実現する以外方法がないともいえる。しかしすでに述べたように、締約国の義務は充足義務の側面に限定されるわけではない。他方で、2条1は、締約国が即時にとることができる行動（不作為）までとる義務がないと定めているわけでもない。国家が一定の行動を控えることで居住権の侵害が阻止されるような場合には、当該国家は即時にそのような行動を控えなければならない。それもまた、締約国が、居住権の完全な実現を漸進的に達成するため、自国における利用可能な手段を最大限に用いてとる行動の一つなのである。

4 日本の国内法としての社会権規約－裁判規範性・再考

（1） 国際法の国内的効力

日本の憲法秩序は、日本国を拘束する国際法にそのまま国内法としての効力を与える「一般的受容」方式を採用している。山本草二教授が述べるように「日本国憲法では国際法の誠実遵守に関する規定（98条2項）の解釈として、国際法と国内法との関係につき基本的には一元論を採り、日本が締結した条約と確立した国際慣習法は、特別にそれらを立法手続で定める（国内法による補填・補完・具体化）必要なしに、当然にすべてそのまま国内法として法的拘束力を有することとしている」[12]。

こうした一般的受容方式により、社会権規約は日本について効力を生じた1979年9月21日に、そのまま日本の国内法に受容されることになった。つまり、社会権規約は、条約であると同時に、そのまま日本の国内法にもなっている。社会権規約が日本の国内法として法的拘束力をもつことは判例上も確認されており、たとえば東京高裁は、「社会権規約はわが国も批准した条約であって、わが国に対して法的拘束力を有するものである」と判示している[13]。

日本の国内法に受容された国際法の効力順位（形式的効力）は、一般に、憲法よりは下位だが法律よりは上位であると解されている[14]。判例においても、たとえば、「日本国憲法第98条2項は、条約の国内的効力を認めていることは明らかであって、この条約遵守主義は……条約優位を謳っているものと解せられる」[15]などとされる。

国際法は法律よりも上位に位置づけられるのだから、国際法に抵触する法律規定は無効であり、そのような事態を回避するためにも、法

---

[12]　「国際法の国内的妥当性をめぐる論理と法制度化——日本の国際法学の対応過程」国際法外交雑誌96巻4・5合併号（1997年）44-45頁。
[13]　東京高判1997・4・24判タ955号164頁。
[14]　岩澤雄司『条約の国内適用可能性』（有斐閣、1985年）30頁、清宮四郎『憲法（第3版）』（有斐閣、1979年）449頁。
[15]　神戸地判1961・5・30刑集3巻519頁。

第 3 章　人間の権利としての「居住権」

律は国際法に適合するように解釈されなくてはならない。この点については、判例において確認されている[16]だけでなく、政府も何度となく同様の見解を公式に表明してきた。たとえば、第 63 回国会において内閣法制局真田説明員は次のように述べている。「相抵触する内容の条約と国内法が併存した場合に……どちらが勝つのかという優劣の問題といたしましては、条約優位説がとらえているというふうに存じます」[17]。

　国際法が法律よりも上位に位置づけられること、法律は国際法に抵触すると無効であること、法律は国際法に適合するように解釈されなければならないことは、いずれも、日本が締結した多国間条約である社会権規約についてもあてはまる。社会権規約は効力順位において法律よりも上位に位置づけられ、関連法令は社会権規約に抵触する限りにおいて無効であり、また、社会権規約に適合するように解釈されなくてはならない。

　国際法は日本の国内法として様々な訴訟類型のもとに援用されてきている。もっとも代表的なものは行政事件訴訟（特に、取消訴訟）と国家賠償請求訴訟だろうが、こうした訴訟において国際法は、国家行為の違法性を判断する直接の基準として援用されるだけでなく、下位法たる関連国内法令の解釈を規律する指針としても機能してきている。受刑者との接見を制限する監獄法・同法施行規則の解釈にあたり自由権規約 14 条 1 項が参考にされた例や、土地収用法 20 条 3 号の要件審査にあたり少数者の権利について定める自由権規約 27 条が斟酌された例、あるいは、出入国管理及び難民認定法 53 条 2 の定める「送還できないとき」の解釈にあたり「拷問及び他の残虐な、非人道的な又は品位を傷つける取扱い又は刑罰を禁止する条約」3 条の規定が参照された例などがこれに該当する[18]。

---

(16)　東京高判 1998・1・21 判タ 980 号 302 頁、徳島地判 1996・3・15 判時 1597 号 123 - 124 頁、高松高判 1997・11・25 など。
(17)　衆議院商工委員会会議録第 31 号、1970 年 6 月 11 日、25 - 26 頁。
(18)　いずれも、請求（の少なくとも一部）が認容された事例である。徳島地判 1996・

また、国際法は、国家に対してその管轄下で生じるいっさいの違法行為を規制するよう求めており、このことは人権条約についても同様である。つまり、国家は、自ら違法行為を差し控えるだけでなく、その管轄下にある私人の行為についても相当な注意をもって規制する義務を負っている。人権条約における義務の三層構造との関連でいえば、私人の行為の規制は、国家の保護義務にあたる。国家は、私人間で起きる人権侵害を阻止し治癒する国際法上の義務（保護義務）を負っているのであり、こうして国際法は、必然的に、「国家対市民」だけでなく、私人間の関係にも規制を求めるものとなる。国際法をそのまま国内法に受容し、法律よりも上位に位置づけている日本では、実体私法の解釈も国際法によって規律されるのであり、そのような訴えが提起されはじめたことに呼応して、その旨の判例も漸増している。

　たとえば、マンションの賃貸借につき、借り主が外国人であることを理由に入居を拒否したことが自由権規約に適合せず公序違反であるかどうかが問われた事件において、「国際人権規約は……個別的な実体私法の各条項を通じて間接的に適用され［る］」[19]ことが認められ、また、外国人の入店拒否が民法上の不法行為にあたるかどうかが争われた事件においては、「本件のような個人に対する不法行為に基く損害賠償請求の場合には、［あらゆる形態の人種差別の撤廃に関する国際］約の実体規定が不法行為の要件の解釈基準として作用するものと考えられる」[20]という司法判断が示されている。このほか、企業に

3・15判時1597号115頁、高松高判1997・11・25、札幌地判1997・3・27判時1598号33頁、名古屋地決2000・5・16。老齢年金の支給を拒否した裁定処分の取消しの訴えを認容する際に、社会権規約9条が考慮された東京高判1983・10・20判時1092号31頁は、本稿との関連で特に注目に値する。

(19)　大阪地判1993・6・18判時1468号130頁。

(20)　静岡地浜松支判1999・10・12判時1718号101頁。また、公衆浴場での入浴を拒否された者が提起した損害賠償請求訴訟判決では、次のような認識が示された。「私人相互の関係については、上記のとおり、憲法14条1項、国際人権B規約、人種差別撤廃条約等が直接適用されることはないけれども、私人の行為によって他の私人基本的な自由や平等が具体的に侵害され又はそのおそれがあり、かつ、それが社会的に許容しうる限度を超えていると評価されるときは、私的自治に対する一般的制限規定である

第3章 人間の権利としての「居住権」

おいて採用区分の異なる男女間の賃金格差が問題となった民事訴訟においても、「女性に対するあらゆる形態の差別の撤廃に関する条約」が解釈適用されている[21]。

(2) 社会権規約の裁判規範性

社会権規約は、自由権規約をはじめとする他の人権諸条約と同じように、日本の国内裁判において、処分の取消しや国家賠償請求の直接の根拠となり、また、実体私法を含む関連国内法令の解釈を規律する指針となり得るものである。しかし、これまでの国内判例をみるかぎりにおいて、社会権規約は必ずしも正当な取扱いを受けてきているようには見受けられない。むしろ、その裁判規範性を否認される方向で処せられてきたというべきである。塩見訴訟上告審判決の次の判示[22]が、社会権規約に対する冷淡ともいえる司法的取扱いを規定してきたといえる。

民法1条、90条や不法行為に関する諸規定等により、私人による個人の基本的な自由や平等に対する侵害を無効ないし違法として私人の利益を保護すべきである。そして、憲法14条1項、国際人権B規約及び人種差別撤廃条約は、前記のような私法の諸規定の解釈にあたっての基準の一つとなりうる」(札幌地判2002・11・11判時1806号92頁)。さらに、2006年1月30日に言渡された大阪地裁判決は、「原告が黒人であることを理由として被告店舗への入店を拒否したのであれば、その行為は、憲法14条1項、国際人権規約(市民的及び政治的権利に関する国際規約)26条、人種差別撤廃条約(あらゆる形態の人種差別の撤廃に関する国際条約)2条1項d、5条fに違反するものであり、これらの規定が一般私人間で適用されないとしても、これらの規定は、法律の一般的抽象的条項の解釈基準となるものであって、そのような行為は、原告に対する不法行為を構成するというべきである」と判示し、より直截的に、私人間の条約違反が不法行為に該当する旨を明言している。丹羽雅雄「差別を受けたら差別された側はもっと抗議するはず?―メガネ店入店拒否事件大阪地裁判決の不当な事実認定」ヒューマンライツ216号(2006年3月)2-6頁参照。

(21) 2000・7・31労判792号48頁。この判決にはジェンダーバイアスが横溢していたのだが、激しい闘いにより勝ち取られた控訴審での「和解」により、一審判決は実質的に覆された。宮地光子監修=ワーキング・ウイメンズ・ネットワーク編『男女賃金差別裁判「公序良俗」に負けなかった女たち――住友電工・住友化学の性差別訴訟』(明石書店、2005年)参照。
(22) 最判1989・3・2判時1363号71頁。

「経済的、社会的及び文化的権利に関する国際規約（昭和54年条約第6号）九条は『この規約の締約国は、社会保険その他の社会保障についてのすべての者の権利を認める。』と規定しているが、これは、締約国において、社会保障についての権利が国の社会政策により保護されるに値するものであることを確認し、右権利の実現に向けて積極的に社会保障政策を推進すべき政治的責任を負うことを宣明したものであって、個人に対し即時に具体的権利を付与すべきことを定めたものではない。このことは、同規約二条1が『立法措置その他のすべての適当な方法によりこの規約において認められる権利の完全な実現を漸進的に達成する』ことを求めていることからも明らかである。」

社会権規約2条1の規定を根拠に社会権規範の裁判規範性を一律に否認する最高裁の認識は、その後の下級審判決にも反映されてきた[23]。しかし、社会権規約の解釈が、社会権規約委員会や学説を中心に国際的に急速に深化しはじめたのはようやく1990年代に入ってからであり、この最高裁の判断には、そうした理論的発展の果実が移入される余地がなかった。その最高裁の判断を、実務的・理論的蓄積が重ねられた今日、なお、参照すべきスタンダードとして採用するのでは、あまりに不合理といわなくてはならない。

もとより、条約をいかに解釈するかは国際法自体の問題である。条約の解釈は、条約法に関するウィーン条約31条および32条の規則に依拠しておこなわれなくてはならないことはすでに述べた。社会権規約の解釈および適用は、自由権規約について述べられているように、「規約の文言および概念がいかなる特定の国家制度からもおよびあらゆる辞書の上の定義からも独立しているという原則にもとづいていなくてはならない。規約の文言は多くの諸国においける長い伝統に由来

---

[23] たとえば、東京地判1996・5・29判時1577号81‐82頁。

するものであるが、……今や、それらの文言が自立した意味をもつものとみなさなくてはならない」(24)。社会権規約は、それ自体自律した文書として、国際法上の解釈規則にもとづいて解釈されるべきものである。上記最高裁判断も、その後の下級審判断も、そうした解釈規則に則った解釈をおこなってきたわけではない。

社会権規約の解釈には、社会権規約委員会の見解、とりわけ一般的意見を通じて示された解釈指針が重要な役割を果たす。既述のとおり、社会権規約2条1の「立法措置その他のすべての適当な方法によりこの規約において認められる権利の完全な実現を漸進的に達成する」という文言を、努力奨励的あるいは政治目標的なものと解することは、社会権規約委員会の認識とは異なっており、今日の国際法の実務・理論水準と明らかに適合しない。最高裁の上記判断は、横田教授の見解がそうであるように、かつて支持されていたことがあったにしても、今日では国際法上一般的通用力を失った見解といってよい。

ちなみに、塩見訴訟上告審判決は、社会権規約の裁判規範性を一律に否認する不正確な判断として国際的にも強い批判を浴びている(25)が、社会権規約委員会も、規約条項の裁判規範性を積極的に解するよう促す一般的意見を公にしている(26)ほか、2001年8月におこなわれた日本の第2回定期報告審査後に表明した総括所見のなかで、日本の状況について「規約のいずれの規定も直接の効力を有しないという誤った根拠により、司法決定において一般的に規約が参照されないことに懸念を表明」している(27)。

---

(24) U. N. Doc. CCPR/C/DR (XY)/R. 12/50, para. 10. 2.

(25) Scott Leckie, "Another Step Towards Indivisibility: Identifying the Key Features of Violations of Economic, Social and Cultural Rights," *HUMAN RIGHTS QUARTERLY*, Vol. 20 (1998), p. 92.

(26) General Comment No. 9, U. N. Doc. E/C. 12/1998/24.

(27) U. N. Doc. E/C. 12/1/Add. 67, para. 10. 翻訳は、社会権規約NGOレポート連絡会議編『社会権規約と日本2001』(エイデル研究会、2001年) 204頁。もとより、日本の国内判例のすべてが、塩見訴訟上告審判決のように社会権規約の裁判規範性を否認しているわけではない。きわめて不十分とはいえ、平等原則を定めた社会権規約2条2などを解釈適用した事例(東京高判1997・4・24判タ955号164頁など)。や、すでに述

[阿部浩己]

　あらためて確認するまでもなく、社会権規約の裁判規範性の否認は、これまで、締約国の義務についての（誤った）理解だけでなく、社会権規範が国家の積極的な関与を必要とし、したがってそもそも司法判断に馴染まないものである、という伝統的な認識によっても増幅されてきた。たしかに、国家の積極的な関与が必要とされる場合には、そうした関与のいかんを合法・違法の尺度で判断することは容易でない。これは、司法府が立法府や行政府の裁量をどれだけ積極的にあるいは消極的に審査するスタンスをもっているかにもよるが、一般論としていえば、国家の積極的な関与の度合いに司法審査を及ぼすことは難しいかもしれない。その意味において、社会権規範について司法が消極的な判断しか示してこなかったことは理解できないわけではない。

　だが、すでに述べたように、社会権規範は、国家の積極的関与を求めるだけでなく、国家の不作為あるいは消極的関与を求める側面も具有している。義務の三層構造のなかで、国家の充足義務の側面は格別、国家の不作為を求める尊重義務の側面については、合法・違法の判断が即時にできるものである。そのような義務の側面が問われる場合には、司法判断が控えられる必然性はない。また、社会権規約が、違法性を判断する直接の基準として用いられるのではなく、関連国内法令の解釈の指針として援用される場合には、義務の内容は、尊重義務ほど明確に確定されている必要はない。保護義務はもとより充足義務であっても、国内法の解釈指針として機能する余地は十分にある。もちろん、尊重義務であれば、その内容が保護義務や充足義務以上に明確であるだけに、国内法令を解釈する際の指針として用いられることに、まったく支障はない。

　国家は、社会権規約の締約国として、居住権の実現を確保する義務を重層的に負っている。そのどの側面がどのように問われるかによって、裁判規範性の問題への回答も異なってくる[28]とはいえ、日本の

　　べたとおり、老齢年金の支給を拒否した裁定処分の取消しの訴えが、社会権規約9条を参照して認容された事例（東京高判1983・10・20判時1092号31頁）もある。
(28)　このほか、本稿では詳論を差し控えるが、最低限の中核的義務が関わる場合には、

第2回定期報告を審査した後の統括所見（既出）にあるように、社会権規約委員会は、社会権規約の効力を否認し続ける日本の司法に対して懸念を表明している。居住権の実現のすべてが司法判断にかかっているというつもりは毛頭ないが、しかしそうだとしても、前出マーストリヒト・ガイドライン第24が示すように、司法機関自身、国家機関として、国際法を遵守する義務を直接に負っていることを忘れてはなるまい。社会権規約、とりわけ居住権の規範内容について司法府にも精確な理解が求められるゆえんである[(29)]。

充足（促進）義務のレベルであっても裁判規範性が認められる。この点につき、たとえば、申惠丰「社会的及び経済的権利活動センター並びに経済的及び社会的権利センター対ナイジェリア──通報番号155／96に関する決定、アフリカ人権委員会、2000年」青山法学論集第45巻4号（2004年）90頁参照。また、社会権規約2条2の定める差別の禁止は絶対的で即時的なものであり、これもまた裁判規範性を具備したものである。阿部浩己「国際人権法──社会権規約」宮川茂雄編著『外国人法とローヤリング』（学陽書房、2005年）100-101頁参照。なお、社会権規約差別禁止条項の裁判規範性を明瞭に認めたものに、大阪地判2005・5・25。

(29) 藤原精吾「裁判実務における社会権規約」国際人権16号（2005年）80-86頁は、日本の裁判における社会権規約の解釈適用状況を包括的に検討し、同規約の裁判適用可能性推進に向けて具体的な提案をおこなっている。

第4章 現代日本の「居住福祉」の課題
——法学の観点から——

池 田 恒 男

1 現代日本の「居住福祉」の現状と法学的視角の必要

およそ人が生まれながらにもつ「幸福追求への権利」(憲法13条)を満たし、「健康にして文化的な生活」(憲法25条)を享有するためには、「健康にして文化的な」住居および居住環境は、それなしには成り立たない基盤であり、その最も重要な構成要素である。しかるに、現代日本の「住居権」——各人の「幸福追求」のための「健康にして文化的な」住居および居住環境を享有する権利を以下の報告でこう呼ぶ——をめぐる状態がいかに文化国家の名から遠いものであり、それが人間的な生活の質の観点から見て深刻な問題を起こしているのかを示すには、早川和男氏の二つの名著『住宅貧乏物語』(1979年、岩波新書)および『居住福祉』(1997年、岩波新書)に挙げられている事例と問題提起だけでも十分であろう。

社会的弱者・経済的弱者の住居権がないがしろにされたまま放置されている状態は、国民の幸福追求権(憲法13条)と文化的生存権(同25条)および政府の正統性は国民の信託によってのみ確保され、「国政の権利」は国民が「享受」するべきことを明言し(同前文)、公務員——国会と内閣総理大臣以下の行政府および最高裁判所以下の司法府の職務に携わる全ての人間——が「全体の奉仕者」でなければならないこと(同15条)を定めた現行憲法——法治国家である限り政府はその規範を実現させる義務があり、これに違反する政府が統治の正統性を喪失することは勿論である——の下でも、事実の問題としてこの半世紀余の間一貫して改まらなかったが、近年——ここ四半世紀——の状況およびそれをめぐる議論の特徴は、国全体が戦争による経済システムの破壊によって、生活水準が絶対的に低位にあった敗戦直後の、惨憺たる

現実の姿およびそれと対称的に議論の上では向かうべき目標という意味での、理想論の性格が強かったせいか、牧歌的にまっとうだった状況とイデオロギー状況と、まったく異なっていることは勿論のこと、高度経済成長期のいわば経済成長至上主義的な格差容認ゆえに、生活弱者が貧困な住生活を放置されている現実状態と、それを合理化するプロセス論が強くなっていた状況とも質的に異なり、いわば貧困放置が当然なのだ、政府は格別一般国民の生活などに配慮する義務などないのだ、それは自助努力でやれ、とグローバル資本——都市銀行や世界に雄飛する巨大企業——や一部の外資には相変わらず手厚い保護策を講じる一方で、貧困放置を積極的に肯定し、居直るやに見える態度が顕著になっていることである。

これらの事実は、住居学や経済学をはじめとする社会諸科学に携わる良心的な研究者が十分に明らかにしてきたことであり、いや、難しい学問的手続を経なくても、マスメディアやジャーナリズム等を通してわれわれが日々肌で感じてきたことである。

しかし、世界第2位の国内総生産を誇って久しい日本が、なおそういう状態にあるのかを解明する課題は、こうした「居住福祉」の現状を住居学が明らかにし、経済学が日本経済の歪みを説いても、それだけでは必ずしも十分とは言えない。戦後改革によって定礎された民主的政治制度が曲がりなりに定着しつつあるにもかかわらず、この国の政治社会全体がそれを許し、大多数の国民がその否定的影響を蒙ってきたにもかかわらず「沈黙する多数派」に甘んじてきた、その社会意識の問題やイデオロギー的仕組みを明らかにしなければ、このような状態を打開する方途も見出せないからである。社会意識やイデオロギーを支える正当化規範として、国家の強力をもって担保され、それゆえに最も基底的で強力な社会規範こそ法である。

ところで、法の観点からわが国における居住福祉問題を考察するという場合に、まず普通に思いつくのはこの国で展開された住宅政策とそれに対応する法制であろう。そのようなものとして、50年代後半の高度成長黎明期に旧建設省（現・国土交通省）を所轄官署として一

応確立する公庫住宅、公団・公社住宅、公営住宅といった積極的住宅施策の展開とそれに見合う法制が挙げられよう。わが国の住宅政策は、このようにその政策対象者（端的にその所得と言ってよい）に応じた住み分けを導くという意味で、またこれら異種の政策対応の結果たる住宅を包括する大住宅団地などに実在する悲劇的経験も含意させて、差別的な住宅政策体系とその内在的問題点を語ることもできよう[1]。

しかし、国が積極的に展開した施策だけを対象として取り出してその住宅政策を論ずる試みは、行政府が展開してきた住宅政策と住居法の政策的な意味を明確に特徴づけるという積極的な意義をもち得るにしても、それだけではわが国における住宅問題の特質と、住居法の問題点を明らかにする上で、方法論的に問題があることは、その消極的な側面や放置された側面を見ないことになるというより、そもそもこの国の住宅政策が、国民の住宅問題を常に私的な問題、「甲斐性」の問題とし、大部分を「民間活力」に委ねてきたという、むしろ明治以来連綿として続けられてきた、その主要な側面というべきものを切り落とすことに繋がることからも、明らかであろう。実際公庫住宅の対象社会層より上に、税制の仕組みなどで住居権の充足や「居住福祉」の観点からは不必要なさまざまなレベルの税制による援護の仕組みがあったり、公営住宅に入居希望層より、さらに問題を抱える社会層について一層劣悪な条件の木賃宿・アパート（地方によっては「文化住宅」と呼称される）問題群があることを看過しており、それだけで「差別的住宅政策」を語るには重要な対象が落ちることになろう。

また、居住福祉問題への法からの接近を以上のように狭い対象領域設定によって捉えることは、住宅施策展開の積極・消極の対象性を超えて、この国において住宅というものがいかなるものと考えられ、どのように扱われ、どのような現状にあるか、を総体的に明らかにする

---

(1) この観点から、戦後住宅法制とその背骨をなした住宅政策に対する優れた分析として、原田純孝「戦後住宅法制の成立過程——その政策論理の批判的検証」（東京大学社会科学研究所編『福祉国家6 日本の社会と福祉』東京大学出版会、1985年、所収）317頁以下参照。

[池田恒男]

視点に欠落を生じさせる惧れがある。

しかし、そればかりか、そのやり方はすべて政策当局の主観的意思に解消されかねないから、居住福祉問題への法の問題を狭く浅くしてしまう惧れがあり、法固有の問題性が全面的に浮かびあがってこない憾みもある。法が国民の住生活内容の問題に関わるのは、何も狭義の住居あるいは住政策主体（当局）に関する法制だけではなく、もっと全般的にさまざまな仕方で関連し合うことは、ほんの少し考えただけでも明らかであり、以下に取り上げた事例もその一角を占めるに過ぎない。

けだし、法という国家規範は、すなわち国家権力の存在および活動をイデオロギー的に統制する規範であると同時に、国家権力の存在・活動規範であるところのイデオロギーの総体であるから、われわれの意識を規定する最大のモメントである政治社会の規範構造を論理的に析出するためには、制定法とその最終的有権解釈の体系（判例）を中心に現に妥当する「法」を追うというアプローチによって、それらの働きを明らかにし得ると考えられる。

本稿は、住居権および居住福祉の現実的環境・状況を規定する法的問題から若干のものを取り出してその問題状況を一瞥することにより、現代日本の居住福祉問題における法学的アプローチの有効性を考察するとともに、その課題を一端でも明らかにするために執筆された。

2　商品としての健康・快適な住まいへの法制的対応

資本主義を経験した近代国家の共通の法制として、当初は公衆衛生の観点から、さらに進んで快適な住生活の確保の観点から強制力ある法制によって、一定の居住水準を確保する法体系が整備されてきた。これは、土地所有権の自由に委ね市場に任せておいたのでは、大量の住宅弱者の発生が不可避であることが経験的に明らかになり、その規制を伝統的なポリスの法理（「公共（＝公衆）の福祉」）の展開を通して強めてきたものである。その態様は国ごとに大きく異なるが、おおむねヨーロッパ諸国では「計画なくして建築なし」という法制が確立し、

第4章 現代日本の「居住福祉」の課題

市場信仰の強いアメリカでも土地（当然土地に附合するものとして建物が含まれる）については極めて強力で詳細な規制がゾーニングを通じて行われている。わが国でも、戦前から緩慢かつ微温的に見られたこのような動きを、戦後体系化した法律が建築基準法であり、建築されるべき建物の環境的・物的基準についての公序を形成している。

ところが、ここでは詳論できないが、もともと欧米諸国とは比べようもなく弱く甘くできているこの公序[2]が80年代の「民間活力活用」政策と「規制緩和」の合唱とともに、「経済的規制」はおろか、このような「社会的規制」にも無差別に「緩和」が叫ばれ、特に90年代にその動きが本格化して、幾度となく改正されるたびに、見るも無残な法制に変質しつつある。ここでは最近の建築基準緩和立法を一例だけ挙げる。

（2）これは建築家・衛生学の専門家が結集する本学会で、論証する必要のないほど明白な事実であるが、1つだけ私が最近経験したエピソードを紹介して、それが法律の問題で（も）あることを明確にしたい。4、5年前にニューヨークから訪日した都市・住宅法の専門家に、東京の住宅問題を肌で知ってもらうためにいくつかの地点を案内したが、その中に中野区の有名な過密居住地区があった。その一角を見て回り、さらに古い木造アパートの中を覗いた彼が思わず発した、「信じられない、こんな建物がどうして建つのだ！」という驚きの言葉は今も耳に残っている。彼の国アメリカでは、窓の大きさや割合、廊下の幅、階段の勾配、部屋（寝室）の大きさ等について、いちいち詳細な最低規格が決まっていて、建つはずのない建物だという。日本でも規格はあるのはあるが、極めて疎であるうえに、緩いものなのでこういう建物が建つのだ、と説明しても、よくこんなもので人びとが辛抱していられるのが信じられない、という表情であった。そこの環境要因——接道状況や過密建築状況——が論外であることは勿論であり、この場所が、高度に発達した資本主義国にあることを忘れさせる光景のようであった。これが日本政府の「規制緩和」政策の模範国アメリカの市民の反応であり、かの国では「規制」といって商品＝労働生産物についてと、本来的に自然の一部＝非商品である土地ないし不動産とは、まったく違うという認識が当然の前提となるのに対し、この国ではミソもクソも全部一緒として、規制緩和が合唱されると土地規制も労働規制も全部一緒くたに緩和の対象とされるという、根本問題を説明することは相当に困難なことである。

居住福祉研究叢書第1巻　　　　　　　　　　　　　　　　［池田恒男］

（1） 世紀末住宅法制改悪：1998年建築基準法「改正」(法律55号、100号)

　この「改正」法律の建築法規上の特徴はおおむね次のとおりである。㈲その適用によって建主が容積率割り増し等の恩典を享受する、いわゆる「総合的設計による一団地の建物」（複数建築物に対する制限の特例）の特例適用や増築による適用・適用拡大について、一定の手続規定を整備して特定行政庁の認定手続を簡便化迅速化を図る。㈹特に建築規制体系への負の影響が懸念されるものが、「土地高度利用」誘導の、業務系都市形成の手法である「総合的設計」制度の高度住居系用途地域への持ち込みである。建築規制が極めて緩くできている日本の建築法制において、唯一辛うじて住宅系用途地区らしい規制対象となっている、第1種低層住居専用地域や混合用途制に近づくが、住居系地域の実質を失なわない第2種低層住居専用地域についても、「総合的設計による一団地の住宅施設」であれば市町村はその容積率規制や建蔽率規制等の制限を緩和することができることとなった。こういった典型的住宅地域についてさえ、「政・業・官」のもたれ合い構造の根深い政治風土と相俟って、地方自治体当局が不断に再開発圧力にさらされ、そこに住む住民も享受してきた、日本的都市の現実では相対的に恵まれた住環境を突然失なう脅威に恒常的にさらされる途を開いた。また、㈹容積率を各建物単位をこだわらず敷地が繋がっている限り、建物同士融通できるようにして容積率売買制に途を開き、ポリスの法理に基づく公序を財産権に転化させた。

　さらに、㈢建築基準の尺度を工法、材料、寸法といった仕様規定から性能規定に変え、しかも、㈭建築確認を「基準判定資格者」に委ねることにより、営利事業者任せにする途を開き、㈥窓面積割合や天井高、地下室規制など居住空間規制まで緩和した。

　これらは、「規制緩和」の名の下に行政経費を節約させるため、従前の建築主事の仕事を民間業者である指定確認検査機関にそっくり代替させることによって、私的利害とは無関係に「全体の奉仕者」である公務員による検査そのものを、営利追及および目的の事業者が自由

第4章 現代日本の「居住福祉」の課題

に回避できる途を開いたものである。この全体社会ないし、地域社会の公共の安全のための最小限の保険を外すための、代替的保障措置とされたものは、「区域、機関及び建築物の構造、用途または規模を限り」全面的に特定行政庁の裁量による指定に委ねた、「特定工程」（一定類型の建築工事の特定過程）についての建築主事、もしくは指定確認検査機関による中間検査制度の創設（同法7条の3、7条の4）と、建築基準判定資格者の制度のみである（5条以下、77条の2以下）。

しかし、形式的に流れざるを得ない検定試験と認可制度を除き、プロフェッションとしての制度的保障もなければ、いわんや経済的独立の見とおしもないこの新しい資格者が、常に建築業者から独立して厳格に判定することを可能とする体制は皆無といってよい。建築士すらその大半が業者の被傭者であって、独立性の獲得から程遠い建築業界の現実を見れば、この「規制緩和」立法が、人びとを震災等の災害から守るという観点からみれば、いかに肌寒い現実を作り出すかは容易に想像できる。

しかも「仕様」という、いわば型によって性能を担保する従来の仕方から、性能そのものを判定基準にして実証の困難を倍増させるのであるから、検査体制はそれだけ充実し、かつ営利事業として建築行為を進める業者の利害から、独立性がますます求められなければならないはずであったにもかかわらず、検査体制は一方で上述のとおり、それ自身営利事業である指定業者による検査の途が開かれており、他方で、建物ユーザー（＝消費者）の利益を考えれば、当然に予想される慎重な性能検査による検査の遅延といった、都市開発・建築業界の不利益に働く契機に対してだけは、きっちり対策が講じられ、構造技術基準を満たすとされる型式を、標準設計仕様等として認定する（「型式適合認定」）ことによって事実上フリーパスの途を開き、あるいは規格化された部材、設備、住宅等の製造者の認証（「型式部材等製造者認証」）によって、建築確認・検査そのものを省略させる方途を用意し、おまけにこの「認証型式部材等製造者」は、その事業とともに認証を相続・譲渡できるもの、換言すればここでも公的性格を持たなければ

ならない認証が、売買対象となる財産権として構成されているのである。官職株（売買自由の官職）を軸に政治社会がまわった18世紀フランスのアンシャン・レジームを彷彿とさせる制度である。

　要するに、この「改正」には、業界の既得権だけが残り、住宅の安全度が建築業者から見て他人であり消費者に過ぎない。そこに住まい営業する人間の安全・健康といった、かけがいのないものを確保する公共的事項だという観点が見られないのである。あるいは最大限善解しても、アプリオリの業者性善説に立ち、建築確認・検査制度そのものを絶えず空洞化するに任せているといえよう。

　このような建築部材適格の性能規定化と部材と、その組み合わせ（完成品としての建物を含む）ないし設計仕様の型式方式とによって最大限の営業上の利益を図ることのできるものこそ、プレハブ式住宅やツーバイフォー（2×4）住宅など、住宅の工業製品化や非熟練労働商品化などによる促成生産大量販売によって、全国展開して住宅市場で近年急速にシェアを伸ばしてきた大手住宅メーカーであろう。しかし、下請への丸投げによって工程管理が形式的になりやすいものこそ、こういった大手全国企業なのである。けだし、経営効率と最大限利潤の追求の観点から見れば、変動の激しい建築業において、多数の労働力を固定しておくことほど、危険なことはないのである。そして経営の異なる経済主体に価格や形式でない実質によって制御することは、よほど監督労働要因を貼りつけなければ困難であり、監督者を常駐させれば、当然コストに響くから、現代資本の要求に「逆行」するであろう。

　さらに、この建築基準法改正の性格に関して、澎湃と沸き起こるであろう疑念へのありうる弁解に止めを刺すのは、同時に行なわれた、住宅居室の日照規定の廃止や、採光・地下居室規定の大幅緩和、準防火地域内での木造3階建て共同建築制限の緩和である。これらはいずれも、基準として緩過ぎる憾みはあるものの、町の人間の暮らす空間としての最低限の安全性を図り、この国では人間らしい住まいの最小限の基準として、機能してきたものであって（建築基準法1条参照）、わ

が国の都市にあって乱開発・乱建築による居住性の悪化と安全の低下から、辛うじて町を守ってきた法的基準であり、こちらは乱開発によって極大利益を追求する、どちらかといえば小規模開発・建築業者からみれば、目の上のたんこぶのような存在であった。その赴くところ不衛生な動物的ねぐらの大量発生であろう。

それぞれ性質が異なるものの組合わせであり、利害を異にする業者集団間のバランスをとるかのようなこうした最小公倍数的な「規制緩和」は、欠陥建物や不健康建物の潜在的横行という形で公衆に皺寄せされる点では共通している。

（2）「消費者法」の充実はこれをカバーするか

それでは、規制緩和論者＝市場市場主義論者が判で押したように説くことを常とする、業者間競争の熾烈化による「良質の商品提供」への期待（？）と市場ルールの整備、および後向きの消費者問題対応の制度化（つまり紛争事後処理スキーム）だけで、これらの懸念を払拭することができるであろうか？　この考え方で対処しようとする最近の立法として、まずは住宅品質確保促進法が、続いて消費者契約法による一般的保護が挙げられる。

① 1999年住宅品質確保促進法 (1999年法律81号)

この法律は、WTO条約の予定する消費者問題の国際的体制への応接として、わが国では社会問題化して久しかった欠陥商品問題への極めて、微温的対応で済ませた1994年製造物責任法 (法律85号) にも、それまで紛争の大きな割合を占めていた不動産が除かれていたので、そのうちの住宅についてだけ対応したものである。

売買契約ならびに、請負契約における民法の売主、ないし請負人の瑕疵担保責任の1年の除斥期間（通説）を新築住宅販売、および新築工事に限って10年の片面的強行規定にし、買主または注文者（建主）に有利に特則を定める規定 (第7章、87条ないし90条) を実体民事法として、さらにこの民事実体規定と連携して住宅性能表示 (第2章)・評価制度 (第3章) を組み合わせたものであって、後者は建設大臣の指定制

に関わる住宅性能評価機関を中核とする、住宅性能評価と性能表示とを制度化し、住宅紛争処理機関によって賄う紛争処理制度を組織化する (第6章) ことを骨子とするものである。

この住宅性能評価機関の構想は「性能本位」化と「型式認定」・「製造者認証」といった前年の改正建築基準法の発想 (同法第4章・第5章参照) をそっくり引き継ぐとともに、これを補強し、これを性能表示制度と結合させ、一方で建築紛争・住宅取引紛争等の裁判規範と連動させ (たとえば6条各項参照)、他方で判例の一定の蓄積を前提として、住宅取引紛争版 ADR によるバイパスの拡大を図っている。この法律は裁判外紛争処理機関を弁護士会または民法法人 (公益法人たる社団・財団) に限定し、後者には建築関係官庁 (建設省・国土交通省) の強い影響力が及ぶとはいえ、従前の例を見ても実体において業界団体と変わらない民法法人も多く、必ずしも手放しで楽観できるものではない。

そもそも、民法の瑕疵担保責任規定を民事紛争の基準としてそのまま妥当させてきたことが何重にも問題であった。まず、ほとんどのいわゆる注文建築に妥当する請負契約における瑕疵担保条項は、極端に請負人＝建築業者に有利となっており (民法634条以下参照)、いわゆる建売住宅や中古住宅の購入の場合に妥当する売買の瑕疵担保責任も、買主が瑕疵を認識して1年間のうちに、有効に時効中断措置を講じなければその恩恵を受けられない点で、住宅のように多くの庶民にとって、一生に一度あるかなしかの高額の買い物であり、しかも瑕疵の存在や紛争の扱いに関する知識・情報・経験に欠ける商品には、まったく向かない規定である (民法570条参照)。第2に、民法の定める瑕疵担保期間は、建売住宅等の売買については引渡し後1年であるが、請負＝注文住宅については、一般の債権の消滅時効期間 (民法167条1項) に照らして、引渡し後10年の除斥期間、または時効期間によるとされている。しかし、これらは民事債権法として、いわゆる補充規定・任意規定であり当事者の特約次第で変更可能であるとされて、後者の時効期間を1年等に切り縮める四会連合等の業者サイドの立場から作成された約款を漫然と建築物にも適用してきたことが問題であった。第3に、

「瑕疵」の立証が建築の素人たる注文者・買主にははなはだ困難であり、専門家の援助を受けてはじめて可能になることが多いはずであるが、その便益を調達できる者は、家に身上を投じた後の一般的に容易に推測できる経済状況から見ても、司法救済の現実から見ても、極めて例外的であるに違いなかった。

住宅の主要部については、引渡し後10年まで原則として、瑕疵担保時効期間として、片面的強行規定とした同法の規定（87条・88条）は、十分かどうかはともかく、上述の第1・2点に応えており、第3点については、契約内容としての主要部に関する品質について、注文者ないし買主に強い推定規定（6条各項）という手掛りを与えた。したがって、同法は民事実体法として見る限り、住宅取引法としての重要な前進を認めることができよう。

同法は、少子化・人口減少期を目前に、住宅市場が飽和状態に近づき、今後売るためには「安全・安心」に関わるセールスポイントとしての民事法的整備の必要を痛感し、また難なく性能評価制度をフルに活用できる立場にある、大手建築業者の利益に一致するといえよう。しかし、欠陥住宅被害の事前防止でなく、事後救済によって住宅消費者を保護しようとする一連の法制度は、市場主義の荒波に、より多くの深刻なトラブルが発生し社会問題化することを見越した上で、計算づくのセイフティネットを張ったに過ぎない。

一連の都市計画・建築法規の立法史からみれば、同法もまた「民間活力」活用という名の下に、国が住宅・建築業界に成り代わって、その内部利害を調整して、対顧客関係での規範の再編に乗り出したという構図が鮮明である。住宅業界の標準ないし、常識さえ大きく逸脱する欠陥住宅問題を、この仕組みによって手当てできたとしても、このような業界本位の制度設計は、国民の住生活の質的保障の決め手とするには、あまりにも方向違いだといわざるを得ないのである。

② **2000年消費者契約法**（法律61号）

消費者を契約被害から守ると大々的に喧伝された同法は、住生活への現実適用可能性を云々する以前に、消費生活一般の向上にとって実

効性に多大な疑問を残す法律である。

　それは、特に経済企画庁を中心に進められていた立案過程の終盤に財界から強い圧力がかかり、多少とも実効性をもちそうな部分が骨抜きにされた経緯によることが大きいが、そもそも消費者を「保護」の対象として捉え、特別の不利益を政策的に解消させるという思想や枠組からは、どうしても救済事例を例外として捉えることになり、したがってその例外を枠づけるという発想になりやすく、まさにこのような問題の捉え方が問題を伏在させているといえよう。民事普通法の考え方からいえば、消費者の権利が契約過程で実現され、契約に当たって十分に対象について知り、知らされた上で、実質的な納得が確保された契約が実現されれば、わが国で後を絶たないあの手この手の消費者契約問題が、そう多発するものではないが、そういう観点を最初から欠落させた法律である。

　この法律は、消費者が契約を取り消しができる場合を、契約に際して事業者の次の言動ある場合に限定している。すなわち、当該契約について消費者に誤認を与える言動（4条1項）として、「契約の重要事項」についての不実告知や、将来の価格変動あるべき契約対象に関する断定的判断の提供、もしくは「重要事項」ないし、それに関連する事項についての不利益事実の、故意による不告知の場合（4条2項）である。

　契約締結過程の問題ゆえに取消しできる場合については、消費者が商談を打ち切る意思を表示して、退去を求めた事業者が居直り（不退去型）、または勧誘場所から離れる意思を、明示している消費者を返さず（監禁型）、強引に契約に調印させた場合（4条3項）に限定している。

　しかも、これらの取消し事由がある場合の、消費者による取消権の行使は、追認可能な時から6か月（または当該契約時から5年）という短期で消滅時効に関わることとされる（7条）。

　また契約の無効事由を、次のような極端な場合に制限している（8条1項各号）。すなわち、(1)事業者の債務不履行によって消費者に生じ

た損害を賠償する責任を全額免除する条項。(2)事業者（従業員によるものを含む）の故意、または重大な過失による債務不履行によって生じた、損害の賠償する責任の一部免除の条項。(3)事業者が債務の履行の過程で犯すことがあり得る、不法行為による責任の全額を免除する条項。(4)同上の場合で事業者側の故意、または重大な過失による不法行為責任の一部の免除条項。(5)有償契約の目的物が隠れた瑕疵を有していても、損害を賠償する責任を、一部または全部を免除する条項である。

法外な損害賠償額の予定によって、消費者による解除権の行使を阻害する条項も、次のものに限って無効とした（9条各項）。すなわち、(1)当該契約の解除によって、事業者に発生することがある平均的な損害額を超える賠償額の予定。(2)金銭債務の遅滞にともなう賠償額の予定で、年14.6％を超えるもの、である。

以上のように、消費者契約法によって消費者が締結させられた、不合理な契約の被害から守られる場合は、はじめから契約自由の範囲に入らない不法性が明白であるものか、明々白々の暴利行為に類するものばかりである。

従前、学説や裁判例によって広く認められる趨勢にあった事業者の情報提供義務は努力義務にとどめ（3条1項）、明確な法的義務とされていない。これによって、現代消費者問題の特質に見合った、近代契約法思想の発展ともいえるこうした現代契約法理が、この法律によって否定されたと考えるのか、努力義務でも法律の精神として契約解釈に活かされるのか、同法の解釈の将来に大きな問題を残している。

（3） マンション販売業者による、専有部分・共用部分の不意打ちへの司法の対応

① 区分所有建物、特に中高層集合住宅をめぐる問題状況

いわゆるマンションをめぐって激増する問題や紛争を、主管官庁である建設省は、伝統的に業者の「営業の自由」の問題であり私的自治の問題とし、住宅消費者問題として捉える姿勢が希薄であった。その

ため、強制力ある法によって規律する姿勢が乏しく、わずかに標準管理約款（最初は1982年制定、翌83年区分所有法の大幅改正に合わせて改訂）を制定して、マンション業者を行政指導するくらいであった。

しかし、その間にマンションの紛争が多発し、裁判に係争するものも累増した。特にバブル経済で不動産投機がはびこった80年代後半と、バブルが破裂して深刻な不動産不況を迎えるようになった90年代と、マンションをめぐる経済情勢のめまぐるしい変化は、区分所有建物の販売方法や、管理の問題をめぐる弱点を先鋭に突き出した。このままではマンションは、高価格のわりに安心して都市生活を過ごせる生涯住宅にならないというイメージが定着し、マンション業界がマンション不況を脱出するための障害となることは明らかであった。

そこで、建設省住宅宅地審議会は、1997年に「中高層共同住宅標準管理約款」を大幅改訂して、専有部分と共用部分の区分、共有部分の専用使用権、管理規則、管理費、管理組合の権限、ペット飼育問題、専有部分のリフォーム、長期修繕計画等に関する規定の明確化を図った。

しかし、そこで手当てされたものは、問題となったものの、主要部ではあっても一部に過ぎず、しかもあくまで行政指導の平面に過ぎず、当事者、特にマンション販売業者が自主的に従わない場合に有効な方策を欠くものである。消費者問題として捉えるならば、市場構造上予定調和を想定することの困難な住宅問題は、やはり法令という強制規範が背後に控える国家の事前的・事後的介入がなければ、的確な解決は困難であろう。

ところが、マンション法（建物区分所有法）の定めは、マンションの共同生活を営む際に発生する問題を、大雑把にしか手当てされておらず、建設省の「標準管理約款」政策と相俟って、マンションごとの「自治規範」が広範な役割を占めざるをえない。逆にいえば、マンションでの住生活の快適さの程度は、一緒に住む住民と共同でのみ進めることができる「管理」に、ますます依存する趨勢であるといえよう。これがマンションは「管理の時代」という、世上いわれる法律的

な現実であり、裏からいえば、庶民の一生に一度あるかなしかのマイホームの夢を乗せて、鳴り物入りで大々的に販売される超大型商品であるにもかかわらず、素人所有者集団が太宗(たいそう)を占めざるを得ず、法律知識も管理のノウハウももち合わせない「烏合(うごう)の衆」の集まりになりかねない、マンション管理組合のうら寂しい現実である。

② **専有部分と共用部分**

区分所有法は、第1条で区分所有権を設定できる目的物を、1棟の建物のうちその使用目的がなんであれ、「独立して」「建物として用途に供することができる部分」と定義し、さらにその専有部分は「区分所有権の目的たる建物の部分」をいい、共用部分とは「専有部分以外の建物の部分、専有部分に属しない建物の附属物及び第4条第2項の規定により共用部分とされた附属の建物をいう」(2条3項・4項)と定義し、その第4条は、廊下や階段室など「構造上区分所有者の全員又はその一部の共用に供されるべき建物の部分」が共用部分である(1項)ほか、専有部分の目的になりえる空間でも「規約により共用とする」部分を第三者対抗要件として、登記を経由することを条件として、共用部分とすることができる(2項)旨を定める。

これらの規定は、区分所有建物の専有部分と共用部分とを、きわめて厳格に区分し、その間に紛(まぎ)れなど起きる余地がないかのようである。しかし、実際には両者の区分についてきわめて深刻な紛争が、とりわけマンション建設・分譲事業で極大利益を追求する分譲業者と、区分所有者ないしその集合体(管理組合など)との間で起こってきた。以下、判例ないし裁判例において問題となった代表的な例に即して、問題の性質とわが国におけるその法的解決(有権解釈による終局的国家法規範)の姿を明らかにする。

* **駐車場共同設備の問題**

この問題はいくつかのパターンがある。たとえば、最二判昭和56年1月30日判時996号56頁は、駐車場のあるマンションの販売の際に、分譲業者が専用使用権として自己に留保してマンションの各住戸

とは、別個に購入者に分譲し、その後、その使用権は区分所有者以外の者に渡り、マンション住民でもないその者が、マンションの駐車場を使用しており、管理組合が分譲業者から、駐車場の使用権販売による収入を不当利得として請求、さらに使用者に使用禁止を求めたという事案であり、また、最二判昭和 56 年 7 月 17 日民集 35 巻 5 号 977 頁は、分譲当初駐車場であった 1 階部分を、分譲業者が後に分割し仕切りを設けて保存登記し、店舗に改造して賃貸したので、管理組合が当該 1 階は共用部分だとして業者に区分所有権の保存登記の抹消を求めた事案である。前者は、マンション敷地にあり区分所有法の「共用部分」というわけではないが、区分所有者の共有に属することは自明だといえる駐車場（したがって分譲後は管理組合が専一に管理する対象となることは明らかである）に、業者が専用使用権を区分所有権の販売とは別に設定し、分譲価格に上乗せして権利金を収得し、のちのちその業者との専用使用権契約に、他の区分所有者、したがって区分所有者全体で構成される管理組合が法的拘束を受けるのか、あるいはどの程度拘束されるのかという問題の一環で、その事案は、もっとも初発的な問題構図の下にある。最高裁は、マンション分譲契約によって、購入者全員が同意しているとし、分譲価格が総合収支計算の上に成り立っているはずだという、抽象的「理論」からこのような業者の販売方法を容認した特約は、公序良俗違反でなく、したがって他の被分譲者＝区分所有者の締結した分譲契約に、その当事者からみれば他の専用使用権契約を前提とした包括的契約であって、他者の契約に当然に拘束されるとしている。後者は、分譲後 1 階の空間が仕切られた時点で、「空間的独自性」と「利用上の独立性」の両メルクマールを満たしたとして、当該空間が専有部分であるとする、業者の主張を認めた。しかしこの問題は、分譲直後のマンションにとっての、1 階部分の法的位置付けが問題であり、敷地と見做されるのであれば、明らかにその時の専有部分の面積に応じた、全区分所有者の共有に属するので、その全員の同意なしに分割することも業者が無償で取得することもできないはずであるから、躯体内にある建物の一部とする考え方が前提

となっているが、分譲当時仕切られずに、他との出入り自由な空間は、廊下といってよいのではないのか、そうであれば格段の理由なく専有部分であることを認めたり、また共用部分を専用部分に変換するのに、区分所有者の全員の同意が要らないのか（つまり上の敷地と同じ法的問題とふむべき法過程が、発生するのではないか）、という強い疑問が残る。

　＊　いわゆるピロティー部分は専有部分たり得るか

　この問題の起こり方は、東京地判昭和51年5月13日下民集58巻5＝8号278頁、あるいは東京地判昭和56年8月3日判時1034号112頁に代表される。

　要するに、1階部分を柱だけの空間（ピロティー）にして、それで建築確認をとり、分譲はそこが区分所有者のための駐車場だとして販売したマンションにおいて、分譲後当該地域の容積率が緩和されるのを待って、その部分を仕切って排他的に使用可能な部屋とした事案である。

　しかし、両判決は、いずれも業者の言い分を認め、ピロティーが分譲後閉ざされて空間としての独自性と利用上の独立性を獲得した時点から当該マンションの専有部分となったとする。これも、ピロティーを分譲時に駐車場として位置づけた限りで、上記駐車場問題の第2のケースと、まったく共通する問題性がある。

　＊　共同設備が設置されている車庫ないし倉庫室は専有部分たり得るのか

　この問題については、最一判昭和56年6月18日民集35巻4号798頁（判時1009号58頁）（車庫）および最一判昭和56年6月18日判時1009号63頁（倉庫）がリーディングケースとされるが、その後者については差戻し控訴審である、東京高判昭和57年4月20日判時1047号80頁、およびその再上告審の最二判昭和61年4月25日判時1199号67頁が続く。これらの判決は同一マンションの同一紛争についてのものであり、ワンセットとしてこの種の紛争の代表例とされる。

　これは、マンションの一部に設置され区分所有者（居住者）が利用

する屋内車庫や、共同倉庫室（各戸の収納庫が収納され、軽微な使用料付きながらそれが附属しているという触れ込みで分譲されていた）に、マンションの配電盤や電気設備、下水のマンホール等の共同設備が設置され、管理人が1日に数回は立ち入り点検する必要があって、現に点検しており、あるいは週に何度か点検する設備が設置されているという事実関係のもとで、分譲後、業者がこれらを自己に属する専有部分として、保存登記を行い独立の部屋として、排他的に使用し始めたので、区分所有者の管理組合が業者を相手に、これらの車庫、倉庫をマンションの共用部分だとして訴えた事件である。業者は、どちらも分譲対象でなく、実は専有部分として自己に留保していたと主張した。この事件も業者の主張と、管理組合によって主張された購入者の認識とが食い違っている。原審は、折衷的に、車庫については業者の言い分を認め、1日最低3回は立ち入って、配電盤を点検しなければならない共同倉庫室については、管理組合の主張を認めた。2つの判決は上告され、最高裁は前者については管理組合の上告を退け、後者については業者の上告を受け入れ、原判決を破棄、事件を原審である東京高裁に差し戻した。差し戻された後、控訴審は上述のような倉庫室さえ専有部分たり得るから、業者が専有部分と位置づける以上は、登記が分譲後でも問題ではないとして、業者に軍配を挙げ、再上告審たる最高裁は、あっさりとこの差し戻し控訴審判決を肯認した。

以上の80年代の一連の判例に対して、次の判例は異なった基調に立つ。

* 管理人室を共用部分と認めた事例

最二判平成5年2月12日民集47巻2号393頁（判時1459号111頁；金判925号19頁）は、分譲から数年経過し、管理組合が分譲会社の同資本系列たるマンション管理人派遣会社との派遣契約を解約して、自主管理を始めたマンションにおいて、管理玄関・ロビーに面した「管理事務室」とガラス戸越しにつながり、本来一体的に利用されるものとして設計された、「管理人室」（管理人の私的生活も営める部分で、「管理事

務室」を経由しなくても外部と出入りできる構造になっている）を、その
ガラス戸に鍵を設けて締切り、当該会社が所有権の保存登記をして、
占有している事案である。最高裁は、この部屋が「利用上の独立性」
に欠けるとして、マンションの専有部分であることを否定し、この会
社に対する区分所有者たちの登記抹消請求を認容した。

これは、マンションのある部分が専有部分、すなわち業者が分譲対
象から除き、自らのために留保した部分と認められるか、それは否定
されてマンションの共用部分であるかという事件をめぐり、80年代
に管理組合＝マンション購入者側を、次つぎと敗訴させた事案との実
質的違いはないと見られるため、いわゆる「隠れた判例変更」ではな
いかと見られる余地があった。

80年代の一連の最高裁判決とは別に、上記の1997年建設省マン
ション標準管理規約大幅改訂の中に、このような共用施設は原則とし
て共用部分であることを前提に、契約条件を明示すべき旨が謳われて
いることは、数あるマンション紛争の中でも、業者の単視眼的エゴ剥
き出しの、この種の紛争の激発に対し、90年代以後の不動産業界冬
の時代を迎え、業界に甘く業益の守護者と見られがちな行政の方が、
かえって最高裁より、頭を痛めていたのではないかと推測させるので
ある。この改訂前後から、これらのあまりに野放図に、業者の「良い
とこ取り」を許す判例の基調に対する反省が、裁判所にも芽生えたか
に見える動きが、下級審段階では生まれていた（たとえば以下に挙げ
る最高裁破棄判決の原審たる福岡高裁判決などは、その象徴的な動きで
あった）。最高裁においても、たとえば最三判平成12年3月21日判時
1715号20頁は、ある住戸の専有部分の天井の上を走る下水枝管で、
その1階上の特定の2住戸のみの下水を運搬するものであっても、そ
の点検修理を行なうためには、その受益2住戸のいずれからアプロー
チすることも不可能で、階下の住戸の天井板の裏から入るのでなけれ
ば実施できないという事実から、マンションの廊下部分で繋がってい
る下水本管部分と同様に、共用部分だと認定した。マンション管理の
技術的実情からとはいえ、専有部分を限定し、共用部分を拡大する傾

向を看取できる判例であった。

　しかし、このような反省は底が浅く、必ずしも本格的でないことを思い知らせた最近の判例がある。最一判平成10年10月22日民集52巻7号1555頁、最二判平成10年10月30日民集52巻7号1604頁などである。

　前者、すなわちミリオンコーポラス高峰館駐車場専用使用権訴訟は、分譲業者がマンション分譲にあたり、一部の買主にマンション敷地の一画に設けた駐車場の専用使用権を付与して徴収した、対価の帰属が争われた事案であるが、駐車場が共用部分として、区分所有者全員の共有に属することや、分譲の際の各区分所有者（買主）の分譲会社への管理委託契約の内容から、分譲業者が専用使用権の分譲を含め、包括的に管理組合ないし区分所有者全員の受任者的立場に立ったことなどを根拠として、分譲業者を当事者とする専用使用権の分譲契約の効力を否定し、管理組合は分譲会社から不当利得として、対価相当の金員の支払を求めることができるとした、原審判決（福岡高判平成8年4月25日判時1582号44頁判タ928号150頁）を破棄し、分譲時の業者の意図と区分所有者の推定的認識から、駐車場の専用使用権の「対価は、売買契約書に基づく専用使用権分譲契約における合意の内容に従って業者に帰属するものというべきである」と自判した。

　後者、すなわちシャルマンコーポ博多駐車場専用使用権訴訟の事案は、次のとおりである。分譲会社がマンションの敷地内に設置された駐車場の専用使用権を、マンションの分譲に際して一部の買主に分譲したが、その後、区分所有者全員によって構成された管理組合は、マンション内で需要の増大にともなう駐車場不足の深刻化に苦慮し、また本件駐車場の専用使用権を有する者は、専用使用権契約が分譲以後改訂されないままだったので、近辺の相場に比べ著しく低廉な料金で借りられ、中には相場との差額をとって転貸する者も出現するなどから、区分所有者の間での不公平感の増大もあって対策に努めたが、マンション管理規約に基づき、区分所有者の5分の4の特別多数をもって、大幅な使用料の引き上げを実施した。ところが、専用使用権者の

第4章　現代日本の「居住福祉」の課題

一部はこの管理組合の決定を承諾せず、管理組合が決定した料金を支払わなかったので、管理組合は専用使用権契約を解除することを通告した。そこで、解除通告を受けた専用使用権被設定者が、管理組合を相手に専用使用権存在確認・債務不存在確認の請求をした。最高裁は、「使用料増額が必要性と合理性が認められ、かつ社会通念上相当な額への改訂である限り、専用使用権者は受忍すべきで、その増額に関する規約の設定、変更等は専用使用権者の権利に『特別の影響』(区分所有法31条1項後段) を及ぼすものではない」。しかし、増額が社会通念上、相当な範囲を超えるか、「規約の設定・変更によるのではなく、集会決議によって管理費等に関する催促の制定をもって使用料が増額された場合には、法31条1項後段の規定を類推適用して、区分所有者間の利害の調整を図るのが相当である」。また、「『特別の影響』の有無、殊に増額された使用料が社会通念上相当なものか否かは、裁判所の最終的な判断をもたなければ明らかにならない場合が少なくない」から、「裁判所の判断を待つことなく」専用使用権者が増額された、使用料の支払いに応じないことを理由に、駐車場使用契約を解除し、その専用使用権を失わせることは」、「特段の事情がない限り、許されない」、として、存在確認請求については原判決を破棄自判（請求認容）、債務不存在確認については原判決を破棄、原審に差戻した。

さらに上記判旨部分にある駐車場事項の集会決議に関しては、「社会通念」を厳しく解し、その一部について明確に無効を宣告する判決が、上記判決直後に出現した。最二判平成10年11月20日判時1663号102頁判タ991号121頁である。事案は、自己の所有地上に8階建てのマンションを建設して分譲した業者が、その1階部分の区分所有権を自らに留保して店舗部分とし、分譲時にあらかじめ設定した管理規約で、マンションの敷地等について無償の専用使用権を有する旨を規定し、自動車4台分の駐車場を設置し、無償使用してきた。その後、管理組合が結成され、新たに規約を設定した後、その新規約に基づく集会決議によって、専用使用権の消滅や有償化を決定した。そこで、この決定に基づき管理組合がこの業者を相手に、専用使用料の支払い

や、消滅させた専用使用権の不存在確認・使用差止等を請求したというものである。本判決は、「分譲マンションの区分所有者Yの有する駐車場の一部の専用使用権を消滅させる集会決議がYの承諾のないままされた場合において、Yが、分譲当初からマンションの1階店舗部分においてサウナ、理髪店等を営業しており、来客用および自家用のために駐車場の専用使用権を取得したものであって、残りの駐車場だけでは営業活動を継続するのに支障を生ずる可能性がないではなく、他の区分所有者は、駐車場および自転車駐輪場がないことを前提としてマンションを購入したものであることなど、判示の事実関係の下においては、Yが駐車場の一部の専用使用権を消滅させられることにより受ける不利益はその受忍すべき限度を超えるものであり、右判決は、Yの専用使用権に『特別の影響』を及ぼすものであって、区分所有法31条1項後段の規定の類推適用により、効力を有しない」、と判示した(3)。

このように、分譲時共用設備とされた建物部分ないしマンション敷地の部分の帰趨については、分譲業者対被分譲者たる区分所有者との対立の他、区分所有者同士の対立となって現われているものもあり、紛争が複雑化しているが、そのような紛争も問題の根幹は開発分譲業者の販売政策のあり方である。そして開発分譲業者の商業上の利益の絡む問題については、相変わらず揉み合いが続いているというのが現在の判例の姿である。

もっとも、80年代の一連の最高裁判判決が、分譲後の工場等によって専有部分となりうる建物部分は、分譲契約について売主・買主の間に解釈の対立があり、深刻な紛争に発展しても事後的な売主（＝業者）の主張にしたがって、常に専有部分だとしたり、分譲相手のマ

---

(3) ただし、本判決は、結論としては、業者が「管理費等をもって相応の経済的な負担をしてきた」のに、「さらに有償化して使用料を徴収することは業者に不利益を与える」ことだけを理由に、有償化による使用料の額の社会的相当性について検討せずに、「特別の影響」ありと判断して、管理組合を敗訴させた原判決を破棄し、原審に差戻している。原判決のあまりの粗雑さを咎めたものと思われる。

第4章 現代日本の「居住福祉」の課題

ンション区画の買主にも告げられない、売主側の内心の「意思」という一方、当事者の主観的事情を決め手をする粗野な論理であった(マンションの占有・共用部分の区分のような画一的な基準を必要とするものに、売主の内心の意思といった主観的な基準をもち込むことの不当性はいうまでもなく、その多くが客観的対世的規範の性質をもたなければならない)のに比べると、近年の最高裁判決は、最高裁が借地借家関係の本体では、一貫してその拡張解釈に消極的であった借地借家法の法理 (11条・32条参照) を積極的に取り込んだと思わせるような論理を展開するなど、一定の変化を見せているが、ミリオンコーポラスマンション事件の判旨に見られるように、原審判決が荒削りながら消費者問題の観点を取り込もうとしていたのに対して、その荒さを咎めるのに急なあまり、消費者法的観点が抜け落ち、シャルマンコーポ事件の判旨は、一部の区分所有者への「特別の影響」の認定要件を「社会通念」に逃げ込ませて著しく拡散させ、裁判官の主観的判断が通る余地を広くするばかりか、「当初の専用使用権分譲における対価の額、その額とマンション本体の価格との関係」などといった実証されることのない、分譲価格総合収支計算論の見地を滑り込ませており、法規範としての曖昧化を促進させることとなっている。上述の最後 (最二判平成10年11月20日) の事件が辿った経過、第一審がXの全面勝訴、第二審がYの全面勝訴であり、最高裁が事項に応じて上告棄却と破棄差し戻しを、細かく分けた判断の分裂に見られるように、最高裁の個別の判断がなければ、裁判所にも何が「社会通念上」相当であり何がないかが分からない状態といって過言ではない。それは実は最高裁の判断枠組に問題があるからであり、分譲マンションのように最初から社会的な契約・所有権の態様には、必ずしも明示されない分譲者の意図や、分譲者の意図が明示されても建物の構造・構成に関わるがゆえに、契約当事者でありながらそれを変えさせる立場にない個々の被分譲者の主観的意図ではなく、それ相応の社会規範としての意思と規範的解釈が求められるのである。これらの諸判例は、最高裁が80年代の諸判例の野放図さへの反省に乏しいことを示しているといえよう。

しかし、もともと1棟の建物であり、所有権としては不可分である「物」を人為的必要によって可分とし、法律によって本来特殊な共有権に過ぎない建物の空間の一部に対する権利について、区分所有権という権利を創設して、これに独立の所有権類似の効果を与えた趣旨からいえば、基本的に専有部分を意思関係で定め、共用部分がそれに連動する形で規定されるという、規範構造を想定すべきであろう。それは不動産における民法の原則、すなわち「一物」性が意思関係（契約）によって決まることが反映されている。区分所有法の専有部分の規定は、物権法定主義の見地から、その制限（区分所有権の対象たる専有部分として可能な範囲）を定めたものと解するべきであろう。

　そうであれば、争いのある場合も、「専有部分になり得るかどうか」という観点だけで裁断されるのではなく、分譲業者の分譲に際しての買主との合意内容の規範的解釈を決め手にするべきである。

　そして、それは元来1棟の建物である区分所有建物の分譲という性質から、自ずとそれぞれの契約ごとの意思というわけにいかず、集団的画一的取引きとしての分譲者・被分譲者の意思を問題とする視点が確立されなければならない。こういうふうに考えると、この契約の規範的解釈は、今日の集合住宅販売の社会経済的構造ゆえに、消費者契約の視点が不可欠となり、マンション販売という優れて社会的な行為の内容を決定する基準として、約款使用者でもある業者が、どのような内心の意図で販売していたのかによって決せられるべきでなく、消費者たる購入者がどのような表象をもって購入したのかという事実を基礎とし、それが当該のマンション販売をめぐる一連の具体的事実から、もっともであるか異常な期待が含まれていたかという物差しで決せられるべきであり、争いのある場合に裁判所が好んで用いる「社会通念」が働くのは当然であるが、それはマンション業界のそれでなく、消費社会のそれでなければならない。

3　居住の不安定
―――一連の借地借家法制・法運用の改悪―――

　70年代半ばに本格的に始まった国民の「住まいへの権利」（住居権）への反撃攻撃は、60年代後半の良い住環境を求める住民運動の成果が、顕著に現われる地方自治体（とりわけ市町村）の「宅地開発指導要綱」等への、建設省の締め付け強化から始まった[4]が、まもなくわが国の住宅の重要な部分を占める民間賃貸住宅における借主の権利の削減の動きに連動するようになる。

　更新権のない借地権の創設という立法政策は、すでに70年代後半に一部の住宅メーカーが、販売戦略の一環として一部の民法学者を巻き込んで、第2借地権の研究会を組織して行政の支持を取りつけて、精力的に運動していたが、80年代に入ると、所得が伸びない庶民にとって、土地をあまりに高嶺の花とした高地価の現実にも新たな建設需要を起こし、都市更新を進めるように、さらに借地権一般の効力の弱化（すなわち居住権の削減）を加えて、住宅産業・開発資本の主要な梃入れ策の1つとした上で、建設省が正面から推進するようになっていた。しかし、これは資本主義の下での庶民の住生活の現実に対応した、民法の進化を打ち消すような「改革」であるので、借地借家人をはじめ大半の民法学者などの異論が澎湃と起こった。時まさに都市開発が政府の経済政策の柱に位置づけられ、バブル経済が生成する時期でもあった。

　しかし、バブル経済の崩壊の後もこれらの開発資本・住宅資本の後

（4）　この点については、拙稿「土地問題と都市・開発法」（大泉英次・山田良治編著『戦後日本の土地問題』（第3章）ミネルヴァ書房、1989年、所収）101頁以下参照。60年代末から70年代を通して、わが国での一大政治問題となるこの「宅地開発要綱」問題は、その後90年代末に行なわれる、「地方分権改革」の際の重要テーマとなる、行政指導という方法に頼っていたわが国地方自治の弱点が、国（中央政府）の強力な法的財政的権限を背景とする建設省による、地方公共団体という独立した行政体への行政指導によって、無効化されたという一連の非法的過程が、法学的観点から見た場合に興味深い論点を形成している。

押しを受け、これらの反対論と抵抗を抑えつけ、居住権の削減のために一連の借地権・借家権の弱化を図って成立した法律が、1991年借地借家法（新法）である。

その主要な内容は、定期借地権（更新権のない借地権）の創設、普通借地権（更新権のある通常借地権）の事実上の定期権化（更新後の期間制限、更新後の権利制限等によって2回め以後の更新を困難にし、また終了しやすくする）、期限付借家権（一定の事由――転勤等によって建物が一時的空家状態になること、あるいは建物が取り壊し予定であること――を相手に告げて更新権のない期限付借家契約にすることによって、たとえその後当該事由が消滅しても、更新権のないという法的性質は解除されず、比較的短期で終了が確実な借家権）、地代家賃増減請求権の若干の弾力化（地主・家主が地代・家賃を値上げする条件を明示して要求しやすくし、また調停前置として訴訟を待たずに法的に解決させる道を本則とさせる）、正当事由制度の明確化の名による一定の緩和（普通借地権・普通借家権での更新が阻止される要件を法文で明示して、裁判官が諸事情を斟酌する余地を減らす）がその主な内容であった。

20世紀末の居住権の弱化に決定的な追い討ちをかけたのが、1999年定期借家権法（「良質賃貸住宅等供給促進特別措置法」）であって、庶民の主要な居住手段である民間借家に、定期借家権すなわち一般的に更新権のない借家類型を導入した[5]。1991年新法段階では、借家への更新権のない賃貸借類型の創設による居住不安の大きさへの顧慮から、期限付借家権は、あらかじめ理由が2種の定型に限定されていたが、その制限を外して、賃貸人が更新権のない賃貸借契約の締結を望めば、「公正証書による等書面によって」無条件に有期契約に出来るという立法である。この場合「公正証書」という例示は、「等」によってその意味がほとんど消されており、要するに契約の趣旨を明確にする書面さえあれば、裁判でも証拠として十分通用してしまうであろう。

（5）　この点については、拙稿「時評」法と民主主義327号参照。また、立法経緯の特異性に付いては、拙稿「世紀末日本における都市防災と土地法制（2・完）」都市総合研究（東京都立大学）70号、177頁注(69)、2000年、参照。

さらに 2002 年現在、80 年代後半から居住権を弱める「前衛」＝推進力として、明瞭な姿をとるようになった国土・建設関係の「政・財・官・学」共同グループにおいて、高齢者居住安定法案なる立法が取り沙汰されている。その中心は生涯借家権創設構想であり、更新権のない定期借家権の広がりを前提に、特に普通借家物件の期待の薄い高齢者などの借家市場を念頭において、いわゆる生涯借家権の取得、すなわち生存の間は正当事由がなければ更新拒絶がされない保障と引き換えに、前払い金を支払うことを余儀なくさせる制度を創設するというものである。立法推進者たちは住宅政策だと吹聴している伝であるが、これが住宅政策であれば、それは居住権の切り刻みと居住不安の蔓延をビジネスチャンスとする発想であって、「善き社会」・「公共の福祉」の増進を旨とする政策の名に値しないばかりでなく、当事者の間に人の死をめぐる直接的利害関係を作り出す、不道徳な立法と評さざるを得ない。

これらの一連の借地借家法制「改革」——定期借地権や期限付借家権、定期借家権の創設その他——は、従来の借地権・借家権の概念をも変え、事実上借地権さらには借家権の定期化をもたらす新法化といわざるを得ず、本来この新法の適用を受けない旧来の借地借家関係にも、重大な変動が生じたことは否めない。

その最も重要な例として、更新権ある借地権・借家権の原則的更新を阻止する「正当事由」の存在を肯認する、公刊された判例・裁判例の大幅な増加を挙げることができる。これは、「正当事由」が裁判所による法の運用によって大幅に緩和されたことを意味している。

「正当事由」制度は、借地人・借家人に原則的に更新権が附与されたことの裏返しで、貸主の側で更新を拒絶し、あるいは期限の定めのない借家契約については、解約を申し入れる要件として、1941 年の借地法・借家法改正によって創設された。戦時中の運用に加えて戦後の極端な住宅難を背景に、更新を拒絶しあるいは解約しようとする貸主の側と、土地・建物を借り続けたい借主の側との事情を、比較衡量するという手法が判例上確立し、貸主の主張が通ることがかなり

困難になった。その後、高度経済成長期での住宅事情の緩和を背景に、比較衡量原則はそのまま維持されたが、当該土地ないし建物を使用する必要度が、同程度か近接している場合に、借主側の事情と比較して、貸主側の正当事由を「完全」なものとする補完要素として、貸主側からする金銭の給付（いわゆる立退料）が判例で承認された。複雑さを増した「正当事由」制度は、その後いくどか論争の種になるが、1991年の新借地借家法制定の際も、制度の骨格は維持された。条文は新たにその要素を分かち書きで示すようにしたが、判例を明確化させただけだと説明された[6]。

しかし、判例による同制度の運用がバブル経済の前後から、大きく変化してきたことは明らかだと思われる。微細に見れば同制度の変質は、すでに70年代後半から徐々に始まっていたと見られる[7]が、不動産・土建・鉄鋼・金融業界を中心に、財界や政府の経済政策において強く求められた土地の流動化要請を定期借地権の創設など借地権の弱化によって実現することを待望する議論が、時の政策の「アーバン・ルネサンス」政策や、「民活」政策に乗って声高に主張されるのと軌を一にして、「正当事由」制度の変質が進んだといえよう。

近年の裁判動向を知るために、参照できた最近15年間（1985～2000年）の「正当事由」をめぐる公刊判例・裁判例（遺漏はあり得るが、借地23件、借家78件）[8]を眺めると、次のような傾向が顕著に窺える。

第1に、借家において大部分を占める営業用賃貸借の事件では、建物の経年劣化ないし老朽化、または周辺の土地利用の変化に見合う有効利用ないし高度利用の計画、もしくは建替えの計画を家主が有して

（6） 法務省参事官室編『一問一答新しい借地借家法』商事法務研究会、1992年、47頁以下参照。

（7） 鎌田薫・山田伸直「借地法4条・6条の正当事由」ジュリスト828号（1985年）227頁上段参照。

（8） 第一法規出版・『判例体系CD-Rom版』によって検索した全判例・裁判例、および最近数年間の判例・裁判例については個別に最高裁事務総局発行の判例集、さらに各出版社発行の判例雑誌から収集した。

第 4 章 現代日本の「居住福祉」の課題

いること、および相当の立退料を支払う用意のあること、の 2 点を満たしていれば、比較的簡単に正当理由を認めている（たとえば、東京高判平成 10 年 9 月 30 日判時 1677 号 71 頁、東京地判平成 9 年 11 月 7 日判タ 981 号 278 頁、東京地判平成 8 年 3 月 15 日判時 1583 号 78 頁、東京地判平成 7 年 10 月 16 日判タ 919 号 163 頁、東京地判平成 5 年 7 月 20 日判タ 862 号 271 頁、東京地判平成 3 年 7 月 25 日判時 1416 号 98 頁、東京地判平成 3 年 5 月 30 日判時 1395 号 255 頁、東京地判平成 2 年 9 月 10 日判時 1387 号 91 頁、ほか多数）。この傾向は、いわゆる生業目的の建物賃貸借でもほぼ同様に看取される（たとえば、東京地判平成 9 年 10 月 29 日判タ 984 号 265 頁、東京地判平成 9 年 9 月 29 日判タ 984 号 269 頁、東京地判平成 8 年 5 月 20 日判時 1593 号 82 頁、神戸地判平成 5 年 9 月 22 日判タ 858 号 162 頁、東京地判平成 3 年 11 月 26 日判時 1443 号 128 頁、他多数）。ただし、上記の反対の結論を取る例外もごく少数ながら存在する（たとえば、東京地判平成 8 年 7 月 15 日判時 1596 号 81 頁──スーパーマーケットの一角に長年営業してきたパン屋の例──、東京地判平成 4 年 9 月 25 日判タ 825 号 258 頁、東京地判平成 3 年 5 月 13 日判時 1396 号 82 頁、等参照）。

第 2 に、居住用借家（生業兼用を含む）の場合でも、上記の営業用借家における正当事由の考え方が浸潤し、商業地や交通至便地域に立地する住宅の場合は、建物の経年劣化の進行ないし老朽化と家主の建替計画、それに家主側での相当額の立退料の支払意思があれば、たとえ被告が老齢者や病弱者であっても、比較的簡単に正当事由を満たすと判断する傾向が強まっている（たとえば、東京高判平成 12 年 12 月 24 日判タ 1084 号 309 頁、浦和地判平成 11 年 12 月 15 日判時 1721 号 108 頁──家主は住都公団を継承した都市基盤整備公団で、住宅地に立地した公団住宅の建替計画の存在だけで公益性があるとし、立退料なしに正当事由を満たすと判断する──、東京地判平成 3 年 9 月 6 日判タ 785 号 177 頁、東京地判平成 3 年 7 月 26 日判タ 778 号 38 頁、東京高判平成 3 年 7 月 16 日判タ 779 号 272 頁、東京地判平成 3 年 4 月 24 日判タ 769 号 192 頁、最二判平成 3 年 3 月 22 日民集 45 巻 3 号 293 頁の事案と控訴審たる大阪高判平成元年 9 月 29 日判タ 714 号 177 頁、等参照）。公刊された裁判例の中から伝統的な判断枠組に沿った判断を見出せるものは、極めて少なくなっている（たとえば、東京地判平成 3 年 2 月 28 日判タ 785 号 209 頁──建替えの必要があるでもなく、貸主がただ経済効率を高めるために事務所に転用しようとした事案──、等参照）。

[池田恒男]

　第3に、借地の場合でも、営業用建物の所有目的（たとえば、最三判平成6年10月25日民集48巻7号1303頁の事案——全審級とも正当事由を認める——、神戸地判昭和62年5月28日判時1265号138頁、東京地判昭和62年3月23日判時1260号24頁、等）のみならず住宅所有目的の場合でも、商業地域に立地している場合にはもちろん、住居系地域でも高度利用の計画が地主にある場合（たとえば、やや特殊なケースであるが地上に営業用建物とともに住居が存在する借地について東京高判平成11年12月2日判タ1035号250頁、等参照）には、相当の借地期間が経過しているなどの事情があれば、居住者たる借地人が老齢でも（たとえば、東京地判平成10年8月21日判タ1020号212頁、等）正当事由を認める傾向が見られる。ただし、否定例も相当あり、営業用借家ほどこの傾向がはっきりしているわけではない（たとえば、東京高判平成9年9月30日判タ981号134頁、東京地判平成8年7月29日判タ941号203頁、最三判平成6年6月7日判時1503号72頁、大阪地判平成5年9月13日判時1505号116頁——大阪都心の商業地に立地する営業目的借地の例——、東京地判昭和63年5月30日判時1300号73頁、等参照）。借地においては、比較的最近までは正当事由の存在を肯認するにも、伝統的な判断枠組みによって行なう裁判例も、少なからず見出された（たとえば、東京地判平成3年6月20日判時1413号69頁、東京地判昭和63年5月31日判時1303号93頁、横浜地判昭和63年2月8日判時1294号106頁、東京地判昭和61年12月26日判時1252号73頁、等参照）。

　これらの裁判所の運用において、近年の特徴を示す端的な現われが、土地あるいは建物の「高度利用」・「有効利用」とか、場合によっては建物所有者の建替え計画が、営業用の賃貸借ほど決定的で明確ではないものの、居住用の賃貸借においても、正当事由の成立に有利な事由として運用されていることであろう。

　たとえば、居住用借家においては、前掲・東京高判平成12年12月14日は、東京・上野の商業地区にある築後60年を経た建坪12坪の小規模建物ながら、家主が自己の経営する会社の借財を、銀行に返済する目的で当該建物を有利に換金するために、年来住宅としていた当該建物の一部を、勤務先から解雇後店舗に改造して生業（菓子販売）も営んできた被告を立ち退かせるためには、500万円の立退料の支払い

第 4 章 現代日本の「居住福祉」の課題

で正当事由が備わるとし、前掲・東京高判平成 12 年 3 月 23 日は、築後 40 年を経過した係争共同賃貸住宅が、東京・港区赤阪の高級住宅地にあり、「土地の地理的条件からすると」大家たる原告が、係争住宅と隣接建物の跡地に高級マンションの建築計画を有することと、従前の賃料据置ならびに立退料 200 万円の提示によって、正当事由は十分満たされるとして、賃借人がいても建物は処分できるとして、正当事由を認めなかった原判決を破棄し、住都公団の建替え事業に関する前掲・浦和地判平成 11 年 12 月 15 日は、築後約 40 年弱の公団賃貸住宅の大規模高層化建替事業そのものだけで、「正当事由」あり（すなわちその事業により、どんなに老齢化した被告たちが生活困難に陥ろうと、代替提案が被告たちの生活の現実に合わなくても構わない、言い換えれば正当事由判定の一般的な手法である比較衡量はしない）とし、少し古いが、前掲・東京地判平成 3 年 7 月 26 日は、1 棟の建物の一部についての賃貸借の解約を申し入れている。

居住用借家の借家人に、大家の建物更新による土地高度・有効利用を理由とする立退きを迫るこれらの判決は、バブル期以降商業用建物賃貸借で顕著になった、正当事由の経済効率主義・金銭化の動きに影響され、波及してきたと見ることができるように思われる。

たとえば、前掲・東京高判平成 10 年 9 月 30 日は、東京・港区麻布十番に立地する係争建物が、築後 50 年を経た建替えを必要とする老朽建物であり、近くに地下鉄が通り交通利便を見込まれるこの建物跡地に、大家たる原告が 7 階建ビルの建設計画をもっていることは、別に住居を持つ被告に 4,000 万円の立退料で解約申し入れの正当事由を満たすとして、これを否定した原判決を覆え, 前掲・東京地判平成 9 年 9 月 29 日は、バブル期に東京・新宿区にある係争建物を、大規模再開発のために購入した不動産開発業者が、全国有数の大手開発業者を引き込み、バブル崩壊後策定された同区の低層建物密集地域の、中高層化を伴った不燃火都市整備計画に乗って、建物賃借人に立退きを求めたという事案で、係争建物が築後 30 年（建築は1967年）を経過した「老朽建物」であることを、ほとんど唯一の理由として生業（再

117

生スチール家具販売という地域密着型の営業）を営んできた被告に対する解約申し入れにつき、立退料4200万円をもって正当事由とし、前掲・東京地判平成7年10月16日は、東京・新宿駅近辺の係争建物の所在地について、「超高層ビルの林立する新都心とを結ぶ地域に所在し」、効率的利用を妨げている建物構造と、近辺のビルと比較して、事務所・店舗の用途には設備面で劣っていること等の認定事実から、「本権建物の敷地は中層の店舗兼事務所ビルの敷地として利用するのが、最有効使用である」という判断を前提として、築後35年の係争軽量鉄骨3階建ビルは、老朽化がはなはだしいという状況にはないが、係争建物内でゲームセンターを営んでおり、そこでの収益に見合う代替建物を見つけることが容易でない被告との、賃貸借契約の解約申し入れに、2億2500万円の立退料と引き換えに正当事由ありとし、前掲・東京地判平成3年5月30日は、東京・銀座にある築後約60年を経て、老朽化した係争建物を取り壊し、新建物に建替えるために賃借人たる老舗の印刷会社に、建物を明け渡させるためには、立退料8億円の支払いをもって足りるとした。

　以上に例示したものの中にも、紹介を省略したものの中にも、いわゆる地上げの事例が目立つことが近年の顕著な特徴であり、圧倒的多数を占めるこれらの肯定裁判例は、それらの事業の進行に対して、急激な都市更新の都市計画を用意してタイアップした行政ともども、司法的お墨付きを与える結果となっている。

　営業用借家に関しては、裁判例は正当事由の金銭主義化がかなり確立しており、立退料相場（それも土地価格の下落以上の速さで立退料相場が低下しているように見える）が形成されつつあるといえよう。そして、たとえば、上に挙げられた正当事由の背景事情が、上掲諸判決の肯定例とほとんど勝るとも劣らないが、結論は否定となった前掲・東京地判平成9年2月24日との差は、同判決が「原告は池袋付近の商業地区の、著しい地価の下落によって莫大な債務超過状態に陥っていることが窺われ、……原告が本件ビル新築計画を完成する能力を有することについては、多大の疑義が残るものといわざるを得ない」と認

第4章 現代日本の「居住福祉」の課題

定するように、もっぱら賃貸建物を購入して、いわゆる地上げをしてきた原告の信用力の差くらいしか考えられず、この阻害要因もまた「正当事由」制度運用の経済効率主義・金銭主義に連動するのである。

また、借地に関していえば、前掲・東京高判平成11年12月2日は、東京・港区の海岸近くにある借地に、築後45年の木造家屋を有し長らく住宅として使用していたが代替わりによって空家となり、その後公認会計士業務の計算センターとして使用していた被告に、係争地を購入した原告が、自己使用のために建物を収去させて、土地を明け渡させるためには、1000万円の立退料の支払いで正当事由を満たすとし、前掲・東京地判平成10年8月21日は、東京・港区三田の土地賃貸借の期間満了後に、地主によってなされた使用継続意義の成否について、もっぱら係争地が交通便利な商業地にあるという立地条件から、全国有数の不動産開発業者たる原告が、周囲の隣接地を併せて高層ビルを建築する計画をもつことと、被告が係争地の近隣に別の建物をもち、これを住所としていること、および立退料6500万円で正当事由が満たされるとしている。

借地においても、借家と同様な正当事由の軟化現象、金銭化が進行している。

そもそも土地の「高度利用・有効利用」なる概念が、何を基準とする概念かが問題であるが、この点をさて置いて、高層ビルが立ち並ぶ商業地域での建物の高層化を、そう呼ぶ一般的語法に従うとしても、それが当該事案の正当事由の要素に、相応しいかどうかを判定する法的枠組としては土地収用法の裁決手続きのような一層広い枠組みをもった制度が用意されることが望ましく、当事者の権利関係を判定する司法判断によって行なうことが、制度設計として妥当か疑問の残るところである。現状では、私的「公用」徴収を正当事由制度に引っ掛けて、裁判官に判断させている感がある。

また、少なくとも借地については、土地利用のイニシアチブは借地人のままで、「高度利用・有効利用」することも十分ありうるし、この目的に相応しい非訟手続も存在する（借地借家法17条参照）から、この

概念が直ちに土地所有者のもとに、土地が取り返されることを正当化するものではない。借地に関する正当事由の認容率が、借家に比べて大きくないのは、期間の定めのあるなしと両者間の契約類型の差違とともに、近年の正当事由裁判の特質に根差した、このような差が作用しているのかも知れない。

　これらの「正当事由」制度の軟化、金銭化をさらに強める判例が、90年代に相次いで最高裁から出されている。正当事由は更新拒絶ないし解約申入時にも、契約期間満了時ないし解約による終了時にも、その間の全期間にわたって賃貸人のために存在しなければならない（その要件事実の存否の終局的判定時は当該裁判の口頭弁論終結時である）。したがって賃貸人の正当事由を補完すべき金銭給付の申し出は、その全期間にわたって補完に値する金額が、提示され続けていなければならないように見える。しかし、最高裁は、まずは借家について（最二判平成3年3月22日民集45巻3号293頁）、次いで借地について（最三判平成6年10月25日民集48巻7号1303頁）、金銭給付の申し出は補完事由であること、および裁判を通してでなければ、その必要性の自覚を常に求めるのは酷でること、を理由として事実審の口頭弁論終結時に、判決の基礎とできる金銭給付の申し出、またはその増額がなされていればよいと判示した。特に借地の場合は、20年ごと等の賃貸借期間満了時＝契約更新期にのみ問題となる概念であるから、これを裁判に繫属したものについては、口頭弁論終結時までに申し出があれば、常に考慮するという判例の仕切り方は、ある要件事実の存否の判定時という、手続規範の問題を要件事実そのもの、すなわち実体法規範に置き換えてしまい、裁判は時間がかかるものだけに法規範との乖離が目立ち、賃貸人にとっては裁判が遅延すればするほど申し出の機会が増えるので、有利になるという観を呈する結果となった。この2判例により、「正当事由」制度の運用が一層軟化するとともに、正当事由の金銭主義的運用の強まりないし徹底と相俟って、「正当事由」制度が一層金銭主義的に運用されるようになる。

　居住の安定性の観点からすれば、借家とともに現代の代表的な居住

スタイルであるマンション（集合住宅における区分所有建物）での居住の安定も、重要な問題である。しかし、阪神・淡路大震災で損壊したマンションの建替え問題をめぐる一連の裁判例（建替え決議の有効性そのものと、有効性を前提とする買取請価格問題）を通じて、補修して住み続けようとする住民の権利が、建替え圧力の下での多数者の建替え意思の前に裁判所の法解釈を通して揺らいできた（前者については、客観要件の判定の厳密さより、多数の建替え意思を重んじる、神戸地判平成10年1月30日判タ1014号209頁、大阪地判平成11年3月23日判タ1038号275頁、大阪高判平成12年9月28日判時1753号65頁、後者では買取価格を低額にする、大阪地判平成10年8月25日判時1668号112頁、参照）。さらに21世紀初頭には不動産開発業界や土建業界、銀行業界などの後押しにより、2002年3月政府の規制改革推進3か年計画に盛られ、同月法務省法制審議会で立案された建替え要件の緩和（区分所有法62条の客観要件の削除等）を内容とする同法改正案が国会に提出され、十分な審議もなく12月初めに通過・成立した。ここでは以上の指摘にとどめ、詳細は省略する。

4　日本の土地所有権の「弱さ」
——偏頗な「公共性」——

この問題は多くの平面の問題に分けて分析することができ、また多面的な観察を総合して1つの歴史像・法の現実の像として収斂させなければならないが、ここでは若干の側面から粗く問題の所在を素描する。

（1）　相隣関係における権利濫用論[9]

日本語で不自然でない「権利濫用」なる概念も、ヨーロッパ語においては概念矛盾の産物（権利とは法＝正義によって割当てられた自由領域だからその自由を行使して正義＝法に反するというはずがない）であって、したがってイギリスでは今なお abuse of rights という概念は存在

（9）　拙稿「日本民法の展開(1)　民法典の改正——前3編」広中俊雄・星野英一編『民法典の百年 I』所収、有斐閣、1998年、53頁以下参照。

せず、フランスではこの言葉を用いて南側に接する土地境界に、びっしりと高い塀で囲まれて病院の日照を奪われた病院経営者の塀の撤去請求を認める1控訴院判決が出るのに、民法典制定後、約半世紀を要した。ところが日本では、民法典制定直後にさっそく権利濫用なる言を用いた判決が立て続けに現われている。これは、法にしたがって権利というものが、国家権力に倫理的に潜在し、それを統制すべきであるとする観念、国家権力が法に規制されてはじめて、その正統性と正当性を弁証されうるという観念の弱さの現われであり、それが根深いものであることを、示唆していると考えてよいであろう。

それを典型的に現わすとともに、その主だった機能の一つを示すものが、土地所有権の「濫用」をめぐる一連の判例である。たとえば大判昭和11年7月17日民集15巻1481頁（発電所用トンネル掘削事件）は、電力会社が発電用利水ダムを作る準備のために、脇の他人の土地にその土地所有者の度重なる抗議にも構わず、トンネルを貫通させてしまったので、土地所有者が原状回復を求めて、妨害排除請求訴訟を起こしたところ、大審院はその所有者の請求は権利濫用だとして、電力会社の無法を擁護した。同種の例は、大判昭和13年10月26日民集17巻2057頁（鉄道線路敷築堤事件）や最二判昭和25年12月1日民集4巻12号625頁（天の川流木事件）でも繰り返され、「権利濫用」論が戦後の日本国憲法の下でも、特定の産業ないし企業の利益を所有権秩序に優先させることを合理化する「理論」として機能することを示している。

また、最三判昭和40年3月9日（民集19巻3月9日民集19巻2号233頁（板付空港敷地明渡請求事件））は、戦前強制徴収されて、板付空港（戦後の占領終了後も日米安全保障条約に基づきアメリカ軍が占用していた）の敷地とされた土地の所有者が、その賃貸借期間の満了を待って、国に契約ならびに所有権に基づき返還請求した事案であるが、最高裁はその権利行使を権利濫用として退け、国権の発動としての戦争行為および国際紛争の解決手段としての武力による威嚇を禁じ、一切の軍事力の保持を禁じた日本国憲法の下でも、軍事利用が「公益」として最優先さ

第4章　現代日本の「居住福祉」の課題

れることを示した。

　これら有権解釈の事例は、権利濫用の名のもとに、合法的権利行使そのものを禁止することを意味し、そのことによって相手方の権利侵害行為——その背後に控える利益が何らかの権利に発しようが（上例では電力会社のダム建設、河川利用、鉄道会社の隣接地の軌道敷設など）、法の裏付けがなかろうが（上例では、利用権限を喪失した土地上の軍事利用など）——、裁判所が先験的に上位にあると認識するものは、超法的に（すなわち違法に）土地所有権の正当な行使から免れる（治外法権を得る）ということである。何が上位に位置づけられるか、国家的利益とされるもの——経験則からいって、軍事的利益を頂点として、巨大産業、国土開発などがそれに該り、地球環境保全や地域の安定、市民の健康などではない——に土地所有権が劣位に置かれることにより、住生活の安全が脅威にさらされることは明らかである。

　しかし他方で、近年こうした権利の縮小を意味する、伝統的な一連の権利濫用判例とは対照的な、まさに所有権をはじめとする権利の体系が、その機能を従前に発揮するためには、その延長上に成立しなければならない市民的近隣生活秩序とでもいうべきルールを、裁判所が認定し、その意味で新たな権利秩序の形成を模索する、一連の判例が生まれていることにも、注目しなければならない。

　たとえば、最二判平成5年9月24日民集47巻7号5035頁は、「建物の汚水を公共下水道に流入させるため隣接地に下水管を敷設する必要がある場合において、建物が建築基準法に違反して建築されたものであるため除却命令の対象となることが明らかであるときは、建物の所有者において右の違法状態を解消させ、確定的に建物が除却命令の対象とならなくなったなど、建物が今後も存続し得る事情を明らかにしない限り、建物の所有者が隣接地の所有者に対し右下水管敷設工事の承諾及び右工事の妨害禁止を求めることは、権利の濫用に当たる」としている。

　さらに、近年はこの種の公共秩序を「権利濫用」論でなく、より積極的に「人格権」構成をとって、私人に請求権を認める判例が現われ

るようになった。その代表例が、後に民事権利関係における建築法規の位置に関する、最一判平成9年12月18日（民集51巻10号4241頁（後掲））であるが、下級審判決にも次のようなものがある。

名古屋地決平成9年2月21日（判タ954号267頁）は、充実した浴場設備と飲食コーナー、合計171台収容の駐車場を備える、いわゆるスーパー銭湯の建築工事の禁止を求める近隣住民の仮処分請求を、同施設に来場する自動車の騒音等の被害が、一部住民の受忍限度を超える惧れが大きいとして認めた。現場は、大規模開発によって計画的に造成した住宅団地内で、都市計画の用途区域としては、第1種低層住居専用地域に指定されている地域にあり、周囲の一体は一戸建て住宅だけが並んでいる。同決定は、第1種低層住居専用地域内に建築することができる建築物として、建築基準法48条1項、同法別表第2(い)項7号が規定する「公衆浴場」に該るとした、建築主事の判断を違法とまではいえないものの、右規定の趣旨に沿う施設とはいえないとしており、婉曲な表現ながら安易に建築確認した行政の姿勢に、疑問符をつけた格好である。

また、横浜地判平成8年9月27日（判時1584号128頁、判タ940号196頁）は、分譲住宅団地において、分譲時に自宅前がたまたま家庭ごみの集積場所とされたため、長期にわたる悪臭等による被害になやまされてきた原告が、輪番制によるごみ集積場所の順次移動を、頑強に拒み続ける数軒の家族に対し、原告宅前へのごみ排出禁止を求めたという事案であるが、分譲の経緯（分譲会社においてもごみ集積場所を固定することを予定せず、原告宅前は取りあえずの措置に過ぎない）や、価格（他の分譲住宅と価格の有為差なし）、その後の分譲住宅自治会での取り組みの経緯（輪番制への移行が趨勢）などを勘案して、原告の受忍限度は判決確定後6か月までだとして、原告の請求を認めた。

これらの判決は、権利濫用という構成であれ、原告の人格権侵害という構成であれ、市民的近隣秩序の形成に、司法が積極的に関与していく姿勢を示したものとして注目される。

（2） 抵当権者の権能の政策的拡張強化による債権者不平等の拡大と居住不安

わが国の居住権をめぐる法問題の最新局面であり、現在立法問題に発展している問題がこの問題であるので、技術的で非専門家に分かりにくい法問題だが、あえて取り上げる。

まずその前提問題であり、抵当権者の権能の異常強化を象徴的に示しているものが、いわゆる抵当権者の、物上代位権限の範囲の問題であり、これを抵当権の効力を賃貸目的となった、抵当物件上の賃貸借契約による賃料債権にも押し及ぼすことを認めた、最二判平成元年10月27日（民集43巻9号1070頁）[(10)]は、借地人借家人の居住権にも、深刻な影響を及ぼしている。この判例の結論自体、非占有担保権として、占有担保権から分離・独立して近代担保権の代表として発展した抵当権が、反対物である質権機能を併用したといっても、「良いとこ取り」の先祖返りと評してもよいが、その後、裁判所による<u>抵当権の異常肥大</u>は、この判例を突破口に、その後暴走といってよいような動きがつづき、判例法内部にも明らかな矛盾と混乱も生んでいる。最新の到達点は次の3判例に示される。

その1つは、物上代位に効力を事実上さらに拡張した、最二判平成10年1月30日（民集52巻1号1頁）である。これは抵当権の設定された不動産に関する限り、賃料債権の譲渡は、法の定める第三者対抗要件を備えても、実際に第三債務者たる賃借人が、新債権者に弁済しなければ、なおかつ抵当権者に対抗できないとして、事実上その賃料債権を譲渡等によって処分換価できないものとした。事案は次のとおりである。

Aは93年1月にその所有する本件建物をYに貸与し、同年4月、

---

(10) 判例は、かつては賃料への物上代位を否定していた（大判大正6年1月27日民録23輯97頁）ものの、戦時中に認めるものが出現し（大判昭和17年3月23日法学11巻12号100頁）、ついでに本文で引用した平成元年最高裁判決は、抵当権の目的不動産の賃料が供託された事案において、その還付請求権の上への抵当権者の物上代位を、はっきりと肯認した。

その賃料の翌月分から96年4月分までをBに譲渡し、Yに対して承諾を得た。しかしこの物件は、90年にXに対して抵当権を設定していたものであり、Xは5月抵当権の物上代位を根拠として、AのYへの賃料債権を差し押さえ、Yからその取り立てをしようとした。原審は、304条1項のいう「払渡又ハ引渡」とは、担保権設定者の責任財産からの逸出であると捉えられるとして、Xによる差し押さえの前に債権譲渡の対抗要件が備えられていることを理由に、Xは抵当権の物上代位の優先権を、Yに主張できないと判示した。これに対して本判決は、304条1項但書が物上代位権行使者の差し押さえを求めているのは、単に物上代位権の行使を知らずに、弁済する債務者が二重払いを強いられないようにするためであるとし、その趣旨からすれば、同項の「払渡又ハ引渡」に債権譲渡は含まれず（すなわち判例によって467条・468条からなる債権譲渡制度の例外を設けたに等しい）、抵当権者は目的債権が譲渡され、第三者に対する対抗要件を備えられた後でも、なお自ら目的債権を差し押さえて、物上代位権を行使することができるとした。

この先例は、「抵当権者が物上代位権を行使して賃料債権の差し押さえをした後は、抵当不動産の賃借人が抵当権設定登記の後に取得した債権を自働債権とする賃料債権との相殺をもって抵当権者に対抗することはできない」との一般論のもとに、根抵当権者Xが物上代位権に基づき、差し押さえた根抵当権設定者・賃貸人Aの賃借人Yへの賃料債権の請求に対して、YがAに対して有する既発生の保証金返還債権[11]を、自働債権とする賃料債務との相殺の抗弁を退けた、最三判平成13年3月13日（民集55巻2号363頁）によって、さらに強められた。この判例は、賃借人は賃借するにあたり、賃貸人に支払った保証金も

---

(11) この保証金返還債権なるものの内容は、次の最高裁平成14年判決の事案の比較の上で重要な点であるから補足すると、次のとおりである。YとAとの賃貸借契約はいったん解消され、再度別の賃貸借契約を締結する際に、先の契約成立時にYが差し入れており、Aが変換義務を負う保証金と新たな契約によって、YがAに差し入れるべき、より少ない保証金との差額の返還期限がすでに過ぎていた。すなわち、このAのYに対する差額の返還債務は、既発生債権だったのである。

返ってこないことを覚悟せずして、賃貸物件を借りることはできないことを意味し、さすがにここに至っては、抵当権者の特権を強めるためとはいえ、貸ビルや賃貸用アパート・マンションの抵当金融が何のためになされるか分からないことになる。

果たして、最一判平成14年3月28日（民集56巻3号、判時1783号42頁）は、信託銀行である根抵当権者Xが、抵当権設定者・建物賃貸人Aが当該建物への抵当権設定以後に締結した、賃貸借契約によって有する賃借人Yへの賃料債権を、物上代位に基づき差し押さえ、Yにその弁済を請求したところ、差し押さえ3か月前に建物賃貸借契約を解約して、当該建物から退去したYは、保証金のうち同契約に基づいて、敷金の性質を有する部分の返還請求権で、賃料債務を対等額で相殺する旨の意思表示をした、と抗弁した事案の下で、「敷金が授受された賃貸借契約に係る賃料債権につき抵当権者が物上代位権を行使してこれを差押えた場合においても、当該賃貸借契約が終了し、目的物が明渡されたときは、賃料債権は、敷金の充当によりその限度で消滅するというべきである」と判示して、このYの相殺抗弁を認めた。

この平成13年最高裁判決と平成14年判決とは、合理的な区別を設けるべき事案上の相違はないと考えられるから、最高裁の混乱ぶりが暗示されているが、元はといえば、非占有担保権である抵当権の効力に、抵当権設定者の収益権への強制管理類似の干渉を、物上代位の名によって認めたことが躓きの石である。しかし、今やバブル経済の始末に追われる銀行にとって「地獄に仏」のようなこの「石」は、近い将来もっと大きく膨らませることがあっても、抜本的に引き抜くなど司法当局には思いも及ばないであろう。

抵当権の肥大化が不動産賃借人の権利、ひいては居住権に、重大な否定的作用を及ぼしていることを示す、もう1つの典型的事例は、抵当権者が短期賃貸借を395条但書に基づき、極めて緩やかな要件で解除できると解した最二判平成8年9月13日（民集50巻8号2374頁）である。この判決は、抵当目的物を目的とする短期賃貸借の解除には、当該賃貸借が不合理であることを必要としない、と次のように説く。

「民法395条但書にいう抵当権者に損害を及ぼすときとは、原則として、抵当権者からの解除請求訴訟の事実審口頭弁論終結時において、抵当不動産の競売による売却価額が同条本文の短期賃借権の存在により下落し、これに伴い抵当権者が履行遅滞の状態にある非担保債権の弁済として受ける配当等の額が減少するときをいうのであって、右賃貸借の内容が賃料低廉、家賃前払い、敷金高額等の事由により通常よりも買受人に不利益なものである場合、又は、抵当権者が物上代位により賃料を被担保債権の弁済に充てることができない場合等に限るものではないというべきである」。

ここでは、売買目的の物件が賃借権付きであれば市場価値が下がるという、抵当権設定者にも、不動産賃借人にも帰することができないわが国の不動産市場の特徴ゆえに、短期賃貸借の設定自身が、395条但書の抵当権者への損害原因事由に該当するという起草者も、まったく想定しなかった法解釈を展開しているのである。これでは、もともと利用の制約が強い日本の不動産担保法が、それにもかかわらず非占有担保権としての抵当権の本来の意義に鑑み、辛うじて担保目的不動産の利用への最低限の配慮として規定している、短期賃貸借を許容した意味がなくなるであろう。抵当権の人為的政策的強大化が、利用権の不合理な制約に繋がり始めたことを、如実に示す事例である。

これらのバブル経済崩壊以後、20世紀末の一連の判例の展開は、それにとどまらず21世紀の冒頭に、ついに以上の変則的な判例規範を基とし、これをさらに金融機関の特権拡大に繋げるような、極端な担保法強制執行法改正の動きに繋がっている。2002年3月法務省法制審議会で決定された同改正要綱試案[12]は、いくつかの案が併記され選択結果はなお流動的要素があるものの、その最有力なものを中心に、まさに近代財産法秩序の崩壊を来しかねないところまで、現代日本法が進んでいることを示唆する内容となっている。

以上いくつかの問題を通して見たように、この国の土地所有権は、

---

(12) 内容についてはジュリスト1221号186頁以下、NBL734号66頁以下参照。

第4章 現代日本の「居住福祉」の課題

居住利益との関係でいえば、土地利用権が居住利益を体現し、換言すれば土地所有権が地代収取権に転化し、土地が金融資産化している場合には、明治民法に定式化されたように、もともと「絶対的」と形容されるほどに強過ぎたそれが、特別法を通して、漸次是正されてきた歴史に逆流を生じ、ふたたび極めて強いものとされ、居住利益も含むそれは、金融利益や軍事を含むその他の国策的利益に極めて弱い存在とされ、いずれの面からもこの国の法は居住の安定に不利な状態にあるといえよう。

5 居住環境とその安定度

居住そのものから、住生活の質を規定する居住環境と法との関係に目を転じても、この国の法は芳しいとはいえる状態からほど遠い。いくつかの側面からみよう。

(1) 土地所有権・近隣民事法と建築法規との関係

最高裁によって有権的に裁断された、法の現実を大雑把に示せば、建築基準法は、その第1条が自己規定する、「建築物の敷地、構造、設備及び用途に関する最低の基準を定めて、国民の生命、健康及び財産の保護を図り、もって公共の福祉の増進に資する」という目的を裏切っている、という結論になろう。いくつもの問題があるが、ここでは代表的な事例を2つだけ挙げる。

まず、建築基準法65条の建築物と、民法234条1項の適用の有無をめぐる問題がある。これに決着をつけた有名な最三判平成元年9月19日民集43巻8号955頁は、建築基準法65条は民法234条1項の特則であって、防火地域・準防火地域では後者の適用は排除されるとして、接境建築を被告に対する、隣接者たる原告の収去等請求を一部認容した原判決を破棄、自判して原告の請求を棄却した。ここでは、民法が防火のほか、日照・通風といった衛生上の配慮も含む総合的見地から、建物を建てる場合はその地の慣習に別段の定めがある場合を除き、敷地境界線から最低50cm離すべきだとした規範が破られてい

る。この判例では、建築基準法が最低基準ではなく、それさえ守ればよいという基準となっている。

いま一つ目立つ解釈問題として、建築基準法に基づく私道への近隣者の自由通行権の問題がある。

この問題は、90 年代に入って一連の最高裁判決があり（最二判平成3年4月19日裁判集民162号489頁金判872号42頁、最二判平成5年11月26日判タ857号100頁、等参照）、おおむねいわゆる私道のうち建築基準法が建物敷地に接する道路としての要件を満たしていない、いわゆる見做し道路（同法42条2項等）が、壁面・境界柵の後退等により、最低基準（4 m幅）を満たし得る条件が生まれた場合に、なおそれを阻んでいる前の植込みやブロック塀などの妨害物の除去を、当該私道利用者が敷地所有者に請求できるかという問題や、従前ブロック塀で仕切られていた見做し道路のうち、従前道路であった部分をさらに建物敷地内に取り込む形で、新たなブロック塀が設置された場合に、その新ブロック塀の除去を請求できるかという問題に関して、請求者に従前基準を満たす状態での通行実績がないこと（もともと通路になっていなかったり、旧ブロック塀の内部に道路開設がなく、取り込みによる、新たな通行妨害の程度が軽微であるなど）を理由に、否定的な論旨と結論を示しつづけた。

ところが、造成された団地内の建築基準法の要件を満たしてきた私道を、従前自動車通行利用してきた当該私道の奥の住民が、当該私道上に障害物を置いて、車による通行の継続的妨害を行なった土地所有者に対して、妨害行為禁止を求めて提訴した事件に関する、最一判平成9年12月18日民集51巻10号4241頁は、慎重な言い回しながらこの近隣者の請求を認めた。

この判決の出現で、多少は建築法規の建築環境に関する最低限規定が活性化するかと思われたが、判決理由の慎重な言い回しが示唆していたように、従前の最高裁の先例を変更する意図が、微塵もないことがやがて明らかとなる。最一判平成12年1月27日判時1703号131頁は、未舗装の見做し道路内に金属性の10本のポールを立てて自動車の通行妨害をして、同通路を徒歩・二輪車専用としてきた敷地所有

者に対して、通路奥の敷地の所有者がその撤去を請求した事案で、請求者が「日常生活上不可欠の利益を有しているとは言え」ないとして、その請求を認めた原判決を破棄、自判して請求を棄却した。

　これらの判例によれば、従前の道路開設、したがって権利主張者の自由通行の長期間の実績が、この種の通行権を主張するための絶対要件に近い重要性が与えられているが、このような考え方は、結論的に「建築物の敷地、構造、設備及び用途に関する最低限の基準」という建築基準法の立法趣旨（同法1条参照）からしても疑問がある。そもそも私道に沿接する建物居住者の通行利益を、伝統的な公法・私法峻別論に立って、反射的利益に過ぎないように見做すことに問題がある。

　この種の問題においては、建築法規を都市・居住環境に関する地域的公序の形成因子と捉え、それが要求する秩序が「国民の生命、健康及び財産の保護を図る」（同法1条）観点から、一般民事法規の水準を上回る限りは、そこに居住し、営業する市民間の民事法関係の要素とする視点が必要であろう。その意味では、本判決は今一度公法である建築法規と民事法（土地所有権の内容）との関係を省察することを促しているといえよう。

（2）　都市計画制度の官治性と未成熟

　都市土地行政法は、都市計画法を基軸に建築法規や開発・再開発・保全関連特別法などを周辺に配置して、一群の土地行政法の体系をなしている。かつて私は80年代後半までの流れを概観して、その法制的特徴を端的に次の5点に要約した。①非法性（住民の権利・利益侵害に対する救済制度の不備と所管行政庁の広汎な裁量など）と非計画性、②中央集権性と多頭性の共存、③資産としての財産権中心主義で、民主的コントロールと住民参加権の欠如した計画体系、④開発促進的で営業（業者）利益中心の計画内容、⑤ますます進む政治の優位（＝アメリカ政府や財界の発言力の増大）と行政官僚的自立性の低下[13]。

---

(13)　拙稿・前掲（注4）「土地問題と都市・開発法」126〜27頁。

その後、土地バブルの反省と称する土地基本法が制定され、またバブル崩壊後に「規制緩和」と「民間活力活用」、あるいは「地方分権」の名の下に、都市計画法体系に属する土地行政諸法律の「改正」が頻繁になされたが、上記の基本的性格に大きな変化はない。ただ、⑤はますます進行し、外見的計画性の進行と裏腹な非計画性の一層の進展、いな一定のまとまった思想を体現する、都市土地規制体系としての都市計画法体系の崩壊すら予兆させる展開となっている[14]。

　都市計画制度自体が頻繁に変えられ、安定性をもたず、特に住居系の土地利用が絶えず商工業系業務系の土地利用に侵食され、住環境が崩される脅威が常にある状態は、その施行過程についても現われ、土地利用規制のアドホックな変更により、居住環境が突然劣化し、あるいは脅威にさらされるという事態は珍しくない。この国では住宅法制・政策が国民の居住福祉という考え方や、住居権といった固有のモメントではなく、ほとんど経済政策上の思惑に規定されて動かされてきた「伝統」に相応しく、そういった変更も外在的な原因から生じ、住政策固有の法理によって説明されるものではない場合が圧倒的に多く、したがって近年に至っても、法制の重要な変更の際に国民の住生活への権利といったものが、法の論理に反映されることは皆無に近いという、非文明的な住宅法の現実が垣間見えるのである。

　このように法的な目でみた都市計画の現実の問題点は、単に法制の一環としての都市計画法体系の性質や、具体的なその形態などに含まれる問題点に限られないのである。

　最近、このことをドラスティックに示す事態が国立市で起こっている。以下、国立市での事態＝一連の法的事件の展開を整理することによって、居住福祉ないし住居権と法制度としての都市計画の非関連という、わが国における深刻な現状の問題の在処(ありか)を確かめたい。

　国立市中心街は、JR国立駅を起点として、真っ直ぐ南に走り、一橋大学を挟む桜並木で有名な通称大学通りを中央道路とし、その東西

---

(14)　この点については、拙稿・前掲（注5）「世紀末日本における都市防災と土地法制（1）（2・完）」都市総合研究69、70号を参照。

第4章 現代日本の「居住福祉」の課題

両側に、約60度の角度で走る斜め道路を主要な枠線として、碁盤目状に計画的に広がる緑豊かで整然とした、美しい街並みで全国に知られている。この街並みは、大正末年から昭和初期にかけて、神田一橋にあった東京商科大学（現一橋大学）の移転計画を契機に、開発者の箱根土地が同大学との協定に基づき、中央線沿線に無人の原野を切り開いて大学街として、徹底的に計画的な街づくりによって形成され、爾来そこに移り住んだ住民の系統的な努力によって、激動する時代の風雪から守られてきたものであった。しかし、1980年代に入り、折からの土地利用規制緩和の波に乗って、都が「昭和62年（1987）基本計画」を策定したのを受け、国立市の当時の理事者も、都市計画全般の見直し作業に着手し、周辺地域の個々的用途地域の見直しから始めて、1989年には中心部（駅北口、南口、富士見通り）について、都に用途地域変更等の大幅規制緩和を求め、都・市で大幅緩和を決定した。そこから次つぎと大型マンションの建設ラッシュが始まり、あちこちで建築紛争が起こる。たとえば、駅のすぐ北には巨大なマンションの出現によって、国立の街の象徴である南側大通から見た三角屋根のJR駅舎が、そのマンションにすっぽりと包まれてしまい、南からの景観を台無しにした。建て主たる開発業者・不動産業者と、日照被害や圧迫感等の直接の被害に直面した住民だけでなく、街の良好な景観・住環境の継続を求める市民との間に発生した多数の建築紛争の中でも、最も注目を集めたものが大学南側の大学通りに面した、一角への巨大マンション建築計画であり、国立の街壊し（景観・住環境破壊）の象徴となった。

本件敷地は、移転する大学を核とした国立の都市計画で地域には含まれていたが、戦後指定された文教地区には、ごく近接していたが、わずかに外れていた。戦前は塗装工場の敷地となり、その後保険会社所有となり、高さ16mのビルが建っていた。1970年建築基準法の改正により、高さ20mの制限が撤廃され、80年代後半からの上述の一連の規制緩和措置により、1996年には周辺の用途地域が見直され、第2種中高層住居専用地域および第1種高度地区[15]に指定替えされ

た。これで本件敷地には、都市計画法制上相当巨大な建物が建てられるようになった。

果たして、1999年7月当該敷地をM社が買取り、高さ53mの18階建て441戸のマンション建設計画がもちあがった。周辺住民は計画が明らかにされてから、直ちに対策協議会（途中から大学通りの環境を考える会に改名し運動目標を広げる）を設置し、反対運動に乗り出した。

これより先、同年4月の統一地方選挙で、街づくりをめぐって意見対立が深刻化する中で、1996年に提訴された国立大学通り景観訴訟の原告の1人であり、景観保全・環境保護を掲げる上原ひろ子氏が市長に当選し、これまで大幅に規制を緩和した、都の基準すら大きく逸脱しがちで、開発規制緩和一点張りであった市政の転換の第一歩が記されていた。

こうして巨大マンション建設を問題視する住民の声に、市が応える素地ができた。同マンション建設をめぐる紛争は、建て主（M社）・建設業者対住民の争いに、市長が前者に後者への説明会の開催を申し入れ、また市景観形成条例に基づき「20mの桜並木と調和するよう低く」するよう勧告するなどの形で、割って入る格好となる。また市は、景観と住環境保全の見地から、当該敷地を含む市中心部に地区計画の導入を図り、同年11月にはその原案を公告縦覧手続きに入る。

国立市は、かねて開発指導要綱によって周辺住民との事前協議を義務付けており、さらに1998年に制定された景観形成条例によって、一定規模以上の大規模開発について届け出させ、必要に応じて発動されるべき市長の指導の機会が、確保されるようになっていた。

M社側は、住民への説明会に応じ、この月には上述した当初の計画内容を、高さ43m14階建てへといくぶん縮小したものの、住民合意の下で着々と本件地区を含む、中層住宅地区に立地する建築物の高さを20m以下に抑える地区計画の策定作業が進んで、不利を増す情勢への対処として建築の着手を急ぎ、12月18日の第4回住民説明会の

---

(15) 建物の高さは、前面道路の反対側の境界線、または隣接境界線までの真北方向の水平距離の、5分の3に5mを加えた高さを上限とする。

開催を待たず、同月3日強引に特定行政庁である都多摩西部建築事務所に建築確認申請し、翌2000年1月5日、同事務所から建築確認を得て、即刻「根切り」という敷地を掘り下げ、建物の基礎を設置するための準備工事を開始した。これは、国立市地区計画区域内の、建築物の制限に関する条例の制定公布日である1999年12月24日、同施行日である2000年1月1日より遅れるが、本件地区計画決定・告示日である同年1月24日、同地区計画施行日である同年2月1日には、駆け込みで辛うじて間に合う微妙なタイミングであった。

住民は、地区計画決定・告示の24日に、東京地裁八王子支部に建築禁止仮処分を申立て、同年2月24日には逆にM社から本条例が違法・無効である旨の確認の訴訟が国立市相手に起こされ、一連の本件マンション訴訟の火蓋が切って落とされた。

本件マンション関連の訴訟は次の3つがある[16]。

① 第1に、建築差止めないし撤去、および損害賠償が請求された民事訴訟であり、隣接するT学園と住民が原告、M社を被告として争われている。これには仮処分事件(a)と本訴たる民事訴訟(b)とがある。

② 第2に、同じT学園と住民が、特定行政庁たる東京都多摩西部建築指導事務所長を相手に、建築中の本件マンションが高さ20mを超える部分の建築を禁止し、同部分を除却すべき旨の命令を発しないが、違法であることを確認し、さらに同旨の命令を発すべく義務付けることを求めた無名抗告訴訟がある。

③ 第3に、M社が国立市を相手に、地区計画条例無効確認と国家賠償を請求した訴訟である。

①の(a)については、東京地八王子支決平成12年6月6日、およびその抗告審である東京高決平成12年12月22日判時1767号43頁があり、後者によって確定した。

---

[16] 本件マンション関連の訴訟と、その経緯に関する諸資料は、「東京海上跡地から国立大学通りの環境を考える会」のHP (http://kangaerukai.com/) を参照した。そこに未公刊の関連諸判決・決定の全文・要旨も掲載されている。なお、事件の判決・決定をめぐる動きについては、当日夕刊ないし翌朝の新聞各紙もあわせて参照した。

①の(b)については、ごく新しい東京地判平成14年12月18日があり、主要な部分で敗訴したM社側と、一部敗訴した住民側の双方から控訴中である。

②については、東京地判平成13年12月4日判時1791号3頁、その控訴審判決たる東京高判平成14年6月7日があり、住民側から上告受理申立て中である。

③については、東京地判平成14年2月14日があり、現在国立市による控訴中である。

これらの判決・決定において裁判所の判断は二転三転し、大きく割れている。

法的側面からこの紛争を見ると、ほぼ同時進行で継続している3つの訴訟とその経緯が、この問題とともにこの国の都市における法の現状を、代表的に示しているように思われる。

①(a)については、東京地裁八王子支部決定が、上記の経過の中で本件マンションは本件地区計画施行時には、「現に建築の工事中」（建基法3条2項）であるから、同法68条の2に基づく新規制を受けないとして、債権者たちの仮処分申立てを却下したのに対し、抗告審である東京高裁決定は、根切り工事だけでは建築工事中というには不十分であり、建物の基礎工事など何らか本体部分に工事が及んでいる必要があるとして、マンションが効力を生じた、建築法規に違反する建築物であることを認めた[17]が、抗告人たる住民の環境、景観・眺望阻害、天空狭窄、圧迫感などは法律上建築工事の差し止めの民事法的根拠とはなり得ない、日照被害、プライバシー侵害等も住民たちの受忍限度を超えるとはいえないと判示して、抗告を却下した。

②について、第一審の東京地裁判決は、上記の論点について抗告審・東京高裁決定と同様に、建物工事中として新建築規制を免れるためには、根切り工事だけでは不十分で、20mの高さ規制地区に、43

---

(17) この点に関しては、角松生史「建築基準法3条2項の解釈をめぐって——国立市マンション建設差止仮処分事件（東京高決2000年12月22日）を素材にして」九州大学法政研究68巻1号97頁以下の詳細な検討を参照。

mを超える高さのマンションは違法性が顕著で、良好な景観はひとたび失なわれると、元に戻すことが著しく困難になるなどとして緊急性も認め、また国立市のたびたびの行政指導に対するM社の対応の仕方を見れば、建基法9条1項に基づく建築是正命令のほか、違法を是正する手段がないことは明らかだとして補充性も認め、それにもかかわらず、進んで建物除却命令を発するかどうかは、特定行政庁の裁量の問題だとして、被告・東京都西部建物事務所が建築是正命令を発しない状態の違法のみを確認した。これに対し、控訴審の東京高裁は、本件根切り工事は、本件敷地の現状のままであれば、本件のような巨大高層建築物を支える地耐力が不十分であることに鑑み、建物の基礎杭を打ち付けるためにも必要な工事だったとして、建物建設工事の意思を外部に表示させるのに十分だから、新建築規則を免れる建基法3条2項の要件を満たしており、地区計画規制を大幅に超えていても合法建築だから、特定行政庁としては是正命令を発する根拠に欠けるとして、住民側を逆転敗訴させた。

　③の第一審判決は、地区計画条例の無効確認については、処分性なしという理由で却下したが、国家賠償請求に関しては、次のような極めて特異で揮(ふる)った判断を下した。すなわち、イ）国立市長が大学通りを中心とする良好な景観と住環境を守るため、本件マンション建設について建主たるM社に縷縷(るる)働きかけをしたこと、①(a)の抗告審決定の理由中の違法判断に依拠してM社に説得活動を試み、さらに都に働き掛けたこと自体を罪悪視し、ロ）また市が景観と住環境保全の目的で公的方針として公然と推進し、衆知の事実というべき市地区計画条例の策定作業中、あえて自治的に制定されつつある条例に反し、したがって建築法令違反の疑いさえあり、少なくとも既存不適格となることは確実である本件マンション建築計画を、あえて推進した建主の強引な建築行為を不問に付し、その結果本件マンションが条例の制定により既存不適格になった事実を捉えて、当該地区計画条例の制定行為を市の不法行為と認定し、ハ）さらに、その損害額算定において、不動産不況の現実も、遠い将来の法令変更の可能性も、一切考慮するこ

となく、完売等の皮算用を前提に、45年後の再建築可能建物価格と、従来の不規制状態が存続する場合の建物価格の差額を、資本還元したものを単純に損害として、4億円を下らないとして原告・M社側の鑑定資料と言い分をそっくり満額認めるという大盤振るまいの判決であった。

2002年に至り③の第一審判決や②控訴審など、およそ住宅地の特質も住環境・景観といったものの、人間生活・文化生活の上での切実な価値に鈍感な裁判官の野蛮な裁判水準が定着し、このまま一方的に、住環境被害を受ける住民側の旗色が悪いまま、一連の国立景観・住環境裁判は、この種の法律紛争の辿ってきた歴史を繰り返すかのように、住民側敗訴で収束してゆくかと思われた2002年も暮れが押し迫った12月18日、①(b)民事本訴訟で東京地裁民事40部は画期的な判決を下した。

この判決は、問題のマンションが駆け込み着工した点については、②控訴審判決と同様の見地から、これを地区計画施行時に建基法3条2項所定の「現に建築の工事中」であったとして、建築法規への適合性を認めたが、それは建築法規との関係にとどまり、当該マンションが、近隣との民事関係で違法かどうかは当然と別の問題であるとして、以下のように大学通りの都市景観を破壊する点で、隣接地権者との関係で民事違法を認め、大学通り沿いの建物部分の20mを超える部分を除却・撤去するよう命じ、その履行を担保するために3名の原告各自向けに、不履行中毎月1万円の間接強制を課し、その他900万円の損害賠償を命じた。すなわち、優れた都市景観を「特定の地域内の地権者らが、地権者相互の十分な理解と結束及び自己犠牲を伴う長期間の継続的な努力によって自ら作り出し、自らこれを享受するところに特殊性がある」と捉えた上で、「特定の地域内において、当該地域内の地権者らによる土地利用の自己規制の継続により、相当の期間、ある特定の人工的な景観が保持され、社会通念上もその特定の景観が良好なものと認められ、地権者らの所有する土地に付加価値を生み出した場合には、地権者らは、その土地所有権から派生するものとして、

第4章　現代日本の「居住福祉」の課題

形成された良好な景観を自ら維持する義務を負うとともにその維持を相互に求める利益（以下景観利益という）を有するに至ったと解すべきであり、この景観利益は法的保護に値し、これを侵害する行為は、一定の場合には不法行為に該当すると解すべきである」。以上の一般論の下で、M社が用地取得以来、地域住民の要望・意見や国立市長の条例に基づく指導にまったく耳を貸さず、同市景観審議会の出頭要請にも高飛車な態度をとり続けてきたこと、宣伝パンフレットなどは美しい街並みの享受を謳いあげ、大学通りの景観をセールスポイントとして最大限活用しながら、市が大学通りの並木の高さを基準とした20ｍという高さの2倍を超え、それ自体景観を破壊させる巨大マンション建設に固執し、営利と打算に徹して振るまってきたことなどの経緯が認定され、違法性を倍加する要素とされた。

　この判決は、その実質から、すでに見た権利濫用法理の新展開や、人格権を用いたごく最近の新たな傾向——市民的近隣秩序の形成を助ける、若干の判例・裁判例——に通底するものがある。それが近隣者のいかにも不合理な恣意に向けられるのではなく、飽くなき利潤の追求に明け暮れて、強引なまでに「合理的」行動に走る不動産業者に向けられている点でまったく新しいが、画期的であるだけ裁判例として安定していないのも確かである。

　国立市の大学通り沿いに建設された、巨大マンションをめぐるいくつかの裁判の現在までの経緯の中に、この国の住環境をめぐる法律問題の一端が明瞭に浮かび上がっている。このマンションについては、景観と住環境保全を図る国立市が、この開発業者の抜け駆け建設の動きを察知して地区計画策定を急ぎ、それと同業者の駆け込み着工との競合という経過における特徴が、このマンションに関するすべての争訟で尾を引いており、入口のところで建築基準法3条2項の曖昧さがクローズアップされてきた。それはそれで、同項に限らず、建築基準法の現状主義とでも呼べる極めて緩やかな適用が、同法1条が、「国民の生命、健康及び財産の保護を図り、もって公共の福祉に資することを目的」として、「建築物の敷地、構造、設備及び用途に関する最

低の基準を定める」自己規定する同法の位置付けを曖昧なものとしていることは、別に見做し道路の扱いなどでも見てきたところである。

　本事例のような、事態の悪化に驚いた行政が、遅まきながら都市計画規制に動き出し、それは建築主にもあらかじめ十分知られている事態で、あえてどんなによい目が出ても、既存不適格になること必死の状況で、挑戦的姿勢をもって当面の自己利益に固執する抜け駆け・駆け込み建築を許す背景のいくつかも、本件ではくっきりと浮き出ている。第1に、特定行政庁である都の建設事務所の開発主義的姿勢である。本件での都の担当部局の姿勢は、70有余年守ってきた良好な景観と、住環境を守ろうと必死になっている住民と市の共通の願いに背を向け、これを私的利益のために破壊する業者を後押しするような観を呈している。第2に、人間の生活の現実に即して事実をありのままに見ず、事柄の全体を単刀直入に見ない司法である。住民の住生活にとって切実な日照・通風・天空狭窄(きょうさく)、ビル風、巨大マンションの醸(かも)し出す無機的感覚の情緒面での悪影響、こういった人間生活の上で通りすがりの者には、一時的影響としては大したことがないが、毎日毎晩接している者には、逃れようのない環境として、ずしりとくる影響の数かずについて、多くの判決はいとも軽く「重大とはいえない」の一言で片づける。これが最後の画期的判決——画期的であるのは、従来違法性段階説なる枠組に従って、差し止め・現状回復命令は、よほど特別に重大な違法性が認められなければ認められないとされ、現に人間の健康に重篤な被害を及ぼす深刻な公害事例でさえ、70年代半ば以降これを認める裁判例は皆無といってよいからである——の場合は、切って捨てられた他の人格的利益と認められた都市景観享有の利益との間に、落差が目立つ結果を齎(もたら)している。第3に、景観・住環境を求める住民のお膝元である国立市自身が矛盾を抱えていることが、80年代以降のこの問題の一連の経過に明らかである。開発業者や不動産業者は、市政（のみならず政治一般）が業益と密接に関わる経験則から、ロビー活動のみならず、政治の中枢的アクターとの動的構造的な繋がりを求め、自己の業益に有利に政治を誘導しようとし、それ

第4章　現代日本の「居住福祉」の課題

は時に癒着問題を惹き起こすほどである。これを掣肘(せいちゅう)する何よりの保証は、豊かに涵養(かんよう)された市民的政治意識に裏付けられた、継続的監視と実質的に市民代表の名に値する、十分多数の人びとによる政治の運営であるが、わが国の現状がそれからほど遠いことは、喋喋(ちょうちょう)するに及ばないであろう。その一般的構図がここ国立市も例外でなかったことが、一連の経緯から透かし見える。法が魑魅魍魎(ちみもうりょう)のこうした政治的局面に立ち入るのは、よほどはっきりしている表層面の、いわば静的断面に関してのみであり、かつ限界も多い。

　今回の建築法規のような公法に触れるかどうかが、問題となる建築事件での近隣住民の救済について、さすがにかつてのような法的利益を、異常に狭く解して原告適格から門前払いを食らわせたり、正体不明の自由裁量論を振り回して「法の支配」を回避したりする傾向は、次第に影を潜めるようになっているが、それでも法益の実体論的認識では、混沌状態にあるといってよかろう。法的観点から見た本件マンション問題のポイントは、単的にいって、開発権を内に含んだ財産権と営業利益とをすべてに優先させるのか、都市景観を含む住民の住環境を享有する——自然権に由来するといってよい——人格的権利を始原的と考えるのかという分岐である。このどちらかの観点から一連の事態の展開を見るかでまったく違って——場合によってはあべこべに——見えてくる。

　絵に描いたような業者サイドの裁判結果を導いている②の控訴審判決や、③の第一審判決の見地がその典型であるが、80年代以来規制緩和の波に現われて、顕著に悪化した町の住環境に危機感を募らせた、住民の熱い願いを承(う)けて誕生した上原市長と同氏に率いられた市政が、住民の付託に応えて行なう住環境防衛のための政治行動や政策のすべてが、何よりも神聖で重要な財産権と、営業利益への系統的な憎悪に満ちた侵害行為に見えてくる。もともと札束を叩いて買った土地だ、自分の資産を何に使おうが問題ないではないか、また規制は最小限具体的な、目に見える形のものをやむを得ず、しぶしぶ受け入れるのであって、具体的に目に見えないものはすべて無視してよい、儲かるこ

とはすべからく善いことで何でもやってよい、という思想が根底にある。この枠組によれば、1989年の用途地域地区の見直しの際も、本件土地の用途地域が基本的には変更されず、新制度で旧第2種住居専用地域に、ほぼ見合うと考えられた第2種中高層住居専用地域に指定されたままであることを指して、20 mにかかわらず、50 mでも 55 mでも、限度一杯の高く巨大な建築物が奨励されている証しだとすら考える。この観点に立つと、学校が多いこの地区の特殊事情や従来の経緯、周辺住民を含む地域一帯の住民の努力などは、すべて死角に入ってしまうのである。

これに対し、元来自然的人権に由来するといってよい静謐で安全、快適な住環境を求める住民の権利の思想は、必然的に土地所有権の行使を近隣秩序に枠づけられる、一定の限界に厳格に服することを不可欠とする。これは、元来 property（Eigentum）という人格的自然権に由来する所有権の原意にも副う思想で、欧米ではあまりに当然の概念として、一般的に確立し切ってから久しい考え方であるが、わが国では戦後の農地法制や、都市計画法制の展開にもかかわらず、立法・司法の当局によってなお一般的な承認を経ていないため、個別係争問題においてまともに適用されることはほとんどなく、また考え方としても動揺常ならぬ状態にある。この考え方にたてば、土地所有権は「公衆の利益」という意味での「公共の福祉」に服すべきことは当然のことであり（民法1条参照）、その資産性はあくまで当該地片が組み込まれている、周辺利用秩序に包摂された範囲内に存在するものに過ぎず、また、本来それ自体社会的なものである営業利益（「儲ける自由」）は、社会が許容する範囲で展開が許容されているに過ぎない。本件で、M社が保険会社の計算センター跡地を買い取る際に土地柄を十分考慮し、近隣住民に迷惑をかけない範囲で利用計画を立てるべきだったのであり、私企業には採算上不可能と弁解を並べるのは、地所を買取り、事業展開を計画する最初に行なうべきだったのである。膨大な費用をかけて取得したとして、算盤勘定の尻拭いを近隣住民に求めること自体が、筋違いというべきであろう。②の控訴審や③の第一審判決は、こ

の法的にまっとうな筋をまったく見失っていると評せざるを得ない。

　子細に見れば、極めて画期的な①(b)民事本訴訟第一審判決も、景観利益を説明した引用部分は、なお土地の資産性に傾斜した説明の仕方になっており、この国の住環境をめぐる司法の理解水準が、はしなくも露呈されている。なるほど、一部の住民の主観的思いだけや、一時のブームだけで建築が規制されたら、土地所有権は得体の知れぬ情緒に左右され、公正でないことも事実であろう。土地所有権を制約する見えない原理としては、「慣習」論を彷彿とさせる年月の重みと、法的確信の形成が語られるほどの、大多数の住民の共通感情が必要だとする限りでは、裁判所の慎重な文言を肯認できよう。しかし、これを判決の引用部分のように定式化してしまっては、「東京百景」などとして世間から特別に愛でられた国立大学通りのような著名なスポットしか、景観権は主張され得ないという恨みが残る。大学通りのようにおおむね所得の高い階層に属する住民が幾星霜を隔てて育て上げ、土地の資産価値としても反映された、特別秀逸な景観だけでなく、たとえば下町のように庶民が歴史的に形成してきた街並みにも、それなりの静謐さと便益、快適さと隣保共同体の温かみをあわせもった都市空間が、維持されてそれぞれの思いが籠り、住民がそれぞれの仕方で相互に自己規制し自己犠牲を払いながら守ってきた景観や街並みは、大学通りとは同じ形ではないかもしれないが、それぞれの形に応じてその現状が保護されてしかるべきではなかろうか。

6　結びに代えて

　以上、法という切り口から居住福祉、およびわが国のプリミティブな状態に鑑みて、その基となる居住権の現状を、よく反映すると考えられるいくつかの側面から——取りあげるべくして漏らした問題はなお多々あるが、限られた紙面では極力多方面から——考察した。

　この限られた考察結果からでも、安全で快適な居住保障を通して、国民の健康にして文化的な生命活動＝生活を充実させるという課題は、さまざまな側面で重大な障害に直面しており、しかも法がそれを打開

するのではなく、打開を目指そうとする人びとを、少なからず挫く機能を果たしていることは、十分に明らかになっていよう。

　ここではそれをいちいち繰り返さないが、総じていえることは、居住福祉どころか、国（法的にいえば法的＝政治的共同体）が現実に相応しい深慮に基づく配慮らしい配慮をせずに放置し、業者あるいは金融機関など、アプリオリ（先天的）に優越性が置かれた経済主体の、営利追及の世界に委ね、少なからざる国民を——特に社会的に弱者といわれる階層により鋭く——住生活の質的な不安定と居住不安に陥れている法の現実である。マンションをめぐる業者の恣意の貫徹などはマイホームの儚い夢を懐かしむ庶民を、業者の飽くなき利潤欲望の餌食にさらしたまま、放置しているといって過言ではなかろう。そしてお定まりのように法は無力である。もちろん法のできることにはもともと限界があるが、ここでの「無力」はそういった範囲をいうのではない。法が無力であってはならない場面で、無力に置かれているのである。法に実効性を研ぎ澄まさせず、運用でもなまくらなままに放置しておく。さらに近年の建築基準法や都市計画法の「改正」が物語るように、従来の極めて不十分であった都市の土地利用秩序や、建築物規制の規範性さえもなし崩しに壊して、商業主義とビジネスチャンスが猛威を振るうように形成されてきた。

　今日の西ヨーロッパではどの国であろうと、まず起こりえないこういった事態＝法現象が、それがわが国では、なにか日常茶飯事のように当たり前に起こっているということに、特別の注意を向けるべきであろう。

　もっとも、近年も子細にみれば、わが国でもマンション判例の一部、あるいは権利濫用の新展開や人格権を用いた判例・裁判例、さらには国立景観訴訟のごく一部の判決などに、辛うじて例外を占めると思われる動きがないではなく、一筋縄でいかないそれら複雑な今日の法活動の中に一縷の光明が仄見えるようにも映るが、それらの動きはなお、あくまで微弱で、限定された特殊例を背景としており、とても一般化できるものとは思われない。

第4章　現代日本の「居住福祉」の課題

　国民の住生活の充実の観点から見る限り、個人の尊厳と幸福追及の自然的権利、健康で文化的な生存を営む国民的権利の基礎の上に打ち立てられた、憲法を頂点とする戦後法制が無政府的にほとんど解体に瀕しているというのが、それから半世紀を経た現在の総括的全体像というべきであろう。崩壊は法の全体に及んでおり、もはや個別のあれやこれやを問題にして、それだけで済まされる段階ではないといえよう。では何が同問題なのか？

　それは一言にしていえば、「法＝権利」概念の一般的未成熟であり、それはひとえにこの国における「市民社会（the civil society）」の思想的未成立に由来する。これが欧米とりわけヨーロッパ諸国の法制・法社会との歴然とした差違を、唯一合理的概念に説明する。

　この国は、一度も人民が実力をもって自分の国を、実体的にわが掌中にした経験のない国であり、日本人は国というものがそれを構成する人間のためにのみ、存在理由を持っていることを民族全体で経験したことのない国民である。主権者という言葉も、国民の属性としては、日本国憲法などにおいて理念の上でのみ存在したといって過言ではない。

　しかもグローバリゼーションが喧伝され、実際抗しがたい力をもって進展もする今日ほど痛切に、国とは何か、国家と国民の関係いかんという最も根源的な問題が、歴史の形成者としての一人ひとりに日々問われてくる時代はなかったであろう。

　居住福祉の課題は、したがってその追及過程において、その特殊現代的性格をもった課題の追及と必然的に重ね合わせて、極めて古典的＝近代的な「国家社会」像＝特殊近代的思想像の不達成の問題にぶつからざるを得ないであろう。それは、私たち日本人が、避けることのできない歴史的課題として百数十年間抱え続けてきたものに他ならない。

【参考文献】
＊　日本の法（権利）概念の特異性について

拙稿「日本民法の展開(1)民法典の改正——前3編（戦後改正による「私権」規定挿入の意義の検討を中心として）広中・星野『民法典の百年Ⅰ』有斐閣、1998年、所収。
* 法（権利）概念の確立を妨げる特殊日本的「官」思想について
 拙稿「世紀末日本の震災対策と震災法学の課題」日本の科学者2000年11月号、所収。
* 九十年代の建築法規・都市計画法制の変遷と無政府状態への一貫した堕落傾向について
 拙稿「世紀末日本における都市防災と土地法制(1)(2)」総合都市研究（都立大学）72号、73号、2000年、所収。

【あとがき】

　本稿執筆（基本的には急病のため幻となった2001年の学会報告の原稿として執筆され、03年春に公刊された同学会の機関誌『居住福祉』第1号に掲載される際にその若干の事項につき彌縫的に加筆された）後現在（06年8月初旬）までに、本文で論及した事項のうち顕著に展開した2・3の問題についてだけ、以下、トピックとして簡潔に補足して僅かなりとも執筆者としての責任を塞ぎたい。

　第1に、本稿2（「商品としての健康・快適な住まいへの法制的対応」）の(1)として指摘した「世紀末住宅法制改悪：1998年建築基準法『改正』」について、思いのほか早く同「改正」法の破綻が表面化したことが、76～77頁の叙述に付け加えられるべきである。すなわち、昨年（2005年）10月にA建築士の手がけたRC製集合住宅とホテル建築に関する構造計算の偽造が発覚して以来——当然問題は単に一建築士個人の資質や道徳感の欠如にとどまるものではなく——、わが国の建築業界や建築士のあり方全般の「構造的」問題という歴史的背景と相俟って、建築警察（建築確認業務は、「許可」制の形態をとらなくても、まさに建築警察作用である）といった公権力が担うべき本来的国家業務が営利企業に丸投げされることの問題点がクローズアップされた。その後数ヶ月にわたり派手に行われた公論においてこの点を曖昧にする煙

第4章 現代日本の「居住福祉」の課題

幕がさんざん張られ、司法捜査機関の捜査がもっぱらこのA建築士の個人責任の追求に終わった今、この近代日本建築行政上最大のスキャンダルは、この国の常例にしたがって――おそらく「政・官・財」の談合体質の中で――、権力的に焦点外しが行われ、遅まきながら不正を公表した民間検査機関を廃業に追い込み、政界との繋がりが疑われている指導企業とその背後で蠢いていたと見られる「政・官・財」の癒着構造を免罪し、「大山鳴動鼠一匹」の様相を呈している。結局、建築警察の営利事業化の規定路線はそのまま維持されて、今後もあの手この手の新手の手法の開発によって欠陥建築はなくならないであろう。

　第2に、居住の不安定と金融利益の特権（3「居住の不安定」と、4「日本の土地所有権の『弱さ』」(2)「抵当権者の権能の政策的拡張強化云々」）については、両者を一本にして飛躍的に推進する立法がなされた。112頁に紹介した抵当権者の立場を抜本的に強める立法（2003年担保法・執行法改正法（法律134号））がその後成立したが、その内容は事前の想像を超えた極めて一方的なものであった。次にその若干の側面を挙げる。

　一点目は、抵当権の質権機能併呑である。近代抵当権の発展史に鑑みれば、抵当権が債権者に非占有不動産への掴取力を与えるところにその概念の確立を見たことは明らかであり、それは何よりも被設定財産の使用収益権が設定者の手に委ねられ、したがって果実収取権が設定者に帰属する点に現れているが、同改正法はこの中心部に改変を加え、債務不履行の発生時点以後の果実収取権が抵当権者に帰属するという、比較法的にも特異な抵当権像を打ち出した（民法371条）。これは、判例が不良債権処理レジームの下で暴走させた賃料への物上代位の扱いを固定化させ、さらに民事執行における強制管理を規範構造の異なる抵当権に広げる（「担保不動産収益執行」なる名称が附与された）ための実体法規範の受け皿であった。しかも、この新たな抵当権実行方法の創設による機能的重複にも拘わらず、異常増殖した物上代位はそのまま維持された。抵当権者に広い選択肢を確保するためである。

　2点目は、短期賃貸借制度の廃止である。これも、上記の抵当権の

歴史的意義に関わる重大な変質である。抵当権設定登記経由後に設定された一切の賃借権はたとい第三者対抗要件を備えたものであっても、抵当権を実行する抵当権者に対しては事後的に違法評価（無効化）され、6ヶ月の猶予期間のある建物賃借権（この場合も目的物占有の権原は喪失し、いわば違法評価の中での執行猶予である）を別として、競売成立により直ちに退去（及び場合により地上物の撤去）義務が発生し、しかも、いずれにせよ競落人は敷金返還義務を承継しないから、賃借人は敷金が事実上返ってこないことを覚悟すべきである。賃貸物件に抵当権が付けられていることはざらにあるから、これらは居住不安要因の最たるものであろう。

　3点目は、「所有権の自由」そしてその一環となす「不動産の自由な流通」という近代財産法の根幹をなす原則との接点を形作っていた滌除制度を廃止したことである。これに代わるものとして新法は抵当権消滅請求制度を用意したが、滌除制度とは全く似て否なる制度である。新制度は、一定の手続により第三取得者が抵当権の消滅を請求できる一点においてのみ滌除制度に類似するにすぎず、その請求権者の範囲においても、請求期限においても、抵当権者の熟慮期間においても、もともと当事者関係で遥かに優位な地位にある抵当権者に抵当権者の地位を引き継ぐ（特定承継する）第三取得者に対して、滌除制度とは比較にならぬ厚遇を抵当権者に与えている。土地（不動産）は利用を本位とすべしと土地基本法に定めたこの国の基本方針をそしらぬ風に、不動産信用授与者に並外れた優遇を与えるこの「改正」法の特徴が良く出ているものが、増価競売という、市場的均衡の方法をもってする抵当権設定不動産の客観的市場価値の評価枠組みを廃止したことである。これは、滌除権者が提示する価額（その金額の範囲内で抵当権者は優先弁済権を行使することになる）に不満の抵当権者は、1ヶ月の熟慮期間内にその一割増の価額を申し出て、その後実施される競売においてその額に達しなければ、自ら買取りを強いられるという古法において生成してきた制度を元に近代抵当法が確立させた方法である。一割増については抵当権者の利益を重視する学者から抵当権の過

重負担であるとする戦前以来の批判があったが、借地借家法の賃料改定紛争においても踏襲されており（借地借家法11条・32条）、居住や営業といった生活利益に直接響くこちらについてさえ借地人・借家人の過重な負担だとする批判は聞かれない。もともと不動産の客観的市場価値を基準としその枠内において債権者平等原則を破る特権として抵当権の優先弁済権があるのだから、その客観的市場価値に付き現実に市場を通して購入した第三取得者が付ける価額を承服しない抵当権者が、その程度の危険を負うべきことは、賃貸人の適正賃料の言い値への異議申し立てをする不動産賃借人の負うべき危険に比べて、大き過ぎることはなかったのであるが、これも耐え難いとして「失われた十年」の間に進行した金融機関救済至上主義の「不良債権処理レジーム」立法の機に乗じて簡単に葬ってしまった。

　この民法等2003年「改正」法については、言うべきことは他にもあるが、それは上述の問題点の深い解明を含め専門書の仕事――今のところ包括的に上記のような問題点を指摘するものは皆無であるが――に委ねて、以上の３点だけでも不動産をめぐる金融秩序の優先が露骨に貫かれた制度改変であったことが知られよう。労働の産物ではなく地球という天体に属する有限な自然の一部である土地というものが、その利用に価値が置かれるのではなく、信用授与者の回収手段としての使い勝手が最優先される政策に賭けるような国に未来が明るく開けようはずがない。

　居住福祉をめぐる法の展開をめぐる第３のトポスは、本文５（居住環境とその安定度）(2)「都市計画制度の官治性と未成熟」で取り上げた国立の高層マンション建築をめぐる一連の訴訟事件（116頁以下）のうち、付近住民からの当該マンションの差止め請求（その後訴訟進行中に建築完成後は一部切取り請求に切り替え）につき画期的判断によってその一部を認めた第一審判決（裁判長の名をとって宮岡判決とも称せられることがある。本稿のコメントに付き122〜127頁参照）を生み出した訴訟のその後についてである。この問題は、住まうことの質を規定するとともに、都市形成のあり方を問う問題でもあり、都市の主人公

は誰かが問われる事件であったが、果たして、控訴審判決（東京高判2004年10月27日判時1877号40頁）は、この画期的判決を覆滅させて、業者の営利の極大追求のための土地所有権の自由な行使への制約要因としての地域的公序の存在を否定し、国の定めた建築法規に違反しさえしなければよほどのことがない限り建築が認められるべきだと論じて、それを規制しようとする住民の反対運動や自治体の行政活動を違法視し、さらにごく最近出されたばかりの最高裁判決（最一判2006年3月30日判例集未登載）は、あれこれの装飾が付けられているが結局のところこの野蛮な控訴審判決を肯認したのである。いわゆる都市景観問題の所在につき、誰もがわかる形で問題が提起された訴訟であっただけに、この国の21世紀初頭の司法は、都市法につき法的正義に基づく住民の当然の請求を抑え付けたか全く無理解を晒したか、いずれにせよ決定的な汚点を残したことが末永く後世の嗤いものになるであろう。

　本最高裁判決の判決理由は、露骨な新自由主義教説に彩られた業者側鑑定意見書に依拠した控訴審判決のそれの論理を組み立て直し、業者の建築行為の不法行為成立一要件たる「法的に保護された利益」として景観利益が承認され得ることを抽象論として認めたものの、頑強に違法性段階説に立ち、差止請求ないし除却請求としてはこれを全く評価せず、しかも本件マンション紛争をめぐる原審の明らかなあべこべの（歴史的に形成されてきた国立の町並みの保存を求めて近隣住民と市当局が当該マンション建設を思いとどまるよう働きかけをしても業者がかたくなに拒絶し話し合いに応じなかったために地区計画条例の発効を急いだことと、業者の抜け駆け的な建築着工とを、経験則に反してあべこべに、国立市や住民の動きを業者による建築の妨害のために狙い撃ち的な条例制定であり無理難題の押し付けであるかのように描く）粗雑な事実認定をそのまま承認した上に論理が築かれており、裁判外ですでに広く知られた展開を遂げた著名な事件だけに、現実の事件に対する司法判断として、意図的でないとしても偏見に満ちたその有権的決着は、広い範囲から批判と憤慨を受け、この国の司法に対するの信頼を大きく傷つ

第4章 現代日本の「居住福祉」の課題

けるであろう。

　本稿は、国立大学通り周辺のように内外からその特別に美観を評価された地域しか景観利益がないという見地には賛同できず、住民が世代を超えて歴史的に形成してきた町並みは、山の手であろうと下町であろうと、地域生活のアメニティー（安らぎと落ち着きを基礎とした生活の快適さ）の要素となる限りで、特別に美しいという評価を受けなくても景観利益（正確に言えば、アメニティー権としての景観要素）をなし、地域的公序として土地所有権の行使を制約すると考える。しかし、国立のような「東京百景」にも選定され、住民が誇りとし、保持のために計画的・継続的に努力してきた美景観でさえ、その眺めを「売り」にしながら破壊する営利追求活動の一環としての「建築の自由」が認められるというのであれば、この国の都市の住生活上のアメニティーは遠いかなたの幻影になりかねない。本最高裁判決には、原審たる控訴審判決に影響を与えた業者側鑑定意見のほか、伝統日本的「公私法二分論」に立って、建築法規の民事規範先占性論を基礎とする学説が換骨奪胎されて取り入れられた跡がある。要するに、事柄は、単に都市の景観問題の技術的に構成された法的評価枠組みの問題にとどまらず、わが国における伝統的「公・私」関係の観念に及ぶ、ずっと根の深い問題の「市民社会」思想的克服による抜本的解決の課題が横たわっている旨を総括的に指摘した本稿の基本的視点（128～129頁）の正しさが、ここでも確証されていると考える。

第5章　居住福祉社会の形成と居住民主主義
――居住福祉資源の観点から――

早川和男

1　福祉資源としての住居と街

　人はすべて、この地球上のさまざまなかたちの居住空間で暮らしている。それは、原始の時代から、人類の長い歴史を通じて、人々の自然界への働きかけと社会的営みによって実現してきたものである。猛獣や雨風、寒暑を防ぐために樹上、横穴、竪穴などの住居をつくり、田畑を開墾して作物をつくり、海に出かけ漁獲物を得て生き暮らしてきた。また、労働と生活の共同体としての集落をつくり、助けあうことで生きてきた。そのような経過を見ると、人間生存の歴史はこの地球上にいかに住むかという居住の歴史といって差し支えない。

　その間、人類は飢餓の克服、伝染病の抑止、奴隷の解放、人権や平和の確立など、それぞれの時代の危機をのりこえることに努めてきた。

　そうした中で21世紀は居住の安定が中心課題の1つになるだろうと思われる。宗教戦争、民族紛争、外国の爆撃や侵略等々で土地を追われたり家を失った難民、不況や政府の住宅政策カットで増え続ける先進国のホームレスなどを見ると、人間が生きていくうえでの居住の意味、そしてそれが平和や地球環境問題と密接に関わっていることがわかる。

　さらに、少子高齢化の日本社会の将来を展望するとき、良質の居住環境の整備とその安定は大きな課題である。これまでわが国は、経済成長による所得の向上、電化製品その他の耐久消費財の購入、医療、社会保障、福祉サービス等々の充実によって人々の暮らしを支えてきた。しかし、耐久消費財は「消費財」であり、生活基盤となる性格のものではない。また、医療や福祉は一般に事後対応、「個人消費」であり、その都度消えていく性格をもっている。それにくらべ安全で快

適な住居や街は、それ自体が絶えざる財政支出をともなわずに人々の健康や福祉を支え子供の発達環境として、子孫に受け継がれていく「健康・福祉資本」である。

21世紀は消費による生活と福祉の前に、「居住福祉社会」をつくっていくことが必要である。

[居住福祉資源]

それでは何が居住福祉社会を支える基盤となるのか、ということである。私は、「住宅貧乏物語」において狭小過密居住、不良住環境、遠距離通勤、子供や高齢者の転居、高住居費負担等々と心身の健康や福祉、社会、文化との関係を具体的に考察した。狭くて不良環境の住宅が福祉の基盤にならないことは明らかある。そして、『居住福祉の論理』『居住福祉』において、安全・快適な住居や生活環境が福祉の基礎であることを検証した。

ここでは、そのような福祉社会を構成する要因として「居住福祉資源」という概念を提起したいと思う。

近代国家は様ざまな法律や制度を発足させ、新しい福祉施設をつくってきた。老人ホーム、ケアハウス、グループホーム、老人住宅、老人病院などの施設、ホームヘルパーその他のケアやサービスからなっている。現代社会は福祉資源をこういう制度の枠組みの中でしか評価できない体質をもっている。超高齢社会に向かう21世紀は、このような既存の制度の枠組みだけでなく、地域社会・住民の中で歴史的・伝統的に培われてきた、或いは公共・公益・民間施設等々が高齢者福祉に直接・間接に果たしている要因を「居住福祉資源」と位置づけ、その役割、今後の可能性の評価が必要である。地域住民が長い暮らしの中でつくってきた要素が福祉資源として意識されないことは、都市再開発などで消滅しても、それによって居住空間の有する福祉的資源としての価値を消失・低下させるという認識を生まないことにもなっている。

[居住福祉資源の諸要素と役割]

　居住福祉資源は、日々の暮らしを取り囲む住居や居住環境、街や村、地域や国土など多岐にわたる。これらすべてを「居住福祉資源」と位置付け、その役割の発見、評価、再生、活用し、さらには創造によって、住居や居住地や町や村自体が福祉空間となる居住福祉社会を形成していくことが必要である。

　私たちは何が居住福祉資源であるかを、ハード、ソフトの両面から見直すことか必要である。それを大切にしていくことが、日本の街や村を居住福祉空間にするのだと思う。

　居住福祉資源は、住居の最小単位である部屋（居室）、安全な住宅、住み慣れた住居とコミュニテイなどの居住空間から、寺社、銭湯、市場、交番、郵便局、駅舎、列車等々の地域、都市、農山漁村、国土、地球といった段階までひろがり、それぞれ固有の居住福祉資源としての性格を持ち役割を果たしている。いくつかの事例をとりあげ、検討してみる。

2　居住福祉基礎資源としての住居

[部屋（居室）]

　居住空間の最小単位は部屋である。そこで身体を休め、睡眠をとる。学生の寮・下宿、ワンルームマンションなどはその原型である。それがない場合、路上や公園、橋の下、駅舎などに身を寄せることを余儀なくされ、ホームレス、野宿者などと呼ばれる状態におかれる。これでは寒さ暑さ、雨露をしのぐことも、身体を休めることもできない。寝ているときは無警戒であるから暴力行為も防げない。居室は生命の安全を守るもっとも基本的な資源である。

　例えば、大阪あいりん地区（釜ヶ崎）は日本最大の日雇労働者の町である。2000年9月、地元の簡易宿泊所（簡宿）のオーナー6人は「サポーテイブハウス連絡協議会」を結成。7棟の簡宿を1,000人スタッフが入居者の日常生活をサポートする賃貸アパート（サポーテイブハウス）に転換し、組織もNPO法人化した。

3畳ほどの個室、共同のリビングと浴室、全館のバリアフリー化。そこに高齢者を中心にした元野宿者約650人が住居を定め生活保護を受けて暮らす。各ハウスとも6、7人の相談員などスタッフが入居者の日常生活を支えている。

　居住者の言葉に私は感動した。「夜安心して眠れるようになりました。野宿ではいつ襲われるか分からないので、昼寝て夜起きていました」。

　私は今まで住居の研究をしてきたが、安心できる住居は雨風、寒暑、暴力などから身を守る基本的シェルターとして、人間生存の根源であることを再認識させられた。野宿あるいは飯場から飯場へとわたる彼らは、結核、肝臓疾患、糖尿病、高血圧など健康破壊がひどい。教育も福祉も受けられず社会的排除の極地にいる。だが、釜ヶ崎に1つの光が射した。安眠、入浴、モーニングコーヒー、配食弁当、通院・服薬支援、安否確認、憩い、年2回の市民検診、1回の結核検診など、住居とサポートを得て彼らは人間復興をとげつつある。

　健康と自己をとりもどした居住者は、地域の公園・保育園の清掃、違法看板の撤去、デイサービス送迎バスの洗車などボランティア活動に参加するようになった。

　NPO代表で「シニアハウス陽だまり」の宮地泰子さんは、「野宿のときは町を汚していた彼らが今はそれを片付けています。住居の安定があって初めて自己をとり戻すことができるのです。住居が定まることで、98歳の母、兄妹と再会できた人もいます」という。人間らしく住む住居の確保と生活支援は、野宿から脱出して暮らす身寄りのない独居高齢男性にとって、人権回復の出発点になっている。

　しかし、部屋があればよいというものではない。身体を横たえるに十分な広さ、一定の天井の高さ、換気のできる外部に面した開口部、隣室からの音の遮断・断熱性、衣服の着替えやくつろぎなど室内での生活行為、高齢者の場合は介護のできる空間的余裕、などが必要である。釜ヶ崎の元野宿者も、生活が始まると家財道具が増えるなどし、狭さを訴えているという。

第5章 居住福祉社会の形成と居住民主主義

[**住宅**]

 人の暮らしには、居室のほかにトイレ、浴室、台所、食堂、家族の団らん部屋などを備えた「住宅」が必要である。西欧諸国ではこれらの居室がないと住宅として建築を許可されない。また、欧米諸国は部屋の最低基準を法律で決め、その条件を満たさない住宅の建築は認めない。たとえばたいていの国は、5平方メートル（以下すべて内法面積、約3畳）以下の居室は認めない、5～7平方メートルの部屋は子どもしか住めない。夫婦寝室は12平方メートル以上必要である。居間はスウェーデン20平方メートル、英国15平方メートル以上などである。つまり一定の面積のない部屋は居室としての役割を果たさないという認識である。

 日本では、このような法律による室面横の最低基準はない。どんなに小さくても1つの居室と共通の玄関・トイレ・台所があれば、住宅と認める（総理府「住宅統計調査」、国土交通省「建築基準法」参照）。日本政府および社会全体の住宅についての認識の欠如であり、日本人の居住を低水準に押しとどめている要因である。建物の構造や地盤が安全で、過密住宅地でないことなどは言うまでもない。阪神大震災犠牲者のほとんど家屋の倒壊と火災によるものであった（早川『災害と居住福祉』三五館）。

[**居住環境**]

 住居が人間の生存と健康と快適な生活を支えるには、きれいな空気、清潔な水、静かさ等々の良好な自然環境が不可欠である。日照や通風の不良、騒音、空気の汚染、振動や悪臭等々が現代人の健康を阻害していることは、私たちの身の回りにたくさん見られる。また美しく整った街並みは心のやすらぎをもたらす。西欧諸国を旅した人は、一般的な住宅の立派さ、整然とした居住地の景観に目を見張ることであろう。家をとりかこむ花花、樹木、高さが揃い調和のとれた街並み、ゆったりとした歩道と並木道等々は、ただ歩くだけで心の休まる思い

がする。

　第2次世界大戦後、イギリス、ドイツ、フランス、オランダなどはみな、破壊された都市と住宅の復興を医療や教育と同じ社会政策の一環として全力を注いだ。街の中の再開発、郊外での大規模ニュータウン建設は公共住宅（一般には社会住宅とよばれる）が中心で、家族構成に応じた広さ、収入に応じた家賃によって安心居住を保障し、福祉国家の基礎を築いた。

　ところが、1つ大きな問題があった。これらの住宅はほとんどが高層住宅で、子どもや高齢者の孤立化、そして無味乾燥な空間は住人の心を荒ませ建物などの破壊行為や犯罪の温床となり、住民や地域社会から大きな批判を浴びた。それで1970年代後半から、ロンドン、パリ、アムステルダムその他多くの都市で高層住宅を爆破し、中低層住宅に建て替える事業が進んでいる。

　高層住宅は20世紀の代表的建築家、フランスのル・コルビジュエの唱えた「太陽・緑・空気」にとり囲まれた「住むための機械」としての大規模団地が世界に広がった。しかし、およそコミュニティや居住性などを考慮の外においており、居住環境として大きな矛盾に直面したのである。現在、西欧諸国はその反省にたって新たな方向に進んでいるが、日本、中国、韓国などは高層住宅の建設が盛んである。居住福祉とは真っ向から対立するこのような住宅のもつ矛盾は、やがて大きくあらわれてくる可能性がある。

［目に見えない居住福祉資源としてのコミュニティ］

　居住の福祉的意義は、住宅建築や街並みのような目に見えるもののほかに、コミュニティのような目に見えないものがある。たとえば高齢者は長年住んできた家と街に住みつづけることを願っている。そこには親しい隣人、顔見知りの商店、身体のことをよく知ってくれている医者、見慣れた風景などがあり、それが日常の会話、相談、助けあいにつながり、生活の安心感や暮らしを支えている。阪神大震災では、街から遠くはなれた仮設住宅で大勢の被災者が孤独死や自殺をした。

最大の原因は、住み慣れた街と、支えあって暮らしてきた隣人から切り離されたからである。

前述のように、西欧諸国ではもうだいぶ前から住宅地の再開発は原則として行なわず、古い建物でも壊さずに修復、改造、近代化して利用するように努めている。住まいと町並みの保全はコミュニティの安定につながり、コミュニティの安定は高齢者の福祉にむすびつくという考えからである。こうした点でも、日本では配慮が足りない。居住地の安定は高齢者などにとっての福祉資源であるという認識が必要である。

痴呆性老人のための福祉施設の1つとして、個室とコモンルームからなるグルーホームやコレクティブ・ハウジングの意義が強調されている。その整備も必要だが、かつての長屋の路地はグルーブホームのコモンルームの役割を果たしていた。安定した住宅地もそうである。健康を蝕み災害の危険の大きい老朽・狭小・過密住宅地区の再開発は大規模に行なうのでなく、元の住民が住みつづけられるコミュニティの維持が望ましい。安住できる住宅と居住地が福祉の基礎という認識が必要である。

3　地域の居住福祉資源

［福祉空間としての社寺］

どこの街や村にもお寺や神社がある。お寺は、仏教徒でなくても肉親のお墓参りや恒例行事への参加など、信仰空間以外の目的で参詣する人も多い。そして、地域のコミュニティ空間、オープンスペース、散策、精神的安定、外出の動機、デイサービス空間、門前市など商店街の核等々の役割を果たし、福祉空間としての役割を果たしているものが少なくない。いくつかの例を見よう。

○東京・巣鴨「とげ抜き地蔵」

「おばあちゃんの原宿」として有名な巣鴨の高岩寺は、境内の小さな「水かけ地蔵」へは、関東一円から1日3万人とも15万人ともい

われる参詣客で賑わう。若い夫婦や親子も家族などのために来ている。駅から地蔵尊にかけての約800メートルにわたっては昔懐かしい衣料や食べ物の店が軒をつらね、楽しい福祉ショッピング・デイサービス空間になっている。境内には「とげぬき生活相談所」があり、「人の心に刺さったトゲを取り除こう」と無料で相談に応じている。

○京郡市上京区西陣「釘抜き地蔵」

石像寺（しゃくぞうじ）は、819年、弘法大師の開基による。種々の苦しみを抜き取る「くぎぬき地蔵」として知られる。毎朝5時半にはもう門が開かれ、近所の中高年の人たちが集まり、歓談したりお菓子を食べたりお茶を飲んだり、境内を掃除したりすることを日課にしている。境内には毛氈を敷いた床几が2、3置かれ、多くの参拝者にとって憩いの場所となっている。ここにも「生活相談所」があり、住職が無料で相談にのっている。地蔵に隣接した上京病院は、毎月24日には境内で無料の青空健康相談会を開いている。本堂をまわる"お千度"で「ある80歳過ぎの女性ははじめよたよたとまわっていたが、半年後にはしゃんと歩くようになった。そんな人が何人かいた」（加藤廣隆・住職の話）。

○岡山県笠岡市「嫁いらず観音院」

奈良時代の行基菩薩の開基。高齢者が嫁の手を煩わさないで天寿を全うする霊験があると伝えられ、中高年の参詣者が多い。境内の小丘陵に三十三観音像が安置され、お参りしながら20分前後かけて山越えする。それが健康につながる。三十三観音は江戸末期の開山と伝えられる。

○大分県日田市「高塚愛宕地蔵尊」

「高塚さん」の愛称で親しまれまれている。境内に広大な駐車場があり、九州一円の各種老人クラブ、老人ホーム、デイサービスセンターなどから無病息災、家内安全、ボケ封じなどを願いに年間200万

人ほどの参詣者が訪れるという。門前市には地元でとれた大豆、梅干し、竹の子、朝とれたやまふき、穀物など各種生鮮野菜などがずらりと並び値段は安い。「高塚さんで買ってきた」ことも食事を豊かにし、信仰、買い物などをかねた一種の居住福祉空間になっている。

○山口県大和町「清泊寺」

日本一高齢化率の高い沖家室島にある清泊寺には、毎週、火・金の両日お年寄りが集まり、境内を清掃し、寺が提供する朝粥、顔なじみとの団らんなど、島のお年寄りにとってなによりの福祉のひとときとなっている。

神社も同じである。鎮守の森にかこまれた境内は居住福祉環境である。鬱蒼とした樹木の四季折々の鮮やかな色合は参詣者の心を洗う環境をつくり、伝統行事やお祭りはその準備段階からお年寄りや子どもの出番が多く、高齢者福祉にもつながっている。祭りは心に感動をあたえる一種の福祉行事ともいえる。境内では、近在の農家の新鮮野菜など地元の産物の定期的な「市」や例祭時等での縁日の開かれることも多い。

デイサービスは費用がかかるのに対し、これらの地蔵やお寺や神社への参詣は無料で、回数や時間に制限がなく毎日でも来られる。縁日や市でのショッピングは楽しく、仏にちょっと手を合わせることで心が安らぎ、親しみやすい福祉レクリエーション空間になっている。ディサービスは一般に送迎バスがあり、入浴や給食やリハビリなどのサービスがあってお年寄りの在宅福祉を支える役割は大きく、そのような視点からも評価する必要がある。また、どこにでも地蔵があるわけではないが、こうした地蔵尊などが果たしている役割にもっと目を向けるべきであろう。

[早川和男]

［福祉空間としての市場・小売商店街］
○商店街の衰退は福祉の衰退

　近年、全国各地で大手スーパーが進出し、市場や小売商店街が閉店に追い込まれている。小売店や市場は、身近で買い物ができ、住民の日常生活を支え、おしゃべりや相談、助け合い、憩いなど人の交流や生活情報の場になっている。客は相談しながら少量でも買い物ができる。お年寄りが店番をしている場合も多く、高齢者の働く場にもなっている。小売商店や市場は一種の福祉空間としの性格を有している。

　それに比べ、大型スーパーマーケットは郊外に立地することが多く、車を運転しない高齢者や子どもなどに不便である。広いフロアーをワゴンを押して商品を探し歩き、黙って買い物かごに入れるだけ。高い棚からは取りにくいし、店の人に商品についてゆっくり聞く環境ではない。顔見知りの市場や小売店では魚ひと切れを売ったり代金を付けにしてくれても、スーパーでは不可能である。

　大型店がひろがり小売店舗がなくなることは、街の福祉機能を奪うものである。しかも大型店は、経営が傾けばさっと引き上げる。地域から商店が一挙に消え、暮らしが成り立たなくなる。その例は、いま全国各地で起きている。

　大型スーパーはチェーン店をもつ場合が多いので、商品は大量生産・大量流通の性格から逃れられず、長時間保存のための各種添加剤は不可避となる。海外から農薬漬けの食物を輸入することも少なくない。安全に暮らすには安全な食べ物が必要だが、安全な食料は、国内産の農産魚介物を、生産者と地元の小売店が直結・協力するなどして可能なかぎり安全につくり、消費者の手にわたるシステムが必要である。

○朝市の福祉機能

　全国各地の「朝市」などはその原型を示している。九州の朝市全数226ヵ所の調査（石川雁人・入江毅「九州圏内の朝市空間についての研究」長崎総合科学大学、卒業論文）によると、並んでいる商品は野菜、

果物、鮮魚、海産物、花、卵、酒、米、豆腐、味噌、醤油、こんにゃく、牛乳、漬物、工芸品、その他の特産品等々で、地元産のものならなんでも並んでいる。開催日は日曜日やウィークデーなど一定ではなく、客は常連が半数以上占めている。

　主催者は朝市の効用について、地域密着型農業の推進、村おこしの一環、農家と住民の交流、住宅の増加による旧住民と新住民の交流の場、観光、お年寄りの社交場、農協女性部の活動を活発にするなどで、こう言っている。

　「自分たちでつくった新鮮・安全・安い農産物を自分たちの手で販売したい」

　「朝市活動で交流の場が築かれ、人と人の親交、住む人の顔の見える安心した地域社会環境ができ、連帯感のある暮らしづくりに貢献している」

　「朝市活動に高齢者が携わり、地域や家庭での位置づけが明確になり、高齢者の生き甲斐につながっている」

　「25年におよぶ街の名物行事となっており、夏の風物詩となった。早朝の短い時間の中で消費者と生産者の交流ができ、住みよい街づくりの基盤となっている」

　「婦人が安心して農業にとりくめるようになり、生活と生産の中核的役割を果たしている」「朝市活動で得た益金の一部を社会福祉に寄付するなど地域社会活動の一環となり、広く住民にアピールしている」等々。

[**街の中のトイレ**]

　高齢者の室内外での行動を容易にするために、手すりを付けたり段差をなくすバリアフリーや「福祉の街づくり」が課題になっている。住み慣れた家や街に住みつづけ自由に移動できることは、高齢者の心身の健康や自立生活にとって重要な要素である。

　また、高齢者の外出を阻んでいる要素の1つに公衆便所の少なさ、汚さがある。住民がよく知っている場所に、安全で衛生的で快適なト

イレがあれば、お年寄りはもっと外出し易くなるのでないか。

　JR秋田県鷹の巣駅の近くに広々とした談話室「げんきワールド」がある。元衣料店の空き店舗を改装し01年に開設された。散歩や買いものの帰りに立ち寄って新聞を見る、列車の待ち合わせ、高校生は読書や勉強、和室ではお年よりがくつろいでいる。福祉の相談窓口もある。この談話室は大きく立派な車椅子用トイレが特徴である。オシメ替えの施設やベビーカーの子ども用便器もある。

　この町に4ヵ所あるデイサービスの人たちは、これまで買い物などにバスで出かけるときは他の町に行っていた。市内にはトイレがなかったからである。それが来れるようになった。高齢者、車椅子の人も散歩のときに立ち寄る。痴呆性のグループホームの人たちもここで休む。

　どこの町や村にもあって皆が知っている交番や便局や駅のトイレをだれもが利用できたら、高齢者も外出し易くなるのではないか。「鳥取県智頭郵便局」には外来者の利用自由なトイレ、休息コーナーがある。岡山県内の駐在所150カ所の内50カ所に自由に使えるバリアフリートイレ・小会議室がある。「おばあちゃんの原宿」巣鴨商店会の木崎茂雄理事長によれば、190店舗のうち約6割の店ではトイレを自由に使わせて下さるという。そうでなければ、1日5万人のお年寄りは出てこれない。岡山県の交番・駐在所307の内73カ所に（05年3月末）市民が自由に使える車椅子用トイレがあり増え続けている。バリアフリーも必要だが、トイレはもっと切実ではないか。

[公共・公益施設の居住福祉機能]
○駅舎と列車

　どこの街や村にもある鉄道の駅舎は列車に乗降する場所というだけでなく、地域社会の核として住民の認知度、利用度が高い。休息、待ち合わせ、雨風雪宿り、夏の日差し除け、出会い、情報の集結・交換、買い物（新聞、雑誌、飲食物、菓子他）、宿泊、集会等に利用される場合もある。公衆電話、トイレその他さまざまの役割を果たしている。

駅舎で一晩すごす人もいる。鉄道の赤字路線を廃止してバスに替えるなどで駅舎が廃止されたならば、これらの福祉機能と地域社会は衰退する。

また、列車はトイレ、ひろい座椅子、揺れの少ない安定した車内、定刻発着、高齢・障害者、乳幼児、妊婦等々の近隣駅までの通院、高校生の通学など地域の人たちにとって居住福祉資源としての性格が強い。特急列車はその機能を奪う。代替バスは振動が大きく、一般にトイレが無く、雨風や寒暑の日は待つこと、乗降が困難であり、時間も不規則で列車駅でのように遅延のアナウンスもない。

フランスの国鉄「SNCF」内に結成された連帯委員会「ミッション・ソリダリテイ」の創始者ジュリアン・ダモン氏にインタビューした都留民子さんは「昔から駅は政治的・経済的に困難な人々、外国人も受け入れ、援助する場所でした」というダモン氏の答えを紹介している。

「"駅や列車は公衆に開かれている。攻撃、不正、破壊行為、そして失業青年、ホームレスなどの困難を抱えた人もそこに集まってくる。連帯委員会は各地域、駅にチームを結成し、地域住民に国鉄の意義を知らせる啓蒙活動、非行少年への地域活動、失業者への直接的な雇用提供や求職活動の援助、ホームレスの人々への宿泊の確保、施設・住宅の斡旋、夜間に路上生活をしている人への説得・受け入れ活動を行う自治体の巡回サービスにも多くの職員を出している。"地域住民との良好な関係を築くこと、駅、電車を訪れる人々と信頼関係を再び築くこと、そして問題解決に向けて人間的な関係を土台にして実行する行動全体が連帯活動である"と」(「フランスの『連帯』と『排除との闘い』から思うこと」季刊"Shelter-less" 2001年3月25日、野宿者・人権資料センター、3〜10ページ)。

日本を見ると、同じように駅構内に野宿者たちが集まっている。国や自治体はこれを排除し、期限付の収容施設をあてがうだけである。彼らの心身の癒される居住施設が必要だ。

鉄道の駅舎はまた、地方や農山漁村で育った人たちには、心の故郷

である。久しぶりに生まれ故郷に帰ってきたとき最初に出会うのが駅である。小さい頃から親や兄弟、知人・友人を見送ったり自分が故郷を出た思い出ふかい駅舎が近づいてくると、胸がいっぱいになる人がいるのではないか。駅は、しばしば映画の舞台になるように郷愁に満ちた空間でもある。もっとも現在の大都市の駅舎は商業空間になってしまった。

[高齢者のくらしと地域を支える郵便局]

郵便局は日常の郵送物の発送や貯金の出し入れ、振り込み、年金の受けとりなどのほか様ざまな「地域社会への貢献」を行っている。これらも、街の福祉機能と考えるべきであろう。

例えば1995年4月、鳥取県智頭町で生まれた「ひまわりサービス」は郵便配達員が町役場、病院、農協の協力を得て、独居老人に福祉サービスを運ぶシステムである。

郵便屋は毎日まわってくる。そして、孤独になりがちな年寄りに声をかける。河村久代さんは74歳、子供が大阪に出ていってからもう35年の1人暮らし。町の中心まで買い物や病院に出かけるには、朝8時のバスに乗らねばならない。帰りのバスは、午後2時までない。ついついタクシーを使うことが多くなる。冬になると、もっと大変だ。2月の積雪は、約60センチから1メートル。バス道路は除雪されても、自宅の周囲やバスを降りて雪道を歩くのは、骨身にこたえる。

そんな河村さんに、毎日の楽しみができた。毎日やってくる郵便屋さん、橋本さんのオートバイの音だ。"河村さん、元気か。どうしょりんさる"

「アッ、郵便屋さんが来てござれたわ」

今日は病院で取ってきてほしい薬があったので、郵便受けに黄色い旗を立てておいた。橋本さんは、河村さんの薬の注文はがきを町役場の福祉課に、福祉課は病院に連絡して、薬は再び郵便屋さんの橋本さんによって、河村さんに届けられる。

宮本ひで子さんは75歳で独居。今日は年金の現況届けを提出し

第5章 居住福祉社会の形成と居住民主主義

てもらうために、黄色の旗を立てた。役場まで足を運ばなくても、郵便屋の白岩さんが役場に届けてくれ、役場は証明書を発効し、社会保険庁に郵送する。白岩さんは、台所の電球が切れたとき、遠くの電器店まで買いに行ってくれたこともある。

今までは、ただ郵便局に勤めていればいいと思っていたのですが、智頭の局に転勤して来て那智の局長に出会い、いろいろな施策に関わらせていただいて、地域での活動をすることになり良かったと思っています(日本・地域と科学の出会い館編『ひまわりシステムのまちづくり』1997)。

このシステムは郵政省で採用され、いまは全国に普及している。総務省郵政企画管理局『日本の郵便局』2001 には、「地域社会への貢献」としてこう書かれている。

「高齢者への在宅福祉サービスの支援──過疎地において高齢者が安心して暮らせる地域社会づくりをめざして、郵便局、地方自治体、社会福祉協議会等が協力して生活サポートシステムを構築し、在宅福祉サービスを支援する[ひまわりサービス]を推進しています。内容は、外務職員による励ましの声かけ及び郵便物の集荷サービス、生活用品などの注文受付・配達・小学生等からの定期的な励ましのメッセージのお届けで、施策対象となるのは、原則として 70 歳以上の 1 人暮らしの高齢者及び高齢者夫婦世帯です。平成 1997 年 8 月から開始し、平成 13 年 3 月末現在で 216 の市町村で実施しています」。

「窓口ロビーの活用──全国各地の郵便局では、会議室を地域の皆さまの会合や打ち合わせに提供したり、窓口ロビーにおいて地域の文化展を開催するなど、郵便局が地域のコミュニテイセンターとして役割を果たすように努めています」。

「地方自治体との間に防災協定を結び、災害時における施設及び用地の避難場所、物資集積場所としての相互提供、避難先や被災状況情報の相互提供をを行っています。また、郵便局では、災害救助法適用時において郵便・貯金・保険の災害特別事務取り扱い及び救援施策を

実施するほか、非難所への臨時郵便差出箱の設置を行います。平成13年8月末現在で、2,521市区町村で実施しています」

「道路の損傷等の情報提供――郵便局の外務職員のフットワークを活用し、郵便集配途中で発見した道路、橋、トンネル、ガードレール、カーブミラー、道路案内表示板等の損傷状況及び街路樹による見通しの阻害といった情報を、地方自治体や警察へ提供し、地域住民の安全に寄与しています。平成13年8月現在、2,713市区町村で実施しています」。

郵便事業には明らかに福祉の役割がある。近代郵便制度は、明治期の官僚で政治家でもあった前島密（ひそか）が創設したもので、1873年郵便事業の政府専掌・全国均一料金制を確立した。義務教育制度などとともに、国民福祉を支える日本近代化制度の一環といえる。社会保障制度、保健医療福祉制度、郵政民営化などの論議では、これらの福祉的役割はどのように位置づけられているのだろうか。

[海辺の福祉的意義]

海辺に囲まれた日本には海をうたった歌がたくさんある。

「あした浜辺をさまよえば／昔のことぞしのばるる／風の音よ雲のさまよ／よする波もかいの色も」（林古渓）。またこれは文部省唱歌である。「われは海の子白波の／さわぐいそべの松原に／煙たなびくとまやこそ／わがなつかしき住家なれ」。

日本人にとって海は生活の一部なのである。そして海浜は地域の住民にとって散歩、海水浴、潮干狩り、自然景観、オープンスペース、水の浄化、稚魚の育成などいくつもの役割をもつ居住福祉および漁業などの生産空間である。

しかし高度経済成長時代、日本の海岸線は石油化学コンビナートなどで占められた。代わりに海辺に小さな人工的プールなどの作られる場合もあったが、自然の海岸はただ泳ぐだけの存在ではない。兵庫県高砂市で起こった「入浜権運動」は、海岸線が歴史的に生活空間であり、そこに入る権利が住民にあるという「入浜権」を宣言し、訴訟も

起こした。住民にとって、海岸線は居住福祉資源と言ってよい。以下は「入浜権宣言」（1975年）の一部である。

「古来、海は万人のものであり、海浜に出て散策し、景観を楽しみ、魚を釣り、泳ぎ、あるいは汐を汲み、流木を集め、貝を掘り、海苔を摘むなどの生活の糧を得ることは、地域住民の保有する法以前の権利であった。また海岸の防風林には入会権も存在していたと思われる。われわれは、これらを含め『入浜権』と名づけよう」

入浜権運動を紹介した本間義人さんは著書『入浜権の思想と行動』（御茶の水書房、1977年）の中で、次のような水島生協病院丸屋博医師の話を紹介している。浜は医療空間でもある。

「昔は体力のない子に、夏の海で徹底的に体を灼くよう指導すれば、たいていの子が健康を回復してきたものですよ。それがいま、もうできない。そのうえ工場による大気汚染で、体力のない子はますます弱るばかりで、医師としてこんな苦しいことはありません」

また、元高校教師で地理を教えていた松木文雄さんはいう。

「海岸もまた緑地として大きな役割を果たしていました。広くてきれいな砂浜のほかに松並木があり、アシのはえた湿地は野鳥の天国でした」

［居住地の教育力］

子どもたちの心が荒れている。いじめ、校内暴力、登校拒否、家庭内暴力、ホームレスに石を投げるなどの弱い者いじめ、家の内外での非行、その他殺人にいたるような「犯罪」が起こっている。その背景にはさまざまの要因があるのであろうが、子どもの住んでいる街や村、居住地のもっていた教育力の衰退をみないわけにはいかない。

前述の寺社仏閣のほか、かつて街の中やまわりに存在した川や池、野原、里山等々の自然は、子どもにとって自由で想像力を養う空間であった。それは全国津々浦々で見られることである。管理された人工的な公園や遊戯施設はこのような役割を果たせない。現在の子どもたちは、ゆたかな自然の中で風の音や川のせせらぎ、鳥の声を聞いたり、

小川の魚取りや蝉捕りに夢中になったり、夕焼け空の紫雲に感動する、あるいは周りにお年寄りや障害者がいて、いたわりの心を育むといった環境を持っていない。小さい頃から受験勉強に追いたてられ、自分をとりもどす時間的余裕さえない。それで、「ゆとり教育」といった教科の負担を軽くする教育制度改革が登場したりしているが、肝心のことが置き去りにされている気がする。

高齢者の望ましい居住形態として若者や子どものいる普通の街に住む「ノーマライゼーション（標準化・正常化）」の意義が説かれて久しいが、子どもにとってのノーマライゼーションが必要である。

4　居住福祉資源の発見と実現

それでは、「居住福祉資源」の発見、評価、再生、創造はどのような道筋で可能になるのか。街や村は人間が生きる社会的生活空間であり、「住」を「人が主」と書くのは漢字の妙だが、自覚した市民が主権者になり、自治体の首長がそれに奉仕するのでなければ、住みやすい都市も村も国もつくれない。その論理を私は「居住民主主義」と呼ぶ。キィワードは「自治と結びついた居住福祉資源」の発見・再評価である。

［3つの情景］
○地震の翌日、被災地に飛んだ片山善博鳥取県知事

2001年10月6日の鳥取県西部地震の翌日、片山善博知事は被災現場にヘリコプターで飛んだ。そして、「この土地に住みつづけたい」と涙する住民の姿に接し心をうたれた。片山善博知事はその思いをこう説明している。

「私はこのたびの鳥取県西部地震の復興を通じて多くのことを学びました。その1つは、常に現場に赴き、当事者の実相を［自分の目で見る］ということです。その際、必要な施策は国の補助制度があろうとなかろうと実施するという姿勢とスピード感が大切です。また、［自らが被災者の立場になって考える］という姿勢が欠かせません。

自分が被災者であったとしたら、最も大切なことはいかに生活を安定させ、不安を解消するかということです。その際、できる限り災害が発生する前の姿に戻すことが基本になります。住み慣れた地域や界隈、生活の拠点である住宅、近所付き合い、自分を取り巻く風景、さらには聞きなれた鳥の鳴き声に至るまで、日常なんとも思っていなかったこれらのことが、私たちの生活にとって実は大切な構成要素であり、安心して暮らすためのインフラ（経済基盤）でもあるのです。このことは高齢者にとってはとりわけ重要な意味を持っているでしょう。

災害が起こった場合に、ともすれば［この際よい町づくりを］という考えが出てきます。しかし、その考えは100年後を睨んだ町づくりのためには良いことかもしれませんが、目の前でいま困窮し、不安にさいなまれている被災者にはなんの意味もありません。100年後のことは平時に考えるべきであって、復興に当たっては目の前の被災者のことを第一義に考えるべきです」（早川和男・野口定久・武川正吾編『居住福祉学と人間』2002年3月）。

片山知事は住民がいなくなると地域が崩壊するとも考えた。そして、土地に留まりたいという高齢住民の強い願いに応えるため、全国で初めて1戸当たり300万円（町村も独自に100万円）を住宅再建助成金として支給した。

さて、このような片山知事の認識は、初めからあったのではない、と私は思う。「柱にしがみついても、ここを動かない」と訴える老婆の姿に接して、その意味を理解し心を動かされた、のではないか。「常に現場に赴き当事者の事相を自分の目で見ること」からその意義を学んだのだと思う。それが、被災者の生活基盤回復の施策を政府の抵抗を押し切って誕生させた。

○震災9カ月後、初めて被災者と会った笹山幸俊神戸市長

正反対なのが笹山幸俊・神戸市長であった。震災後9カ月を経た95年10月18日、六甲山中の北区藤原台第1住宅ふれあいセンターでの意見交換会「ふれあいトーク」で、4つの仮設住宅団地自治会長や

地元ボランテイアの代表らと、約1時間半にわたり交流した。仮設住宅住民とは、震災後初めての懇談会であった。

「ふれあいトークでは、出席者6人が"入居から自治会結成までの苦労話や手芸教室などの自治会活動の現状を報告"。その後、"復興に力を注ぐため、神戸空港は凍結してみては""次第に自立する人も増えるだろうが、その後仮設住宅の再編を行うのか""公営住宅の家賃は低く抑えてほしい"などの意見が出され、笹山市長は"神戸は港が経済に占める割り合いが大きい。早く企業や住宅が元に戻よう頑張りたい"などと答えた」。

「ふれあいトーク終了後、避難所生活者らでつくる県被災者連絡会のメンバーら約10人が市長との面会を要求、市職員や警官らと一時小競り合いとなった。同会は旧避難所や仮設住宅の環境整備、空き仮設住宅の市街地への移設などを求めているが、市の担当部局が8月中旬以降、"既に市の見解は回答済み"として交渉を拒否しているため、市長への直談判を行った。しかし、市長は公用車に乗り込んでいたため、同住宅団地の出口で、メンバーと市職員、警官らがもみあいとなり、結局、市長を乗せた車は約30分間、立ち往生した後、会場を後にした」。

「仮設住宅の住民は騒然とした現場を遠巻きに見守っていた。震災で体調を崩し休職中の男性(47)は"老人の独り暮らしや住宅再建など皆それぞれに深刻な問題を抱えている。市長はもっと多くの住民と直接話し合うべきでは"と話していた。また、兵庫区の自宅が全焼、夫(62)の年金だけが唯一の収入源という女性(62)は"住宅を視察する市長に夫が声をかけようとしたら、職員に止められた。仮設住宅の入居期限のことや職探しの困難さを聞いて欲しかった。市長歓迎のため、草取りをしたり花を置いたのに"と残念そう」(神戸新聞95.10.19)。

震災後、神戸市内の避難所は真冬の極寒の学校の講堂や体育館で、神戸市は暖房を禁止、5万人以上の被災者は毛布やふとん1枚で寒さをしのいだ。大勢の避難者が風邪をひき、肺炎になるなどで約900人が亡くなった。その後建設された仮設住宅は六甲山の奥やポートアイ

ランドなどの僻地で、被災者252人が孤独死や自殺した。

神戸市は、震災後の3月、被災市民の反対運動が市庁舎をとりまく中で、道路拡幅、土地区画整理、都市再開発を中心とした都市計画決定を強行採決した。その後も約半年間、市長は被災地を訪れることも被災者に会うこともなく、一切市民の前に顔を見せることなく（上記訪問が最初）、市庁舎に閉じこもって都市計画の線引きをしていたといわれている。被災者の住宅再建資金500万円を要求する市民運動の支援はおろか、「個人資産に税金は使えない」という政府見解を支持し、「市営神戸空港は防災に必要」と、市民の猛反対を押し切って着工、「被災者の復興援助を先に」という要求を退けたのであった。

この街の課題は、長年の開発一辺倒の「株式会社・神戸市」の都市経営にあることはいうまでもないが、それを容認し、今なお支持ないしはその反市民的性格の変革に無関心でいる多数派市民の存在が問われる。その変革なしに神戸が安心して住める居住福祉の街になることはない。

片山知事と笹山市長の相違はどこから来ているのか。結局、町の主権者としての市民の実情に接し、その声を尊重するかしないかの差異といってよいであろう。それが、1人の流出市民を招くこともなく被災者の生命と暮らしと地域社会を守ったことと、逆に大量の2次災害（避難所で900人以上の死者―再掲）、3次災害（仮設住宅で252人の孤独死・自殺者―再掲）、地震後10年の今なお多数の犠牲者を作り続ける4次災害（復興公営住宅で350人以上の孤独死・自殺者）、そして生活再建の出来ないでいる被災者を今なおそのままにしていることになる根本の原因と、見るべきであろう。

[ハンセン病患者による街づくり]

「栗生楽泉園」は群馬県草津町の草津温泉街から約3キロメートルはなれた空気清浄な高原の気候と豊富な湯量を活用した高原温泉療養所で、1932年に開設された大規模なハンセン病国立療養所である。

約73万平方㍍の敷地に237棟の建物がある。一時期は1,300人以上が入園していたが亡くなる人も多く今は約220人になった（「栗生楽泉園の概況、平成16年9月1日現在より）。

2001年5月の熊本地裁判決およびその後の厚生労働省、全国原告団、同弁護団連絡会及び入所者協議会の三者による確認事項が合意され、その1項として「在園保障」があげられた。それで、在園者に①希望する現在地での終生の生活と②現在の条件をさらに発展させ「社会の中で生活すると遜色のない水準」を確保し、ひろくハンセン病患者、家族に安心を保障する療養所の将来構想が求められている。

「栗生楽泉園とまちの明日を創る会」（会長・中澤敬・草津町長）は、2004年7月、坂口厚生労働大臣他に対して要望書を提出した。中身は「栗生楽泉園を社会化すること」、具体的には、ⅰ療養所の医療保障を地域医療に位置付けること、ⅱ障害をもつ人、高齢者、住民との共生を可能にするため現有施設を有効活用すること、など。

さて、私はこの将来構想作成に協力したのだが、楽泉園の形成が入園者の参加・協力によることを知って感動した。これこそは居住者主体のまちづくりであると感じた。そのいくつかを記したい。

○盲導鈴と音声表示機に導かれる居住者

ハンセン病は主として皮膚と末梢神経の侵される病である。瞼がふさがり、視覚障害になる人も多い。04年9月現在、229人の在園者のうち222名が不自由者、視力障害1級47名。

さて、この療養所内では「全盲の人も、健常者以上のスピードで自由に動き回れます」（楽泉園盲人会・松沢清之会長の話）。園内の道路交差点50個所に赤外センサーのついたオルゴールが設けられ、朝6時から夕方7時まで、人が近づくと童謡を流す。「盲導鈴」と呼ばれ、各地区、場所でオルゴールの曲は違っていて、障害・高齢者の住む不自由者棟のセンター地区では1～3月雪やこんこん、4～6月咲いた咲いたチューリップ、7～9月雀の学校、10～12月焚き火など。

また、全地区の棟や病棟、公民館その他すべての建物の入り口、廊

第5章 居住福祉社会の形成と居住民主主義

下などに「音声表示器」が取り付けられていて、人が近づくと赤外線センサーで「西1号棟角です」「藤の湯（温泉）西南です」という風にアナウンスする。この表示器が屋内・屋外各35カ所、計70カ所ある。これらの音声に導かれて、視覚障害の人たちは自由に街を動ける。

「盲導鈴がいちばん頼りです。曲とまちが頭に入っているので、今どこを通っているかわかる。音声表示器でまたわかります」。

気がついた。一般の街でも目の不自由な人は、まちの中の音や光や風向きやにおいに導かれて動いている。地域独特の人の声やもの音、ざわめき、車や電車の音、隣人や近所の店の人の声、鳥の声、風や水の音、スピーカー音などなど。これらの慣れ親しんだ音が都市再開発で街が変容したり、地震で街が壊されたりして「音環境」が一変すると、目の不自由な人や視力の落ちた高齢者などは動けなくなる。楽泉園の盲導器と音声表示器は「音のカナビー」を作りだしたのである。

しかし、ここにいたるには様々の苦心があった。最初は道に沿って針金の「盲導線」を張り空き缶を吊るし、線を伝って歩く際に「ガランガラン」という音をたてた。道路に白いラインを引き、鉄パイプの盲人保護柵を杖で叩いたり（これは今も残っている）、目覚まし時計のセコンド音を道端のスピーカーでながしたりしながら歩いた。

盲人のための電動式盲動鈴を設置しなければと考えていた患者自治会は、1952年貞明皇后の多額の遺金を受けて、京都から盲導鈴7基を買い入れ、園内に取り付けた。近所の人に朝夕の点滅を頼んだところ、鳴らない日がしばしばある。点滅を忘れて夜通し鳴り、煩いと止める「晴眼者」もいる。故障が起こる。その後、様々の経過をへて現在のものになった（『湯けむりの蘭』栗生盲人会50年史、1986年）。その他様々の試みを経て楽泉園は「音のカーナビー」の街になった。

ふと気がついた。普通の街でも、目の不自由な人や視力の弱った高齢者は様ざまな音や光や風向きや匂いなどに導かれて移動している。聞き慣れた地域独特の人の声やもの音、近所の店の音、ざわめき、電車や車、スピーカーの音、鳥の声や水音、鐘の音など、長年続いてきた町の音環境が、都市再開発で変容したり災害で壊され一変すると、

動けなくなる。音を視覚障害者のために積極的に利用した楽泉園の試みは、高齢社会の街のあり方を先取りしている。

○**建築設計への参画**

　身体不自由者棟を案内してもらった。ながい廊下を挟んで両側に居室がある。中廊下でつながれた各棟の中央部にひろい食堂兼談話室がある。「これはすぐグループホームになりますね」と私が言うと、案内の茂木良平・楽線園福祉課長は「そうです。設計するときから元患者の要求と提案でできたのです」といわれる。そういうことは他にも沢山あることが分かった。押し入れは奥行きが2列になっていて、夏冬で前と後ろの引き出しを入れ替える。だから奥行きがひろい。部屋は4畳半だが、実際の面積は少しひろい。これも入園者のアイデア。トイレは82年から自動洗浄器が導入されている。

　こうして、建物、室内のデザインはすべて在園者、自治会役員と何回も相談し要望を受け入れて実現したという。すべての街、建築づくりには、入園者のアイデアが反映されている。そうだからこそ、不自由な身体でも暮らし生きていくことができたのだろうと、思われる。

5　居住福祉を可能にする居住民主主義

[居住福祉資源形成の論理]

　筆者は、かつて小著（『居住福祉の論理』岡本祥浩共著、1993年・東京大学出版会、『居住福祉』1997年、岩波新書）において**図表**（イラスト）を提示した。そこには2つの主題があった。

　1つは、「住居は福祉の土台」ということである。例えば、政府が在宅介護の推進を図っても困難である。施設入居の希望者が多い。段差の解消や手すりをつけるバリアフリーで家の中を動きやすくするといっても、行動を阻む狭さは簡単に解消できない。車椅子などの福祉機器も使えない。老朽住宅や過密住宅地では、地震や延焼を防げない。福祉の原点ともいうべき生命を守ることができない。

　イラストの意義はもう1つある。冒頭にも述べたように、現在の福

第 5 章　居住福祉社会の形成と居住民主主義

住居は福祉の基礎

出産　　失業　傷病　　障害　　高齢

出産・児童手当	雇用保険	労働災害保険	医療保険	
出産・育児休暇	母子年金	障害年金	遺族年金	老齢年金
保父母	保健婦	医師	看護婦	理学療法士・作業療法士	生活保護	介護休暇
保育所	養護施設	障害者(児)施設	ヘルパー	ソーシャルワーカー	移送サービス
保健所	診療所・病院	リハビリテーションセンター	デイサービスセンター	老人ホーム

老人保健施設

生 活 環 境

住　宅

　　　　　　　　図表　早川和男『居住福祉』（岩波新書）

祉は医療や福祉サービスなどの個人的消費で、その都度消えていく性格を持っている。それに対し、安全で快適な住居やまちは、その存在自体が人々の健康、福祉を守る役割を果たす。同時に、絶えざる財政支出を伴わずに子孫に受け継がれ、「健康・福祉資本」として社会の

177

富を築いていく。事後対応的な消費による医療・介護の前に、良質の居住環境ストック形成による健康と福祉の可能性を追求していかねばならない。その視点を欠くならば、社会福祉政策は、劣悪な住環境がつくりだす医療・福祉需要のしりぬぐいに追われることになる（居住条件と医療・福祉需要の発生・療養の困難等については『居住福祉の論理』参照）。

因に経済学をはじめ多くの学問分野はフロー（金銭）中心で、ストックの視点からのアプローチは著しく弱体である。居住環境ストック、つまり住宅や町や村、国土など自体が健康、暮らし、福祉の土台になる居住福祉社会構築の研究が必要である。

以上のように、住居や居住環境は福祉の基礎といえるが、住居がありさえすればよいわけでない。人はすべてどこかに住んで生きているのであり、どのような居住環境であれば福祉の土台となりうるのか、どのような居住環境はどのようなプロセスで可能になるのか、が問われる。つまりは、福祉の土台となりうる居住環境とは内か。それがこれまで述べてきた「居住福祉資源」である。

◯主体の形成

筆者は先に、欧米諸国の一般に美しい町並みや高い居住水準や居住福祉環境は住む主体である市民の様々な居住権運動が結実したものであることを紹介した（『人は住むためにいかに闘っているか――欧米住宅物語』新装版・東信堂、参照）。

1996年6月の第2回国連人間居住会議（ハビタットⅡ）は「居住者が居住計画の策定に参加することによって、住みやすい居住空間ができる。それも居住の権利」という「居住の権利宣言」を採択したが、それこそは居住民主主義課題である。前述の栗生楽泉園は、社会的偏見や不自由なからだを抱えながらも、在園者の参画によって真に住みやすい居住福祉空間が生まれた事例であった。

○むすび：現実から学ぶ——居住者主権が居住福祉をつくる

 ある高校の家庭科の先生からこんな質問を受けた。教科書に「住居は基本的人権」と書いてある。自分もそう思う。しかし生徒には伝わらない。どうしたらよいか、と。

 「貧しい住居に住む家族や居住権を脅かされている人を現地に訪ねたらよい」と私は答えた。専用のトイレも台所もない古くて狭いアパートで過ごしている高齢者や過密居住の家族、強制立ち退きを迫られている人々に接したら、安全で安心できる住居がいかに人権と関わっているかがわかる筈である。

 また、居住環境を守る運動を通じての認識である。入浜権、駅舎や商店街、鎮守の森や日照権、見慣れた山の稜線などを守る市民の運動の思いもみなそうである。都市再開発でコミュニテイを失い、まち壊しを防ぐことが居住福祉環境を守ることだと多くの人が気づいた。

 住民が地域の現実や地域の居住福祉資源や住民の取り組みに目を向けることは極めて重要である。以前、ハンガリーのブダペストを訪ねたとき国立博物館に案内された。そこでは１つの写真展が開かれていた。テーマは「僕らの孫も見えるかな」。ある写真家が呼びかけ、街のたからで孫に残したいと思う風景を市民から募集したものである。一本の樹木、川のせせらぎ、古い倉庫、細い路、小さな教会その他身の回りの思いでの多い風景がたくさんあった。この展覧会のあと、市民の街を見る目が変わり環境を大切にするようになったという。

 「人間は、環境と対話し環境に働きかけることで環境の価値に目覚め、認識が変わり深まり、そうしてつくられた新しい環境が人間の生活の質向上に寄与していく、という環境と人間の相互作用がある」（早川・前掲書）。その土地に住む人が自らの働きかけで地域をよくしていこうとすることが、居住福祉環境を形成するのであろう。それが市民の「居住の権利」であり、「自治の原点」であり、この国を住みよくする原動力になるのだと思う。

[早川和男]

補論　居住福祉が平和をつくる
――戦争と住宅難民、イラク攻撃について考える

まえがき

　現在、「改憲」が声高かに叫ばれ、現実の政治日程にのぼろうとしている。「居住福祉」「居住の権利」は憲法25条の生存権の基礎だが、安全で安心できる居住福祉は平和が前提であり、9条の「戦争の放棄」とも関係する。

　2003年5月2日、広島の市民団体主催による憲法集会前夜祭に招かれ、標記の講演をした。依頼の趣旨は、「護憲」といえば9条が中心だが、なかなか日常の市民運動にむすびつかない。『居住福祉』（岩波新書）には、「安心できる居住」は基本的人権でありその実現には平和が必要、と書かれている。これは、日常の「住む」という身近かな視点からの護憲論だ、ということであった。日本平和学会の元会長など「平和学」の専門家や非核運動の活動家その他が参加されていた。「居住福祉」概念が平和団体に受け止められていることを知り、あらためて「居住福祉学」に示唆を与えられたように思った。

1　「居住福祉」は憲法の理念であり、市民にとっての「危機管理」は日常の行政姿勢（不断の努力）にある

　(1)　阪神・淡路大震災の犠牲者のほとんどは住宅の倒壊が原因で、日頃から劣悪居住や居住差別を強いられている高齢者、生活保護世帯、障害者、被差別部落、在日外国人などに犠牲が多かった。いずれも市場原理・自助努力の住宅政策の犠牲者である。

　それは、「憲法」(前文) 国民主権、(9条) 戦争の族乗、(11条) 基本的人権の享有、(12条) 自由及び権利の保持責任他、(13条) 個人の尊重、生命、自由及び幸福追求の権利、(14条) 法のもとの平等、差別の禁止、(22条) 居住移転の自由、(25条) 国民の生存権・国の社会保障的義務、

(27条) 勤労の権利他、(29条) 財産権の保障、(35条) 住居侵入他に対する保障、等々の憲法の諸条項に不実であった戦後政治の結果である。これらに則った「居住保障」「居住福祉」政策の実現を新たな護憲運動としてとりくむ必要がある。

(2) 有事法制にいう危機管理とは、市民にとっては、これらの憲法諸条項に対する政治と行政の「不断の努力」(憲法12条) にあると言える。「阪神大震災」はそれを怠った結果である。震災後、学校の体育館などの避難所では約900人の被災者が亡くなった。だが、老人福祉施設に避難した老人の命は守られた。老人ホームは元もと心身の弱った高齢者を支える施設であり、生命を守ることはその延長線上にあった。だが、神戸市の老人・障害者などの福祉施設は政令指定都市12の中で最低水準で、かつ殆どが開発行政の一環として六甲山中にあり、救済に役立たなかった (『居住福祉』)。そのほか、1974年の大阪市立大・京大による神戸大地震の警告 (情報開示) の市当局による隠蔽等々が「大震災」につながった (『神戸黒書』旬法社)。

危機管理とは日常、市民の生命や生活を守る行政と街にすることが基本である。「平常心是道」とは禅の言葉だが、日常的に市民の安全や福祉や環全に力を注ぐこと、つまりは憲法に忠実な行政が防災につながるのである。「大震災」は開発至上主義・市民生活軽視の「株式会社・神戸市」の行政が最大の原因である (『災害と居住福祉』)。震災後当時の市長は「市営空港が防災に役立つ」と言ったが、「道は近きにあり、人却ってこれを遠きに求む」(孟子) ものである。

2　戦争と居住福祉

(1) 安全で安心して住むことのできる「居住福祉社会」の実現は、平和や地球の存続が不可欠の条件であり、戦争に反対し地球環境を守ることと不可分の関係にある。

戦争はいつも大量の人間を殺傷する。第1次世界大戦ではドイツ、ロシア、フランス、オーストリア、イギリス、イタリア、アメリカな

ど主な国だけで兵員の死亡者は約770万人、行方不明者約710万人にものぼる（アメリカ陸軍省調べ）。第2次世界大戦全体の犠牲者は約600万人で、その7割前後は一般市民といわれる。戦死者は約2,200万人で、そのうち日本約30万人、ドイツ210万人、アメリカ41万人などである。行方不明者はソ達約200万人、中国1,000万人、ポーランド600万人、ドイツ290万人などで、その数は戦死者を上回る（『ワールドアルマナック』などによる）。この地球上で戦争ほど残酷なものはない。

戦争はその後も続く。朝鮮戦争での兵員の死傷者20数万人、民間人100数十万人。ベトナム戦争では兵員の死傷者20数万人、民間人の死者約300万人、負傷者約600万人、ボートピープル・枯葉剤による後遺症などは約130万人と推定されている（朝日新聞などによる）。そして、今回のイラク攻撃である。

(2) ところで、戦争は人を殺傷すると同時に街と住宅を破壊する。第2次世界大戦で日本は119都市が「じゅうたん爆撃」で壊滅的な戦禍を受け、福井市をはじめ10都市は市全体の8〜9割、27都市は7割以上が焼失。全人口の2割を占めた6大都市では京都を除いていずれも5〜6割が焼かれた。戦争で焼失した住宅は計215万戸。その他、戦時中の疎開による取り壊し、建設不足、引揚者用不足などを入れると、敗戦時の住宅不足数は420万戸と政府は発表した（西山夘三『すまい、考今学』彰国社）。

戦後の住宅難は深刻であった。多数の野宿者・孤児が路上にたむろし、壕舎、廃バス、兵舎、廃材や焼けトタンを利用したバラックなどに身を寄せた。

人の命を奪うことの非人道性はいうまでもない。路上によこたわる無残な死体は戦争の残虐さを物語っている。同時に、家を失った人たちにも眼を注ぐべきであろう。戦争や民族・宗教紛争等で家を失い、土地を追われ、ボロを身にまとって路上をとぼとぼと歩く難民の大群は、雨風や暑さも寒さも飢えもしのぐことはできない。からだを休め

ることも、病の治療も、食べ物も、すべてはキャンプに着いてからである。だが、難民キャンプのスラム同然の劣悪さ・不衛生・過密居住では、心身を癒すことも生きる希望を持つこともできない。健康的で快適な住居は、まさしく「生存の基盤」なのである。

(3) イラク攻撃によってどれだけの家屋や水道などのインフラが破壊されたかは不明だが、劣悪な居住環境と劣化ウラン弾などの後遺症で多数の子ども、そして大人が病気になり、死んでいっているという。

攻撃による直接の死傷者もさりながら、自然・居住環境破壊の影響ははかり知れない。戦争は、人間生存の基盤である地球環境を損なう。これらの野蛮で非人道的な行為は、平和と不即不離の「居住福祉」の理念の対極にある。国連難民高等弁務官事務所によれば、世界には約2,500万人以上の難民がいる（2003年現在、緒方貞子氏の話）。居住福祉・居住保障にとりくむ者は、戦争という野蛮な行為を阻止し平和を守ることに無関心でおれない。

3　居住福祉・居住保障と居住の権利闘争

(1) 安心して快適に住み続けられる居住福祉は自然にはできない。一般的に、欧米の高い住居水準は人々の『居住の権利闘争』の成果であった（『人は住むためにいかに闘っているか』）。居住福祉の実現は、居住の権利闘争抜きに成立しないといってよい。1996年6月、イスタンブールでの第2回国連人間居住会議（ハビタットⅡ）は「居住の権利は基本的人権」という「居住の権利宣言」を採択し、その中で「居住政策策定への居住者参加が住む能力を発展させ、住みやすい居住環境をつくる。それも居住の権利」を重要な柱としてあげた。それは、日本国憲法前文「国民主権」、12条の「不断の努力」にあたると言えよう。阪神大震災による仮設住宅その他での大勢の孤独死なども、復興委員会等に被災者代表が1人も入っていないことと無関係ではない、と思う。

(2) ところで、前ブッシュ政権下の1989年10月7日、全国から約25万人が首都ワシントンに集まり、「爆弾より住宅を」を最大のスローガンに掲げた大規模な住宅要求デモと反戦運動をむすびつけた。アメリカにもそういう時代があったことは記憶されるべきであろう。この集会の企画に加わったのは、AFL・CIO（米国労働総同盟産別会議）、アメリカ子ども福祉連盟、グレイ・パンサーズ（老人福祉団体）、人権キャンペーン基金、全米教育協会、全米住宅会議、合衆国平和評議会、全米女性機構、プランナーズ・ネットワーク、全米市長会、合衆国YMCA・YWCA、平和と自由のための国際女性連盟、全米ソーシアル・ワーカー協会、全米黒人女性評議会、全米ホームレス同盟など96団体であった。ワシントン・ポスト（1989年10月8日）によると、それは1960年代以来の最大の住宅デモであり、ピッツバーグのレンガ職人、ボストンの牧師、フロリダの中小企業サラリーマン、そしてハリウッドの有名人までが参加し、そよ風が吹き太陽が燦々と照らす国会と官庁街のモール（広場）を行進した。

同紙はデモ参加者へのインタビューをのせている。ワシントンD.C.市長「1年に300億ドルもの大金を防衛費に費やすのでなく、それをホームレスの人々、高齢者、知恵遅れの子どもたち、そしてすべてのアメリカ人に分配すべきだ」。オハイオ州知事らもレーガン政権時に住宅助成金を大幅に削減した連邦政府を激しく非難した。37歳の女性「私は共和党員ですが、ブッシュ大統領はなぜ膨大な額で爆弾を購入することを正当化できるのでしようか。彼はなぜ民衆が居住するのに必要な土地を提供しないことを正当化できるのでしようか」。

このデモの効果について筆者は情報を得ていない。だが、広範な層の人々の住宅保障への要求と戦争反対の声の強さには目を見張る。

(3) すべての人間が平和で幸福で安心して生きられる居住福祉社会を実現するには、戦争をなくし、各国の軍事費を縮小して福祉にまわし、先進国が開発途上国の経済的自立を援助し、「人権と居住民主

主義」に根差した「持続的居住可能な地球社会」をつくっていくほかない。

1人の市民として平和や人権に関心を持つのは当然だが、自分の専門と思想や社会的関心を一体化させることも大切なのではないか。今ほど研究者や専門家の主体性のある生き方が求められている時代はないと思う（西山夘三・早川和男『学問に情けあり』大月書店）。

《附》 居住問題研究者の社会的任務

早川和男

I 権力に迎合する学者たち
──審議会や委託研究で批判力失う

　もうだいぶ前から現在の日本の世相は戦争前に似てきたといわれる。私は満州事変の始まった昭和6年生まれだからその辺のことはよくわからないのだが、私の身辺を見ているだけでも「ああ、日本人はこんな風にして戦争にまきこまれていったのだなあ」と、あたかもパノラマを見るようにわかる。

　昨年（1984年）2月、中曽根首相が国公有地の民間への払い下げを指示したとき、都市問題にかかわりをもつ学者・専門家は驚いた。国公有地は国民共有の財産でありむやみに払い下げてはならない、利用にさいしては住民参加のもとに立ち遅れた生活環境整備に使うべきだという声明を出したが、そのとき東京のある進歩的大学教授は「学者がいちいちそんなことに反対していたらきりがない」と署名を拒否した。電話口に出た私にはたいへんショックだった。

　現政府がつぎつぎにうちだす平和や自由や生活を脅かす法案や政策はまことにうとましい。だが放置しておけば事態はどんどん進行する。さすがにこれはいけないと気がついたときは既成事実がつみあげられ、引き返すことのできないところへ来ている。そのことは先の戦争で経験したのではないのか。わずらわしくとも間違いは正さなければならない。それが学者の責務であり存在意義である。

　ある運動団体が裁判の証言を頼みにいったところ「そんなことをしたら委託研究がこなくなる」と断った大学教授がいた。委託研究は行

政機関が直面する課題に答えるもので、テーマと金がいっしょにやってくる。だが、それをつづけていると<u>本質的なもののみかたができなくなる恐れがある。</u>

　また、戦後、大学教授が審議会の委員になることがふえた。だが、現在は既存の学識では解けない、くわしく調査しないとわからない問題も多い。いくつもの委員をしているとそんな時間もなく、行政側の説明をうのみにせざるをえなくなる。あるいは人間関係を損なうのを恐れて批判をひかえる。役所のほうも異論を唱えるものははずし、行政追随者を集めたがる。4年前の神戸市長選挙のおり、いくつもの新聞から市政について意見をもとめられた。東京から移って間がないからと断るのだが「高名な先生は神戸市政についてのコメントだけは勘弁してくれといわれる。あなたは来たばかりで遠慮はないはずだ」という。そういう状況もうまれてくる。その後の生活で合点のいくことも多い。

　政府、公団、公社、自治体などいくつもの審議会委員として公共住宅の後退や家賃値上げ合理化などの役割をつとめている教授もいる。文部省は委員などの兼任を7つ以下としているが、せいぜい3つに制限すべきだろう。それを10以上やっていると思われる人もいる。隠れみのどころかちょうちん持ちの役割まで果してくれるからであろう。

　学者は高度成長期をつうじて権力に迎合すると金になることを知ったのだろうか。故羽仁五郎氏は「外面に信念を云々しながら何の原則の確信があるわけでなく、自己または自己一派の栄達しか考えていない」「<u>批判的でない学者、ものほしそうな学名が今日多すぎる</u>」とのべていたが、これでは学問の自由、学者の権利と義務の放棄というべきであろう。それは「・自・分・の・権・利・を・他・人・の・足・下・に・投・げ・捨・て・る・こ・と、自分自身に対する人間の義務に違反すること」（カント、傍点引用者）である。

　このような状況がつづけば、やがては国家機密法によるファシズムへの道へまっしぐらということも起きてこよう。学者としての権利のために闘う人はけっして少なくないが、同時に現実に追随し時流に便

乗して怪しまない大学教授の多数存在する現在の世相を憂えざるをえない。

(『朝日新聞』「論壇」1985年9月23日)

*　　*　　*

1　神戸市の風景

　1978年春、私は長年勤め建設省の建築研究所を辞して神戸大学へ赴任した。神戸の街には以前から良い印象をもっていた。一般に抱かれている明るさ、進取性、国際性といったイメージは、いずれも私にとって好ましいものであった。神戸に来て、ステーキとはこのように旨いものだったかと、はじめて知った。新設学科で研究室が工事中ということもありしばらくうろうろし、講義が軌道にのりかけようとしているときに、幸運にも文部省の在外研究員として1年間海外に出かけることになった。神戸大学への長期在外研究員の割当てはながらく毎年5人で、工学部はその年6番目の順位で申請しても無駄という考えが全員にあった。それを知らない私が書類を出しておいたところ、その年から6人にふえて、思わぬ幸運に恵まれたのであった。

　そのようにして2、3年を経過した1981年秋、神戸市長選挙があった。宮崎市長はすでに3期をつとめ、全党与党、当選はだれの目にもあきらかであった。ところが私は3つ、4つの新聞社からこの市長選について、あるいは宮崎市政そのものについて意見を求められた。研究室を訪ねてくる記者、深夜、おそらく原稿のしめ切りまぎわの時間なのであろうか、電話をかけてくる記者……。私のようなものになぜ、と訝ったが、やがて理由がわかる。ながく神戸にいる大学教授たちは市政批判を避けるというのである。その点わたしは来たばかり。なんの遠慮もないはずである。そのうえちょうど開会中のボートピアへ、入浜権運動をすすめている高崎裕士氏や千葉大教授の木原啓吉氏らと「ボートピアを批判的に見る会」などと称して見学に行き、その様子が数社のテレビ局で報道されたことで、目をつけられたのかもしれない。

しかし私には、大学教授が行政権力の重みに押されて発言を差しひかえるなどということは、想像できないことであった。それでその後知りあった人たちから話を聞くと、大勢の大学教授が市の審議会委員をしていて、それが影響しているのではないか、というのが共通した意見であった。それもまたおかしな話で、私も審議会委員をいくつか経験したことがあるが(「国民生活審議会」ほか)、意見を差しひかえたことは一度もなかった。しかしここでは行政の意向に反する発言をするとすぐ首になるから、委員をつづけたいものは自己規制するのだと教えられた。もしそうなら、これはもう戦時中の大政翼賛会とおなじではないか、と思った。

それで、1年ほど経て神戸新聞から随想欄への寄稿をたのまれたとき、その何回目かにその後の見聞もふまえ、「学者と行政」と題してつぎのような1文を寄せた。

——知事選は坂井さんの4選。対立候補が分裂していて現職にかなうわけがあるまいに。

選挙といえば、昨年の市長選ではいささか迷惑をうけた。いくつもの新聞社から「こんどの選挙をどう思うか」「神戸市政をどう見るか」という電話。東京から移ってきたばかりでよくわからぬ、もっと適切な人に聞いてくれというのだが、許してくれない。曰く。「高名な先生がたは"神戸市政の批評だけは勘弁してくれ"といわれる。あなたは神戸に来たばかりでそんな遠慮はないはずだから」と執拗である。しかたなく「野党のいない政治はだんだん謙虚さを失なって、よくないのではないか」「神戸は港湾都市だから港を拡張する必要があるのはわかるが、無闇な埋立ては自然破壊につながるのではないか」などと答えた。

大学人が地域社会に奉仕するのは意義あることである。学問の成果が行政に反映し街と市民の暮らしがよくなっていくなら、素晴らしい。だがそうなるには、学者は時流に流されず、権力に追随せず、つねに真実を見極め、主張し、人びとの生存や未来に災厄をもたらす危険を察知すれば遠慮なく正していく姿勢を堅持せ

《附》 居住問題研究者の社会的任務

ねばならない。それが学者の存在意義であり、学問の自由、大学の自治が尊ばれねばならぬゆえんである。(中略)

　議会人は与党でいたいために反対をしない。<u>もっとも批判精神をもつべき学者</u>は「主人」の批評は勘弁をという。小さな市民の声は無視される。空港建設などという神戸市民を犠牲にするおぞましい計画が頭をもちあげているのも、こういう体質と関係があるのではないか。(1982年11月17日) ──
これが出たあと何人もの市民から手紙をもらったり、来訪をうけた。ある人は「神戸にもまだあなたのような大学教授が残っていたのですか……」と書いてきた。そんなことはない。立派な学者がたくさんおられる。むしろ行政の御用学者をつとめているのはごく少数で、大多数は見識のある人たちである。行政は少数の学者をくりかえしくりかえし御用大工か小使いのように都合よく使い、それらの学者は知ってか知らずか、なにごとであれ行政のやることを権威づける役回りを果たしている、そういう印象が市民のあいだにある。全党与党のうえに、最後に頼むべき大学教授などが与党になると、市民は息苦しくて、しかたないのである。

　神戸の大学教授が行政と癒着しているという印象を市民にあたえている背景に審議会の数の多さがある。

『朝日新聞』神戸市内版「風見鶏」欄(1984年10月23日)によると、84年10月の時点で神戸市の審議会の数は149、委員は延べ3138人、そのうち学識経験者は641人を占める。要する費用は謝礼などをふくめ年間約2億3000万円。このうち法律や条例、規則にもとづいて設置されているのは65、あとはいわば任意。「ある婦人団体の役員は、今年に入って新設された10の審議会などのうち5つに委員として名を連ねている。また神戸大学教授の1人は4つの委員をつとめ、うち3つで座長や委員長に選ばれている」という。

　一部の学者であるにしても、学者が市政を全面的に支えている、という状況は、市民にたいする市政の高圧的な姿勢を支える大きな力となっているように思われる。そのいくつかを紹介しよう。

[早川和男]

　神戸大学の西隣に勝岡山と呼ばれる急斜面がある。花崗岩の風化が進み活断層の走る断層崖で、崖下には人家が密集している。昭和13年、谷崎潤一郎の『細雪』に登場する大水害のとき、この地域一帯は洪水と土砂流で家が埋まったり流されて大きな被害をうけた。この土地、約2万7000坪に住友不動産が26階建てをふくむ20棟1620戸の大高層マンション群を計画した。驚いた住民は「六甲と長峰の自然と環境を守る会」(陳舜臣会長)をつくり、生命の危険や環境破壊をもたらす開発を止め、文教地区にふさわしい「学校用地その他の公共用地」に使ってほしいと、6000名の署名とともに市議会に請願、全会一致で採択された。今から11年前(1974年12月)の話である。その後、土地の3分の2は松蔭女子大学が購入して新しいキャンパスとなったが、残りの土地について市自身は土地買上げの約束を果たさないばかりか、1981年住友不動産のあらたな高層マンション計画に開発許可、建築許可をあたえてしまった。驚いた住民は神戸地裁に訴え、裁判所もそのあまりの危険さに、建ってしまってからでは遅すぎると、「建築確認処分の効力停止」を決定した。ところが市は大阪高裁にたいして即時抗告、この効力停止を取り消させた。30メートルのマンション建築はすでに大部分が完成し、風害や建設公害のほか崖下の民家では地下水が湧き出し、床の敷物が水びたしになっている。

　六甲山は海側から見れば緑に見えるが、裏へまわればハゲ山同然である。そのなかで登山家たちが神戸の秘境としてたいせつにしてきたのが芦谷川である。私もハイカーたちといっしょに渓谷をさかのぼった。渓流の水は今でもそのまま飲めるほどに澄み、水田を潅漑し山田錦という上質の酒米を育ててきた。ハッチョウトンボがとびかい湿性植物がひっそりと息づいている。神戸市は、この神戸に残った最後の秘境、芦谷川を土砂、瓦礫、建設廃材、廃プラスチック、焼却灰等の処分地として決定し、すでに着工している。神戸市には環境影響評価要綱(1978年制定)がある。ところがこの埋立計画はアセスメントを行なう以前に用地買収(13億円)を終っている。

　神戸市には77年1月に制定された「神戸市民の福祉を守る条例」

《附》 居住問題研究者の社会的任務

がある。だがその実態は、たとえば保育料は10年連続の値上げがつづき、指定10都市では最高で、84年10月現在、3歳児未満の月額保育料は川崎市の2万9,500円にたいし、神戸市は4万9,500円、保育時間は最低で、同7時〜18時にたいし8時〜17時半である。これはほんの一例にすぎない。神戸市は株式会社と称されるほどに金儲けのうまいことで有名だが、公共料金はことごとくといってよいはど高い。宮崎市長のいう「最小の経費で最大の市民福祉」とは、高い受益者（市民）負担で株式会社の経営効率を高めているにすぎない、という声がもっぱらである。

神戸市は消費者行政でも有名である。74年5月には全国で最初の消費者保護条例として「神戸市民のくらしを守る条例」を制定している。だがその実態は、市民、企業、自治体の「三者合意システム」、と称して、消費者団体を行政にとりこみ、企業を監視するどころか、そのマーケッティングに組みこむ癒着作用の役割を果している、と心ある人は見ている。この三者合意システムをもっとも積極的に進めているのは神戸市婦人団体協議会であるが、一方で行政の"下請け"機関的な役割も果たし、1975年度4,200万円、84年度9,900万円の市の委託事業を行なっている（『朝日新聞』神戸版85年11月30日）。

つまりこれもまた大政翼賛的消費者運動だというのである。だから、1980年、消費者保護委員会会議で、「55年度の神戸市のとるべき施策について」審議されたとき、市の新年度予算案がすでに市議会に提案ずみだったことについて委員の1人（弁護士）が事後の審議では無意味ではないか、と市に公開質問状を出したところ、新年度の要員からはずされた（『朝日新聞』大阪版「声」欄、85年10月11日）。

最近、市は埋立中の六甲アイランドからの新交通システムを住吉川沿いに走らせることを計画した。それにたいし地域の住民は、住吉川は残された数少ない神戸らしい美しい景観であり、地下にするかルートを変更してほしいと、1万5,000人の署名を集めて市に申入れた。国立公園で風致地区でもあるこの地域にたいする市の規制は厳しく、マンションが建つとき1本の松の木を切ることさえ市は禁止し、ベラン

ダに穴をあけて通させたほどである。それが今回は、申入れを受け取ることさえ拒否している。「市はルート変更には応じない、市幹部は市議会で"ルートの変更など都市計画の大問題については住民の意見を聞く必要はないと考えている"とまで発言している。都市計画局長は"ポートアイランド線を風致地区にもって来ないとした原則は場所による。絶対もってきていけないということではない"」(『朝日新聞』神戸市内版、85年10月16日)。

さて、住民の言うとおりだとすれば、こうした一連の翼賛体制がまかりとおり、市民の声が無視されたり押しつぶされているのはなぜだろうか、と私は考えてみた。長期政権、全党与党も大きな要因だろうが、ひとつには学者が議会の網の目にまきこまれ、住民の側に立って行政のあり方をチェックし、市政に異を唱える人たちを勇気づけるということがなくなってしまっているからではないか。そのことが行政をして恐いものしらずというか、やりたい放題を許す大きな原因になっているのではないか。神戸に来て、神戸市の行政と住民と学者の状況を見ていると、そういうところに行き着いたのである。行政は権力をもち、企業は金力をもっている。だが個々の市民はなんの力もない弱い存在である。権力や金力にかかわらなくてもすむ学者が市民の側に立つのでなければ、だれが市民の利益を守るのだろうか。宮崎さんには貸しも借りもないが、ここは住民の側に立って微力を尽そう、たとえ摩擦が多かろうと。私はそう決心したのであった。

2　朝日「論壇」への反響

神戸市政が学者をとりこんでしまっていること(前述のようにそれはごく一部の人のことなのだが、表だって市政に異論を唱える学者が少ないことでそう見られている)を立派だと評価する人もいる。保守、革新を問わず権力者はつねにそういう意図をもちがちであるが、それが実現できないでいる。その手練手管に感心してのことであろうが、いうまでもなくそれでよいわけがない。ながい眼でみると、神戸市民にとっては不幸でさえある。

人間の生命や暮らしや自由や平和といった人間として生きることを

《附》 居住問題研究者の社会的任務

脅やかす暴力が現われたとき、それに抵抗する最後の拠りどころとなることを国民は学者に期待している。そのための学問の自由ではないか、と。その期待は神戸市民だけではない。

昨年（1985年）9月、私は『朝日新聞』「論壇」（東京版23日付、大阪版25日付）に短い投書を寄せた。その趣旨を敷衍して記すと、つぎのようである。

今の世相を見ていると、日本人がなぜ戦争にまきこまれていったのかが私にはよくわかる。中曽根内閣になってから戦後の平和と民主主義をことごとく投げ捨て、打ち壊し、再び日本国民を戦争へ追いやる恐ろしい政策がつぎつぎに行なわれている。国家秘密法案などが通れば、あとはファシズムへまっしぐらである。それだけでなく、私の専門分野にかかわる都市・住宅問題の分野でも、想像を絶することが進んでいる。乱開発を防ぎ生活環境を守るために長い時間をかけてつくりあげられてきた開発・建築規制の「緩和」や自治体の宅地開発指導要綱の「是正」、国民共有の資産である国・公有地のデベロッパーへの払い下げ、それにつづく地代・家賃統制令の廃止、借地・借家法の改正等々。これらが実施に移されたら、すでにそうなりつつあるように大都市の地価は急上昇して住宅問題はより深刻になる。住民は居住権を奪われて都市内部から追い払われ、生活空間の貧困化と居住の不安は歴史上未曾有のものとなるのは火を見るよりあきらかである。先の戦争は生命を奪ったが、これら一連の政策は、言ってみれば、都市住民にむけられた一種の戦争である。ところがこうした動きに専門分野の学者がほとんど反対せず、沈黙を守っている。いやむしろそれに追随する気配さえみられる。とくに東京の学者にその傾向が強い。

満州事変の始まっ昭和6年生まれの私には、戦前なぜ日本の学者やインテリが戦争に反対しなかったのか、これまでよくわからなかった。軍国主義のもとで言論の自由が封殺され、とても反対などできなかったからではないか、と考えていた。ところが最近の世相をみているとどうもそれだけではない、日本人自身に問題があったのではないか、

と眼から鱗が落ちるように事態がのみこめてきたのである。日本の学者は、現在のように言論の自由の保障された民主主義社会においてさえ権力に抵抗することはしない。自由にものを言わない。そうであれば、まして戦前の言論統制の強いとき、一部の反骨精神の旺盛な人物をのぞいてなにも言わなかったのは当然ではないか、それでは戦争にまきこまれるのはあたりまえではないか、と。これは私の想像である。私は自然科学に近い専門分野に属し、政治学や日本の歴史を十分に勉強しているわけではない。すべて感覚的に言っているにすぎないのだが、私の身辺の学者の状態をみていると、そうとしか思えないのである。

　歴史が進めば人間社会も進歩し、人びとがより幸福になるとはかならずしもいえないのではないか。核戦争の危機などはその代表である。しかし一般論としては、歴史はジグザグのコースをたどりながら進歩していくのではないか。ジグザグとはつまり、歴史の過程で人類の進歩に逆行する反国民的な政治状況が現われてくる。ある種の社会経済状勢や政治力学のもとでヒットラーや中曽根首相といった人間が権力者としての座に着くことが起きてくる。人間の歴史にとってそういう人間を登場させないことはたいせつだが、それ以上に、そういう権力者が出てきたときに、これに抵抗し引きずりおろす国民の意識と力のほうがよりたいせつであると思う。第2次大戦の参戦国の国民や政治家は、そのことを十分に認識したのではないか。本誌（『世界』85年11月号）で紹介されたヴァイツゼッカー西ドイツ大統領の演説もその一例であろう。そこにのべられたことば「過去に目を閉ざす者は現在にも盲目となる」は戦争によってえられた最大の教訓のはずである。

　それにたいし日本の、とくに言論の自由を最大限に保障されているはずの学者が各々の分担分野でなぜ過去を教訓としてうけとめていないのか。これが私にはなんとも理解しかねるのである。父や母や兄弟や友人を殺され、家を焼かれ、あれだけ苦い経験をしている人が大勢いるはずなのに。「論壇」で、私はそれを訴えたかった。

　第2次大戦中、反ナチ闘争をやって投獄されたドイツの牧師マルチ

《附》 居住問題研究者の社会的任務

ン・ニーメラー博士は、戦後日本の反戦教会を励ますために各地を講演旅行した。ニーメラー博士の話はつぎのようなものであったという。

「最初小石が落ちてきた。とくに危険を感じず自分には無関係だと気にとめなかった。つぎに大きな石ころが落ちてきた。気になるが手をうつに至らない。そのつぎに大石がごろごろと落ちてきた。そのとき止めようと思ったがもうとめられない」

そしてこうも話したという。

「最初共産主義者が逮捕された。自分には関係のない特定のイデオロギーの人の問題と思っていた。つぎにユダヤ人たちが連れ去られた。人種の違う人間の問題と思っていた。最後に教会にナチスが介入しはじめた。自分たちは立ち上がろうと思ったが、そのときはもう動けなかった」

『朝日新聞』への私の投書は、小石が落ちつつあるいまならまだ間に合う、いま学者が立上がらねばならないのにどうしたことか、これでは学者の責任の放棄ではないか、というものであった。

これにたいし、何通かの手紙をうけとった。「よくぞ言ってくれた」という趣旨がほとんどで、私自身あらためてことがらの重要性を再認識させられた。明治生まれと思われる栃木県のTさんは再度にわたり長い書簡を下さった。

「歴史は繰返すと申しますが、大東亜戦争と称する侵略戦争に全国民が巻きこまれていったのも、権力者の意図に迎合し理論化し提灯もち旗振りの役割を果した御用学者の集団が存在したからです。彼らは魂を売って『奴』となり売春婦の如く媚態迎合し権力者にすり寄り、殺人行為の軍隊の増強、一大国防軍の建設、そして核戦争への道へと世論誘導するのであります。この点を指摘された尊台の発言は大きな勇気なくして不可能であります。それも一番大切な時期に一番大切なことを発言されたのであります。多くの心ある人々はどれほどか共感していることでありましょう。耳の痛い彼らは反論や報復や妨害をするでしょうが、負けずにど

うかこれからも正義のペンを振るって下さい」。

「このような学者がまだ日本にいたのだなあと思うだけで1日、いやあれ以来ずーっといい気分でいます」（東京都・牧師）。

「学者の良心が今尚健在であったことを心から嬉しく力強く感じます。世はあげて金と力が我物顔に支配しています。その浅ましさと虚飾で庶民を籠絡していることに切歯しているのは私1人ではありません。こうした狂気の沙汰に近い時流を身に感じながら、発言力の弱い一般庶民は、いつの日か誰かがこの世を正してくれる、そうでなければ安心できる世の中とはいえない、と心中期待しながら致し方なく長いものに巻かれて日常を送っているのが実情です。こうした世相を正せるのは学者の良心以外にないのであります。お願いします。学者の良心に徹して下さい。必要なら何でもお手伝いします」（岐阜市・Kさん）。

「常日頃自然保護運動に加わり及ばず乍ら活動している私には大変嬉しく存じました。学者がみな同じような考えでしたら、日本の自然はもっともっと守られて、ここまで荒廃しなかったのではないでしょうか。当地の石油コンビナート建設のとき、立派な先生方が名を連ね、石油コンビナートが誘致されても公害は避けられる、という調査報告書が出されました。幸い住民の反対運動が強くてこれをくいとめましたが、現在は富士山麓のライオンサファリ開設による自然破壊に反対する民事訴訟を6年続けています。この企業が県に提出した報告書には有名な先生の名が記され顧問になっておられます。いつも苦々しく思っています。申しあげたいことは学者の良心についてです」（静岡県・Sさん、78歳）。

「論壇」拙稿への賛辞をひけらかしているのでは毛頭ない。指摘したいことは、第1に同氏の学者にたいする期待の大きさである。世の中が少々おかしくなっても、最後は学者が立上って正してくれる、という期待である。その切ない気持をこれらの手紙から読みとるのは私だけではないだろう。第2は、「このような学者がまだ日本にも（神戸にも）残っていたのか」というそのうけとめ方である。御用学者な

《附》 居住問題研究者の社会的任務

どというのはごく少数である。にもかかわらずこのような意見がでてくるのは、日本の学者が象牙の塔深く引きこもっていて、社会の歪みを正してくれていないと国民が見ていることだと思う。神戸市政や中曽根首相がこのような反市民的政治をくりひろげているのに頼みとする学者が立上ってくれない、と庶民は見ている。学者が正義の味方として振舞ってくれることを庶民は期待しているのである。短い論壇へのいわば過剰とまでいえる反応はそれを示していると見るべきではなかろうか。

これらの庶民の声が見当はずれでなく、今日の学者がだめになっていることを示しているのは、「論壇」にたいする反論のすべてが、身近な大学教授からのものであったことを見るとよくわかる。それらを整理すると、①審議会や委託研究を批判しているが自分もやっているではないか、②「論壇」は敵を見誤っていて「逆効果」である。悪いのは中曽根首相であって学者でないのに、見当ちがいに学者を攻撃している、③国家秘密法案などなんの心配も要らない。破防法のときも大騒ぎしたがなにも起こっていないではないか、等々。反論するのさえうとましい意見である。つぎにのべるように審議会それ自体が悪いわけでない。行政側が御用学者ばかりを集めたり学者が正論をのべず迎合している多くの審議会とその委員を批判しているのである。自己の果たしている役割やその位 置(シチュエーション)、あるいは歴史を客観視できない学者のいることを物語るものといえようか。

もっとあからさまな非難の葉書が一葉あった。

戦時中、リベラリストと呼ばれる人たちが「赤」の名のもとにつぎつぎと引張られていった、と高校の社会か歴史の時間で教わった。すべては話としてしかわからなかったが、この一葉の無署名の葉書ははからずもそれをリアリティをもって追体験させてくれたのであった。曰く、

「共産党はソ連の犬、共産党の御用学者はソ連の犬の蚤」(大阪中央区の発信)。

いささか不遜な言いかたを許していただけるなら、今回の「論壇」

投稿は、私にとつて、なるほどなるほど、と戦前・戦中の状況をパノラマかビデオで見るような貴重な体験をさせてくれた。と同時に、学者というもののもつ社会的責任をあらためて考える機会をあたえてくれたのであった。

3　権力迎合への構図

本来、自由な精神の持主であるべき学者がなぜ権力の召使いのような存在になっていくのか。あるいは結果として、そういう役割を果たす状態に陥っていくのか。また実際はそれほどでないのに、なぜ庶民は学者をそう見るのか。そういうことを克服するには、学者はなにに留意すべきなのか。いくつかの例を通じて考えてみよう。

(1)　審議会委員

ひとつは、行政機関の審議会委員となることで、意図的に権力に迎合したり、あるいは思わぬ落し穴に陥っていくという事態が現われる。審議会への参加のしかたのいくつかのタイプをつうじて考察してみよう。

行政権力出張型

東京大学にＡという教授がいる。Ｂ省という中央官庁の行政官僚をしていた人である。その人がＢ省の審議会委員をしている。そこに出席してＢ省が提案する政策をすべて理論づけし合理化していく。Ｂ省だけでなく、それにつながる自治体の審議会委員をいくつもつとめて、そこでもことごとく行政側の提案（大抵それはＢ省の方針そのものである）を支持し権威づける。国立大学の教授になるほどであるからそれなりの知識もあり外国の勉強もしている。まして東大教授というのは本人の中味とは無関係に、この国では圧倒的権威がある。そのうえ理屈をふりまわされたのでは、他の委員は太刀打ちできない。こういう中央官庁から大学教授になってその官庁の一連の行政の審議会委員になり、すべてお墨つきをあたえていくというような行為は、いったいなんと呼べばよいのだろうか。むろんＡ氏に学者としての自覚があればそういうポストを辞退したであろうが、このばあい全国各地で、どこを切ってもおなじ顔を出す金太郎飴のように審議会委員をつとめ、

《附》 居住問題研究者の社会的任務

あたかもＢ省の出張職員かセールスマンのような役割を果たしている。

最近、宇井純氏は、中央官庁から送りこまれる東大教授が官僚の利益代表のようにふるまい、ポスト争いをしていると批判しているが(『朝日ジャーナル』1985年12月20日号)、ポスト争いそのことよりも、そういうポストを占めることで行政権力に追随し、学問をねじ曲げ、社会に禍根をばらまいていることに、私はより大きな危惧を感じる。むろん宇井氏もそのことに触れているが、Ａ氏のばあいは官庁お抱えの審議会委員となって政策を動かしている。なんともやり切れない。学問を冒瀆するものというべきではないか。ここに今日の学者の堕落(まともな道が歩めなくなって悪の道に落ちること——岩波(『国語辞典』)と無責任な状況の一端が見られる。

権力迎合型

権力に迎合し行政の召使いのようにふるまっている大学教授がいる。審議会の委員として事前に行政側と充分に打合せを行ない、その意図をくみとる。行政に迎合し追随することもさりながら、いつもそればかりやっているから、いつのまにか行政の発想そのものになってしまっている。役所の原案作成にも加担する。審議会には学者を装いながら、その実態は行政の代弁者である。したがって行政となれあい、異論が出てもそれを抑えることにつとめる。いわば芝居の舞台まわしのような役割を演じる。もっとも悪質で最低の「学者」である。そういうちょうちんもちの役割を果たすから、あらゆる関係の審議会に顔を出し、座長などをつとめる。どこに行ってもこの人が座っているというこれも「金太郎飴現象」を招いている。

行政追随型 (無責任型、名誉職型)

審議会委員になることを名誉と考え、尻尾を振って出ていく御用「学者」である。各大学のなかにそういうタレント教授が何人かいる。大学のなかではむしろ少数派といってよいのだが、東大教授、神戸大教授などの肩書きをつけて出てくるから、世間では大学を代表している人間のように思いこむ人もいる。それが、大学教授全体が御用学者であるような印象を世間にあたえるひとつの契機となっている。

また地方の学者のなかに中央から声がかかると自分の学問が評価されたと思い、出かけていく人がいる。名誉職型とおなじように、その意味を学者の社会的責任に照らして考えようとはしない。だから会議ではちょっと発言して、どんな結論が出ようがあとは一切関心がない。行政のほうもおなじ顔ぶればかり集めていたのでは具合が悪いから、ちょっとした名のある人物を連れてきてごまかす（人の目先をまぎらかし、取りつくろう）ばあいも多い。専門家ではないから、どうでもよいことをちょっと喋る。

　この種の人たちはまた資料の収集に強い関心をもつ。中央官庁、自治体等で配られる資料は最新情報であったりほかではえられない統計であることが多い。これは研究をすすめたり論文を書くときに有利である。現在のような情報社会では一段と価値があるようにうけとめられる。その誘惑は強い。それがほしいばかりに、委員になる。

沈 黙 型

　右の人たちほど悪質でもお粗末でもないが、会議では終始沈黙している人がいる。その理由はいくつかある。事前に資料が配られておればまだしも、当日、事務当局から原案が提示されその場で意見をもとめられる。急なことで意見がいえない。直観的に問題点をみぬくほどの才覚はない。

　かりにおかしいと思っても論駁するには時間がかかる。調査しなければわからないこともある。御用学者型の座長が事務当局と事前に打合せしてすすめているばあいには、反論してもいまかされてしまう。それで結局、本質的な議論をしないで決定にいたる。現在はそういう審議会が多いのではないか。沈黙型の学者たちは、無能力で発言しないわけでも、右のような事情で黙っていても会議の進行に満足しているわけではない。大きな不満をもっている。だが、もともと学者としての社会的責任感が弱いから、とにかくなにか発言し事態を変えないといけないと思うまでにはいたらない。沈黙型は結果として追随型の御用学者となってしまう。

《附》 居住問題研究者の社会的任務

見 識 型

専門家としての見識と能力をもち、審議会に出ることの意味と学者としての社会的責任を十分理解し自覚しているタイプである。だからどのような圧力があってもきちんと発言し、誤りは指摘し、提言する。こうした姿勢を積極的にうけとめようとする行政官庁もある。審議会が真に有意義な存在となるには、行政、委員双方に良識がなければならない。前述の朝日「論壇」にたいし環境庁の元審議会担当者から、御用学者ばかりでなく立派な学者もいるという手紙をいただいた。それはもうだいぶ以前のことだが、私もよく知っている人が何人か入っている。審議会がすべて悪いわけでない。優れた学者を集め、学者はその社会的責任を果たし、行政はそれがどのように耳の痛いものであろうと聞き入れていくといった姿勢をもつなら価値ある存在となる。

だが現在のような日本の政治状況のもとでは、それは多難である。ごく技術的なものをのぞいて、審議会を隠れ蓑に使いながら既定の路線をすすめようとする論理で動いている審議会が多い。そのばあいでも、学者は毅然として発言すべきである。だがそのばあい、次回からははずされることも覚悟しておかねばならない。ばあいによってはみずから辞職することも必要になる。そうした学者のひとりに、建築研究所での筆者の元同僚であった日笠端東京理科大教授（東大名誉教授）がいる。もうだいぶ前の話ではあるが、むつ小川原開発に関する審議会委員となった日笠教授は、すでに当時他でコンビナート公害が発生していることから、むつ小川原では都市と工業配置の関係について新しい考えをもっているのかと質問した。そうでなければすでに起きている公害をくり返すだけである。それにたいする事務当局の答えは、そういう考えはないということであった。それを聞いた日笠氏は、そんなことでは協力できないと、その場で委員を辞職した。また1982年3月4日の自然環境保全審議会（自然公園部会）では、鹿児島県志布志湾の石油備蓄基地計画に事実上のゴーサインを出した環境庁の姿勢に抗議して、都留重人委員（一橋大名誉教授）が途中退席している。

だが一般にこういう気骨のある学者は少ない。行政はそういう人を

呼びたがらないし、今日では学者の方も都合よく利用されることを警戒して断ることが多い。

(2) 委託研究

戦後の日本の研究事情の特徴のひとつは、行政や企業の委託研究がふえたことである。研究者は研究をしたいから研究費の豊富な委託研究にとびつく。テーマは研究者にとって興味のあるばあいのほうが多いから、金のためにだけやる、という意識はむしろ薄い。だがここにいくつかの落し穴が潜む。

行政側はあるひとつの目的をもって研究を委託する。その研究目的が本質的でかつ行政の期待とは無関係に結論を出せるものであれば好ましいが、むしろ安易な政策上の決定にひきずられていくものが多い。また、行政の委託研究は行政上の目前の解決を要する課題が一般的であるから、そればかりやっていると、本質的な課題を追究するという研究者としてもっともたいせつな姿勢が薄らいでしまう。研究者のなかにはつぎからつぎへと委託研究ばかりやっている人がいる。だから頭の構造は行政官とそっくりになってしまう。主体的にテーマを設定する習慣がついていないから委託研究がないとなにを研究してよいのかわからない。

行政は委託研究をだれにでもくれるわけでない。ある公共団体の審議会の毎年の初会合はあたかも委託研究費の分捕り合戦の観を呈する、と証言している委員もいる。前述のように政策の方針を出すのに必要な調査はむしろ積極的に行なうべきだが、それは、産官学癒着のなかで行なわれたのでは歪められてしまう。こういう官学癒着の体質が、馴れあいの審議会運営をいっそうはびこらせていくのである。

委託研究のもたらす弊害は当の大学教授にとってだけではない。その下請けをさせられる学生、大学院生にまでおよぶ。一般に彼らはなんのためにそれをやるのかよくわからぬままに兵隊として使われる。研究テーマはいつもあたえられる。教授の命令であるし金もついている。それなりに論文も書ける。自分の頭で考える必要がないから、研究者としてもっとも大切な自主研究能力は養成されない。そのかわり

《附》 居住問題研究者の社会的任務

どのようなテーマでもこなすテクノクラート、竹内啓東大教授がいうところの「無邪気で危険なエリート達」(『世界』1984年2月号)として養成される可能性はある。学問とはなにか、科学者の社会的責任とはなにか、といったことが問われ論議される余地はここではほとんどない。そのようなことをしておれば、つぎつぎに押しょせてくる委託研究をこなすことはできない。

　今日の研究状況を左右しているもうひとつの要素に、民間のコンサルタント業がある。官庁、民間を問わずこうしたコンサルタントに調査を依頼することが急速にふえている。西欧諸国に比べて研究投資の少ないわが国で研究者や研究費のふえることは望ましいことである。これらのコンサルタントには、大学の研究者よりも有能と思われるものがたくさんいる。私の知人でも慎重にテーマを選びながら新しい時代の要請に応えていこうとしている優れた人たちもいる。だがコンサルタントは株式会社であり、企業や官庁から金をもらって研究をすすめねばならない。大学教授は固定給を得ているから、食っていくための研究を余儀なくされるということはない。商売人のようなコンサルタントは金儲けのために知識や研究を切り売りし粉飾することさえやる。

　とくに重大な問題は、開発などにさいしての環境アセスメントをコンサルタントに依頼する政府機関や自治体である。アセスメントを株式会社に依頼して、正しい結論を期待できるであろうか。1974年10月、日本学術会議第66回総会は「国土開発に関する提言」(声明)の1項目として「開発に対する有効なアセスメント態勢の確立」を掲げ、そのなかで「実情の調査・追跡・予測・検証が厳密に科学的に行なわれることを保障するため、疑惑が生じたばあいにその審査にあたる科学者から民主的に選ばれた第三者機関をもうける」必要性を提起している。つまりアセスメントは、利害関係のない第三者が科学者としての責任を負ってやらないといけない、ということである。当然のことといえよう。今日のアセスメント結果が住民団体などから欠陥アセスと指摘されることが多いのも必然のなりゆきである。

さて問題は、こうしたコンサルタントがひきうけてくる研究に大学教授が委員として動員され、金をうけとり、それをつうじて行政や企業の意向に沿った研究をすすめる状況が数多く生まれていることである。むろんここでも信念に悖（もと）ることに妥協しない学者もいるが、ちょっと参考意見をのべるだけであとはコンサルタントまかせというケースがどちらかというと一般的である。それが学者としての責任放棄に拍車をかける結果となっている。

　学者が委託研究に容易になびいていく原因のひとつは、研究費の不足であろう。研究費の不足が、学者を一定の政策や企業の意図に従属させる効果をもたらしている。研究費はさまざまな形での紐（ひも）つきでなく、自主的に使える研究費一般として保障されなければならない。委託研究費やコンサルタントに流れる費用は、そういう研究費を圧縮する結果をもたらしている。そういう意味では、研究費の性格としては文部省の科学研究費はむろんのこと、トヨタ財団・日生財団といった研究助成金のほうが審査委員の中立性によって、まだ紐つきでない研究の自由度を保障していると私などは見ている。

(3) 産官学癒着の学会

　最近、某官庁と業界の肝入りで土地問題などに関係のある学会ができた。設立の準備段階から毎月の委員会まで役所のなかで行なわれ、理事のなかに業界の幹部が何人も顔を並べている。予算の大半は業界から出ている。こういう団体は本来「業協会」と呼ぶべき存在であろう。それはそれで存在理由がある。だがそれが「学会」と名乗って登場してきているところに現在の学問状況の特徴がみられる。そこに大勢の学者、研究者が入っている。こういう資本や権力者側のテコ入れでつくられた「学会」に学者はどんなつもりで加わっているのだろうか。

　書くのも気恥しいが、学会というのは学者の自主的で自由な研究団体としてつくられねばならない。なにものにも拘束されず、権力や利害から離れて自由に研究することが学会の生命であり条件である。学者は、時代の課題にこたえるなかで権力や資本の意向と闘わねばなら

ないことがある。権力のつくった学会のなかでそれが可能とは考えられない。土地を利潤追求の手段とする政策の矛盾を指摘する研究の自由はそこで保障されるだろうか。

「学会は参加する個人の会費で賄われるもので、国の機関でも事業でもない点に非常に大きな意味がある。それでこそ国の統制の及ばない、学問の自由が保たれる場所になるのである」(『学会は何のためにあるか』伏見康治) などということは、普通の学者なら常識として持っている認識であろう。

今日の状況は、行政権力や資本が審議会委員や委託研究によって学者をとりこむだけでなく、学問そのもののなかに入りこみ、自分たちの利益を擁護し理論化しようと意図していることである。むろん御用学者、権力迎合型学者がイニシャチブを握っているのであるが、こうした「学会」に、良心的・中立的と思われる学者、研究者が入っている。結局これは、日本人の無思想、自己の職能にたいする社会的責任への無自覚、己の権利や義務の放棄、つまりは民主主義の未成熟に原因があると思う。だがそういったことの積み重なりが総体としての国民の生活や権利や平和を守り、それらを脅かす権力への社会の抵抗力を弱めていくのだと思う。国民の側からみて学者は頼りにならない御用学者的存在と映り、絶望感をあたえている。御用学者は派手にふるまっているが、日本の学者全体はまだまだ健全であっても、国民の眼にはそう映らない。それが「学者の良心の健在を喜ぶ」という声になって表われている。

4　学者の社会的責任

1980年4月、日本学術会議第79回総合は、科学者がみずから負う責務としての科学者憲章を声明として発表した。

　——科学は、合理と実証をむねとして、真理を探究し、また、その成果を応用することによって、人間の生活を豊かにする。科学における真理の探究とその成果の応用は、人間の最も高度に発達した知的活動に属し、これに携わる科学者は、真実を尊重し、独断を排し、真理に対する純粋にして厳正な精神を堅持するよう、

努めなければならない。

　科学の健全な発達を図り、有益な応用を推進することは、社会の要請であるとともに、科学者の果たすべき任務である。科学者は、その任務を遂行するため、つぎの5項目を遵守する。

1、自己の研究の意義と目的を自覚し、人類の福祉と世界の平和に貢献する。
2、学問の自由を擁護し、研究における創意を尊重する。
3、諸科学の調和ある発展を重んじ、科学の精神と知識の普及を図る。
4、科学の無視と乱用を警戒し、それらの危険を排除するよう努力する。
5、科学の国際性を重んじ、世界の科学者との交流に努める。──

ここにのべられていることは、学者として最低限守るべき職能倫理であろう。だがどれだけの学者がそれを意識して日々の研究にとりくんでいるであろうか。

　私には、ドイツの法哲学者イェーリングのつぎの言葉ほど現在の日本人、とくに学者にとって必要なものはないと思われる。

　「権利のための闘争は、権利者の自分自身に対する義務である」。

　イェーリングはつぎのようにも書いている。

　「時期を失してからやっと歴史の教訓を理解するというのは、われわれが悪いのであって、歴史が適切な時点に教訓を与えてくれるわけではない。歴史はいつでも、大声ではっきりと、こう教えているのだ。国民の力は権利感覚の力にほかならず、国民の権利感覚の涵養が国家の健康と力の涵養を意味する、と」(『権利のための闘争』村上淳一訳岩波文庫)。

　徳川の時代、蒲生君平の『山陵志』が世に出たとき、これを危険思想と見なす幕閣にたいして、今の文部大臣にあたる林大学頭は、

　「草野に危言あるは、国家の幸い也」

と、これを諭したという。森浩一同志社大学教授は、徳川幕府が300年の長きにわたって繁栄をつづけた背景には、こうした人材が随所に

存在したからという。

　現代の日本に、かかる言論と思想の自由を国家の宝とあらためて説く人士はどれだけ存在しているのであろうか。「草野に危言なきを憂うる」のは私だけであろうか。なお本稿は筆者自身の自戒の言として記したものである。

（『世界』1986 年 2 月号）

II　続・権力に迎合する学者たち
　　　──知識人の震災責任を問う

1　現代社会と学者・知識人の責務

　1 人の市民としてわたしの最大関心事は、戦後 60 年の日本が「満州事変」から「日中戦争」へと軍国主義の道を一瀉千里に突き進んだのと同じ雰囲気を、身に感じることである。なぜあれだけ戦争の悲惨を体験しながら同じ道に誘導されていくのか。筆者にその分析能力はないが、ハナ・アーレントの次の言葉は想像力をかきたてる。

　「ヒットラーの政権掌握は民主主義的な憲法のすべての規定に照らして合法的であった。大衆の信頼なしにはヒットラーもスターリンの指導者として留まれなかっただろう。そしてこの人気は、大衆の愚かさや無知を利用した巧妙な欺瞞的プロパガンダの産物では決してない。全体主義運動のプロパガンダは確かに嘘だらけにはちがいないが、決して秘密めかしてはいない」

　「スターリンはまず共産党内の諸分派を壊滅させてしまうと、党の方針を右に左に猫の目のように変えることで党綱領を有名無実なものにした」（『全体主義の起原』）。

　小泉純一郎首相にその影を見るのは思い過ごしであろうか。「目の上のタンコブ」元首相や長老議員を手練手管を使って引退に追い込む。私の憶測かもしれないが、利権まみれとはいえ自民党内部のどちらかと言えばハト派を、巧妙な策によって追い落としていく。用済み後は与野党を問わず切り捨てる。過去の利権スキャンダルを掘り起こし、

党内大派閥を弱体化に追い込む。郵政事業民営化などあらゆる案件を政治力学に活用する等々。自民党総裁として少々の返り血を浴びても、覇権が目的であればさしたる支障はあるまい。内閣・党役職は忠誠のチルドレンで固める。

小泉首相にはよほど権謀術数に長けた策士が侍り二人三脚でやっているのであろうか。その内閣の支持率は今なお多数派を保っているという。ブッシュ大統領の再選でこれらは加速するのだろうか。

さて、本稿で論じようとするのは、そうした世相の中での大学人、「知識人」等の行動様式についてである。

世界1986年2月号に「権力に迎合する学者たち」(西山夘三・早川和男共著『学問に情けあり』所収、大月書店)掲載の後、東京の友人（経済・財政学者）から便りが来た。「こんどは左翼学者の権力迎合ぶりを書いてくれ」と。私はその意味がよく分からなかった。だが神戸に住んで25余年、そのことはいやというほど体験・理解できた。その「権力」従属ぶりは、政治的立場ないしはイデオロギーの右左を問わず日本人の潜在意識に組み込まれ沈潜している権力追随のDNAではないか、と見まがう現象である。そこに見られる個々の人間としての主体性の不在がこの国の人々を全体として時流に流し込み、それへの抵抗力を殺いでいる一因ではないか、と考えるからである。

本誌は再三にわたり国立大学独立法人化批判を展開している。そこでの指摘の多くは的を射ていると思われる。憲法23条「学問の自由は、これを保障する」ことの封殺への危機感である。しかしながら今回、私が論じようとするのはその前提としての「学者の主体性」の問題である。始めに、2000年10月2日付け朝日新聞「論壇——大学と権力の関係を問う」の拙稿を紹介したい（大阪本社版のみ掲載）。中味は国立大学独立法人化に関連してである（原文のまま）。

「最近、私が長く勤めていた神戸大学の元同僚から知らされて驚いた。兵庫県の副知事が、同大学の研究教育業績の外部評価委員に加わっていたという（1998、1999年度）。この人は阪神・淡路大震災の

《附》 居住問題研究者の社会的任務

直後建設省から赴任し、多くの被災者が肉親と家を失い苦しんでいる時、一方的な都市計画を指示したことで知られる人物である。さらに仰天したのは、大学には『運営諮問会議』なるものがあり、その委員に兵庫県知事、神戸市長が名を連ねていることである。

私は15年前、この欄で『権力に迎合する学者たち』がはびこる世相を憂えたが、今度は『権力に支配される大学』にならないか心配である。

被災地兵庫では、いまだ生活再建ができず、日々の暮らしにも事欠き、県外から戻れない被害者が大勢いる。ホームレスもめっきり増えた。復興公営住宅では、すでに60人（注・2004年10月までの5年で316人）以上が孤独死や自殺に追い込まれている。被災市民にとって復興はまだ終わっていない。だが地元政財界は、神戸空港に血道をあげ被災者救済を怠る行政を支えている。市長と市議会は有権者の3割近い31万人による住民投票条例請求を拒否、空港は市民と行政が真っ向から対立する緊迫した政治問題になっているのである。

その神戸空港整備推進協議会の代表に兵庫県知事、神戸市長が就いている。このような政治・社会問題の一方の旗頭を、真理に忠実であるべき大学が諮問委員に据えるとはどういうことなのだろうか。

『知識人とは何か』などで知られるエドワード・W・サイードは、その責務は『いかなる権力にも権威にも奉仕しないこと』というが、知識人の集合体であるはずの大学が権力構造に組みこまれたら、創造的な研究はおろか、学問の自由・大学の自治は守れない。それは長期的に見て国家にとっても大きな損失である。

大学教員の研究業績の評価等に、学外専門家の協力を得るのは有意義である。西欧社会では常識で、教授選考に他大学、国外大学教授の詳細な推薦状が必要な場合もあり、筆者もその役割を果たしたことがある。その時私が心がけるのは、研究テーマは人間や社会にとって本質的か、時代の課題にこたえているか、研究方法は主体的・科学的・論理的か、などである。市民の反対を押し切って空港建設を進める行政権力者が、大学のあり方についてどのような見識を示そうというの

だろうか。

　このような事態は全国の大学でも生じているのではないか。そしてその動きが加速している背景には国立大学独立行政法人化があり、法人化による定員と予算の削減は、政財界から研究予算を引き出そうとする立場に、国立大学を追い込んでいるのでないか。法人化は2003年までに結論を得るというが、その先取りともいうべき動きが、市民の見えないところで急ピッチで進んでいるのである。

　大学について憂うべきことは他にもある。例えば以前、一橋大学教授の民間企業社外取締役就任が話題になった。その後、人事院の抵抗があったものの公益性などがある場合に限り認められることになった。だが、わたしは反対である。

　1999年に制定された借家期間を限定する定期借家制度は生存の基盤である居住権を脅かしかねないというので、日弁連を始め借家人団体などが猛反対し、法務省も消極的であった。だが関連業界はこの法案が通れば住民を立ち退かせる都市再開発が容易になり8,000億円の景気浮揚につながると、気勢をあげた。

　この法案成立に国立大学を含む5人の大学教授が公益性を掲げて旗を振った。もしこれらの人々が、これを推進する関連会社の役員を兼務するなどしたらどうなるか。今以上に大っぴらに特定業界の利益のために働き、市民に災厄をもたらすことになる。

　21世紀の大学は、知を結集する要の立場に立たされよう。産官学民の協同も必要になろう。だが、大学に精神的・経済的自立性と学問の主体性を保ち得る条件がなければ、その役割は果たせない。それこそが大学改革の課題ではないのか。」

　その後の経過は憂えたとおりである。2004年度の独立行政法人化後、研究予算は大幅に削減され、教員は他からの研究費獲得に追われている。神戸大学経営協議会学外委員10人の中には井戸敏三兵庫県知事、矢田立郎神戸市長が並んでいる。他大学、例えば東京大学、大阪大学に行政関係者は関与していない。京都大学では京都府副知事の

《附》 居住問題研究者の社会的任務

名がある。長年勤めた神戸大学をあげつらっているのではない。これから論じる学者などのありかたを考える上で、神戸は象徴的で分かりやすいからである。折りしも2005年1月は阪神・淡路大震災満10年である。

　国立大学法人には「研究教育評価委員会」があり、「組織点検・評価」と「教員点検・評価」で構成されている。後者は「教育、研究及び社会貢献」が中心で、「社会貢献評価項目」は8項目で構成されている。①講演・研修活動（公開講座、NPO、政府関連機関等）、②学外委員等（国、自治体等）、③コンクールの審査員等、④学外への技術供与、⑤学外への学術情報の提供、⑥特許、⑦小中高校教科書等、⑧その他。

　この中での問題は①②であろう。国、自治体は一般にその方針、政策を支持する人を審議会委員等に選ぶ。神戸市のような差別が厳しい行政体では終始無言か行改案の全面的支持者を委員や講師に据える。大学教授等は委員になれば自分が評価されたと思い込む。長く審議会委員等を続けると叙勲の勲位が上がることがあるので委員を続けたがる。それには行政案に絶対に異論を唱えてはならない。こうして御用学者がつくられていく。このような傾向は以前からあったことだが、独立法人化は審議会委員等を業績（社会貢献）とみなし評価することでオーソライズ化したのである。

　成島隆・新潟大学教授は、独立法人は「大学の教育軒究に対する国家統制のシステム」という（世界2003年5月号）。その通りであろう。問題は「国家統制」されて個人的にも社会的にも教育研究に支障の出るような大学教員がどれだけいるか、である。多くの大学教授は、本質的に統制されて困るような研究をやっているのかどうか。学生の資質を開花させ考える力を養う教育にとりくんでいるのか。

2　戦争責任・震災責任

　私は、戦後の日本の政治を誤らせた最大の原因は戦争責任を明らかにしてこなかったことにあると考えている。それが、真の民主主義を根づかせず、いままた時代を逆行させる風潮の土壌にもなっているの

では、と思う。極東軍事裁判で「戦犯」が裁かれたといってもそれは戦勝者による敗者の断罪であり、日本人自らが犯した過ちへの、つまりは大きな犠牲を出した戦争に国民を引きずり込んだ責任を追及したり、それに協力したことに対する自らの身の処し方への反省は含まれていない。罪の意識はない。だから、同じような風潮の中で同じような誤り繰り返すことに違和感を抱かないのでは、と思う。その中で、とりわけ職業柄「真理に忠実であるべき学問の従事者としての学者」の権力追随ぶりが、日本の誤まった進路に歯止めをかけることを阻んでいる。それは学者としての社会的責任の放棄であり、市民・国民に災厄をもたらしている。改めて阪神・淡路大震災の「震災責任」を通じてこのことを考えてみたい。

　私は1978年に東京から神戸に移住したのだが、これは何という都市か、と訝かった。ポートピアの「成功」で「株式会社・神戸市」の都市経営が有名になったことも加わり、「革新」を標榜する大学教授や弁護士や「文化人」、政党、労組、医師・商工団体、婦人団体を含む多くのこの街の構成員は、約22年間〔1973年10月～1995年3月〕の全党与党の超翼賛体制の一員として日常を送ることに何の違和感もなきが如くであった。外から来た私には異次元世界に迷い込んだ感さえあり、なんとも息苦しく、「この街の主人は市民でなく行政」（神戸新聞89・11・4）、そしてこれは国レベルを含めての話だが「権力に迎合する学者たち」、といった文章を新聞や雑誌に書いたのである。

　「日本の平壌・神戸市」と表現したのほ震災後神戸に入った田中康夫氏であるが、私は神戸市政を「スターリン・チャウシェスク体制」だと形容していた。市民は網の目のようにはりめぐらされた翼賛組織によってたえず監視され、市政批判の言動があれば直ちに市から職員が派遣されて抑圧されたり善別される。市民に言論の自由はない。その事例を数多く耳にし私自身も体験するにつれ、心底これはまるでスターリン時代のソヴィエト連邦のように思えた。「進歩的」学者・知識人も一切批判せず、むしろ賛美し、「先進自治体」として全国に発信したのである。

《附》 居住問題研究者の社会的任務

　95年の大震災はそうした市政の下で起きたのだが、「都市経営」のつけは大きかった。自治体として本来なすべき行政の徹底的な手抜きが暴露された。「大震災」は開発に明け暮れ市民の安全や福祉や生活環境をないがしろにしてきた市政の結末であり、人災であり、本質的には「行政災害」であった（本誌97年2月号、2001年2月号、『神戸黒書』旬報社、『災害と居住福祉』35館、『居住福祉』岩波新書、等参照）。

　こうした神戸市政についての私の市政批判の言説に対して、なぜか左翼大学人は「国のほうがもっと悪い」と反論し、免罪する。しかし国が市営空港をつくれ、と言ってるわけでない。基本的矛盾は国にあるが、主要な矛盾は神戸市政にある。他の自治体に対しては辛辣批判する人たちも賛美した。神戸市共産党が与党の座に居たからである。しかも共産党員が執行部の中心を占める神戸市職労がくみしていた。その超翼賛体制がいかに市民の安全や福祉や生活環境や防災等々に手抜きしてきたかは、前掲各書で詳細に実証されている。

　その市民無視の行政は震災後も毫も変わる事なく続いていた。にもかかわらず、私の理解する限りでは民衆に奉仕する政党であるはずの神戸市共産党は相変わらず超翼賛体制の一員として君臨していた。組合も笹山市長支持を続けていた。震災で多くの犠牲を出し被災者が苦しんでいるときになおこの状態は放置しておくわけにいかない。それで、共産党員でもない私が、不破哲三委員長（当時）に長い手紙を書いた。その結果かどうかは知らない。が、しばらくして神戸市共産党は新年度予算案に反対し野党に回った。

　しかし、少なからぬ市民は俄に信用せず眉に唾をつけて見ていた。例えば、震災後の市長選挙に際して組合は笹山市長（当時）を支持した。市民と共産党他が共同して対立市長候補を擁立しているのに分派行動として除名するわけでもなかった。01年の市長選挙に際してもなお後継者を支持した。さすがに放置できなかったのか、党員労組役員全員を除名または除籍処分にした、と聞く。方針転換があったのだろうか。

　また、兵庫県自治体問題研究所は震災後2年余を経た1997年3月

25日『戦後神戸市市政の歴史的検証』(神戸市政研究会編集) を刊行し、神戸市の都市経営・開発行政を評価したうえでこう書いた。

「地震直後から一部の人から声高に『震災は開発のせいだ、神戸株式会社のせいだ』と論証抜きに語られた……。震災を人災としてすべての行政の、しかも自治体の責任にする論調には納得しがたい。人災をいうなら国の制度の問題はじめ検討すべき課題は多い……。市民の側も『神戸に地震はない』との思いこみと防災を求める運動もなかった……。なにゆえ震度5の予想でしか、防災計画はたてられなかったのか……」。

宮崎辰雄元神戸市長もこう述べた。「地震でやられるなんて考えたことがなかった。学者もいまでは何だかんだというが、われわれに一度も忠告してくれなかった」(東京新聞、95・2・11)。組合と市長、市政は一体化している。

「だれも忠告してくれなかった」というのは事実に反する。1974 (昭和49) 年9月、大阪市立大学と京都大学は神戸市の委託研究『神戸と地震』(笠原太郎・岸本兆方編、神戸市刊、委託費300万円) でこう報告している。

「活断層群の実在するこの地域で、将来都市直下型の大地震が発生する可能性はあり、その時には断層付近で亀裂・変位がおこり、壊滅的な被害を受けることは間違いない」

藤田和夫・大阪市立大学名誉教授「私は、神戸市の土木・建築関係職員の研修会で常に神戸の活断層について講義し、この地域が大地震の空白地帯であると強調してきた。(中略) 私はなぜ直下型地震を考えないのかと疑問を呈したところ、それではあまりにも強烈すぎてどんな防災計画をたてたらいいのかわからないとの答えを得た。そのあと、直下型地震抜きの計画が現在も生きていることを聞いて驚いた」(朝日新聞「論壇」95・1・28)。

1974年7月某日、神戸市役所内で重要会議が開かれた (74年6月26日神戸新聞夕刊は右の報告書『神戸と地震』をスクープし一面全面に掲載していた)。以下は、当日の会議の模様である (市民がつくる神戸市白

《附》 居住問題研究者の社会的任務

書委員会編『神戸黒書——阪神大震災と神戸市政』旬報社、1996年による)。
市長 先日の大阪市大・京大の報告書は、臨海部に断層破砕帯があり、直下型地震によって神戸市街に壊滅的被害があると指摘するなどあまりにも刺激的だ。新聞発表の前に表現を和らげるなどの手は打てなかったのか。
A部長 努力はしましたが、藤田先生らは客観的な調査の結果だから、行政は危険性を認識して対策を急ぐべきだ、と強硬で、手直しはダメでした。
B局長 そりゃあそうだ。報告は活断層という最新の理論にもとづくものだし、市民の安全を考えれば、書告を受け入れて地震対策に取り組むべきじゃないか。
C局長 今頃なにを言ってるんだ。市長はああいう報告がひとり歩きしたら、空港計画は致命的打撃を受けると憤慨しておられる。空港反対の連中は勢いづくだろうし、あれ以来、神戸沖を目の敵にしている運輸省、大蔵省はもちろん、関西財界だって、危険な神戸沖に空港はつくれん、と泉州沖のPRに利用するだろう。埋立も開発も八方ふさがりだ。
市長 その通りだ。とにかく、ああいう報告はなかったことにしよう。
助役 防災基準の見直しはやらない、報告はボツ。これは市長の命令だ。学者があれこれいってきても報告は絶対に認めないことにする、わかったな。
A部長 神戸大のT工学部長には情報をいれておいたので、先生は「地震は10万年単位の話、心配はいらん」と全面否定の談話を新聞に発表してくれました。市民の動揺もいまのところそれほど心配することはないと思います。市会には十分根回しをして……。めったなことがないように手を打ちます。

神戸地域防災計画地震対策篇は、86年6月、神戸市防災会議で決定された。「そのさい地震の専門家は『神戸市は断層の巣であり、直下型なら震度6がありうる』と指摘した。だが、震度6にすれば予防

には防火水槽の大幅な増設、地下耐震貯水槽をもつ広域避難広場（96年現在、横浜市は61基完成、川崎市7、神戸市ゼロ——筆者）や避難道路の確保などに莫大な予算が必要なことが分かった。このため市当局は『震度6は現実的ではない』と判断し、幹事会レベルで震度5を想定したという」（朝日新聞、95・1・30）。

この会議でも大学教授が座長を務めていた。

牧口常三郎氏のいう「小善の大悪化」（『価値論』1931）とはこのことであろう。大善策「震度6への対応」は理想で無理、と次善の策＝小善「震度5強」を対置させ、震災対策の準備を怠ることで「大悪化」＝大震災を招いた。

また、兵庫県の委託調査『兵庫県震災対策調査報告書——兵庫県下における地震災害の潜在危険度』（1979年、兵庫県）を担当した神戸大学理学部の三東哲夫教授（地震学）はこう書いた。

「兵庫県の南部、特に神戸・西宮・尼崎等の諸都市は震度5程度の地震に対してすら大きな被害を生じるに足る多くの弱点を持っている」「六甲山系を西南西〜東北東方向に並走している多くの活断層の再活動はそう遠くなく、また規模も大きいことが予想されるのでたいへん不気味である」

「特に、多くの活断層を覆うように六甲山にまで拡張された神戸市は、震度5の地震動をうけた場合でも、大きな被害を受けることは必然である。これ以上、地震に対して脆弱な都市をつくることは許されない。現在計画中の都市開発計画に対しても、地震防災の面からの再検討が必要である」

「日ごろ地震を感じることの稀な兵庫県下住民の地震に対する関心の低さは憂慮されるべきである。地震動に対して極端に脆弱化した近代都市の実態と震災の怖ろしさを市民に理解させるための啓蒙活動を早急に展開する必要がある」（追悼・三東先生）

これらの警告はすべて無視された。警告を無視し情報を隠した市幹部の震災責任をどう考えるか。

さて、震災前まで神戸市政を熱心に支える大学教授がいた。ところ

が、神戸市共産党が野党に転じた途端に堰を切ったように市政批判を始めた。単なる党人であれば党執行部の意向に従わねばならないこともあろう。だが、大学教授はいかなる権力にも左右されず常にものごとの本質を見抜き真理を語ることが責務である。

要するに日本には「独立した個人」、小田実氏のいう『ひとりでもやる、ひとりでもやめる』(筑摩書房) 気概・見識・主体性をもつ学者・知識人が保守・革新を問わす少ないのである。それが、国であれ自治体であれ誤った方向への社会的抵抗力の形成を阻んでいるのでは、と思う。

前掲サイードの言葉には共感するところが多い。

知識人の責務とは「人間の悲惨と抑圧に関する真実を語ることが、所属する政党とか、国家への素朴な忠誠心などよりも優先されるべきだということである。……知識人はきわめて偏った権力にこびへつらうことで堕落した専門家として終わるべきでなく、権力に対して真実を語ることができる立場にたつこと」

「現代の世俗権力は、知識人をかつてないほどまるめこんでしまった、そして権威的人物からのお墨つきのほしい人間にしたてあげてしまった。……このような思考習慣は知識人にとって、極め付きの堕落である」

保守・革新を問わず、「政治的・行政的功績」を求める人たちは各種団体等の役員となり、そこでの覇権的行動によって組織の民主主義を損っている。西日本のある大学は、むろん例外はあるのだが、教職員組合の委員長が次期学長になる不文律が出来ているという。そして権力志向の人は委員長を目指すらしい。中には学問的業績のあまりない人もいる。学問に目標もない人ほど学内権力を目指すようだ。「学問・学者が社会的責任、すなわち市民にたいする責任を忘れて体制擁護や権威づけのためにおもねたふるまいをするなら、その社会がどんなことになるか、戦前の天皇制日本やナチスドイツ、そして旧ソ連の状況など厳しい教訓としてあると思います」(前掲書、西山夘三氏)。

神戸市政の姿勢は震災10年を迎える今なお被災者を切り捨てて

る。震災後、復興公営住宅の家賃を払えなくなった被災者（多くは低所得、高齢、傷病、失業など）を裁判にかけて退去させている。強制執行の件数は、2001年度142件、2002年度153件以上に上った。

神戸市当局は「きちんと払っている入居者との公平性も考えなければならない」と被災者の暮らしに思いをやらず、震災で一度失った住居を再び奪われるという恐怖を味わわせている。西宮市など他の自治体では強制退去をしていない。その一方で神戸市営空港や国際会議など復興をアピールする「阪神・淡路大震災10周年記念事業」に金を注ぎこんでいる。この冷酷行政が継続する中、党利党略ならぬ「個利個略」（小田実氏の言）のために「政治的功績」をあげようとする「知識人」がいる。私の知る限り、地元共産党系の商工・医師・労働団体、そして県委員会等々には良識のある人が少なくない。これらの人たちは日常的に絶えず住民と接触し、暮らしの実情や要求に接しているからであろう。だが、一般に「知識人」はいかなる行動をとろうと市民によって「チェック」されることが少ないから、個利個略に陥る危険がある。

それゆえ、学者・専門家は世俗権力や利害に左右されない主体性、社会的責任の自覚、絶えざる自己研鑽、創造的な研究への取り組みと自己の学問に裏付けられた自信と信念が求められるのである。

3　権力と創造
――学問になじまないパリサイ主義

大学教授の中には、（多くは本質的でない）調査や批判や弁舌は得意だが、独自の研究の構想力を持たない、いわば創造的な学問にとりくむ意欲も着想もないかに見受ける人がいる。大学教授の職を身すぎ世すぎの手段にしている。しかしこの人たちすべてに最初から、学問への情熱がないわけでも創造的研究の資質がないわけでもないだろう。どこかで間違ったのである。何が間違わせたのか。

第1は、自由の精神の放棄、喪失である。研究者はみな創造的な学問を目指しているはずである。しかし、創造とは既存の権威や概念、その時代の常識への挑戦である。権力に従属、追随していて、独創的

研究など生まれる可能性はない。権力と創造は相いれないのである。

大塚久雄氏は『考えるひと——5つの箱』（岩波文庫読書案内）収録の文章「学問の精神」の中でこう書いている。少し長いが引用する。昔の学者はしっかりしていた。素晴らしい言葉を残している。

「学問という営みのなかには、未知の領域から神秘と独断のヴェールをはぎとり、ものごとの真相を究明しようとする、知的探検と言ってよいような一面が含まれている。（中略）真理を発見するということは、ただ誤謬を証拠だてることよりも、いっそう難しい。ただ誤謬を証拠だてるだけでも、もちろんおそろしく困難なことにちがいなかろうが、そこから進んで、新たな真実を発見するという段階にいたると、そこには、さらに、本質上別種の巨きな困難が付け加わってくることになる」

「学問の営みの奥底では、すぐれて自由な精神が営みのすべてを支えているということができるであろう。そうした自由な精神と姿勢が失われてしまったばあいには（中略）、いかなる新しい事態に直面しても、それに目をつむって伝来の正当理論を固執するばかりでなく、ただその事によって自分の立場の正しさを示そうとするような、およそ学問の精神とは対蹠的ないわばパリサイ主義（ユダヤ教の一派でモーゼの律法の厳格な遵守を主張、これを守らない者を斥けた。イエスはその偽善を激しく攻撃した＝広辞苑・筆者注）が生まれてくることになるからである」

「そこでは、方法に伴うきびしさはもちろんのこととしてさらに、胸をふくらませるようなビジョンと知るよろこびが学問の営みに付け加わってくるばかりでない。学問の精神にうちひそむ、真実に対しては幼な児のようにすなおに頭を低れる謙虚さと誠実、そして同時に、いかなる種類の権威にも力にも恐れす、いかなる困難にもめげない勇気、そうした真に自由な精神が、そこでこそ最大限に要求されることになるのである」——私の座右の銘の1つである。

第2は、日本人の特性としての集団主義である。

私は大分以前から、研究の自由を奪う研究室、封建的な拘束、特定

のイデオロギーなどの学問分野における集団主義の弊害に気づくようになった。だが、集団主義から脱することは、研究生活における孤独・孤立を必然化する。それを覚悟しなければ、創造的な研究などできない。

研究団体などでもそこを支配するイデオロギー、党派性などに自らの思考を染めあげ、研究者として最も大切な自分で考えることを自ら放棄してしまう。その弊害はかつてのソヴィエト連邦の権力追随の学者などをみれば明らかである。こういう集団主義の社会では、異論をはさめばきわめて居心地の悪いことになってしまう。

集団主義はまた、若い人たちを自分で考える必要の少ない研究に巻きこむことで、自ら好奇心を養い、想像力をふくらませる機会を奪い、思考力を萎えさせる。大学教授が審議会の委員などになると委託研究が来て研究室は業務化・営業化し、学生は脱け殻同然になって卒業していく。

創造は、長期的構想による研究テーマ、個々の論理の体系化、といった主体的研究が育むものだが、権力追随・集団主義の研究室からそのような芽の出る余地はない。独立法人化による業績評価にもその落とし穴のあることは、すでに指摘した通りである。

権力志向、集団主義の人々の中に長くおれば、人間の良質の部分が削ぎ落され衰弱していくように思われる。日本人は創造力に欠けているといわれるが、資質能力がないのでなく、人生の早い時期からこういう環境に置かれているからではないか。だから、それに気がつけばそこから意識して脱出しなければならない。

サイードは、「知識人はアマチュアたるべきである」ともいう。アマチュアリズムとは「利益とか利害に、もしくは狭量な専門的観点にしばられることなく、社会のなかで思考し憂慮する人間」である。権力・集団思考でそれは困難である。

要するに、学者・知識人の主体性の不在、権力志向と追随、集団主義、党派性、パリサイ主義、学問の衰弱、そして社会的抵抗力の衰退等々は不即不離の関係にあるということである。

《附》 居住問題研究者の社会的任務

　現代日本社会の現状はあらゆる面で危機的である。このまま見過ごしていけば、私たちはブッシュ政権の「対テロ戦争」という名の世界覇権戦略に今以上に協力させられ、予測のつかない災厄に見舞われる危険性がある。ファシズムは静かに忍び寄るというが、現在は音をたてて近寄っている。

　今、日本に必要なものの１つは、主体性・独立性のある学者・知識人の存在であり学問である。それが、この社会の直面している危機を押し止めるうえで欠かせない。それは、保守・革新という構図でなく、ひとりの人間としての権利意識の確立の問題であり、社会的に課せられた自己の職業と存在への責務の自覚であると思う。

あとがき

　日本居住福祉学会が設立されてから5年目を迎え、ようやくこれまでの学会活動のとりまとめを世に出すことができた。

　日本の1990年代は「失われた10年」と言われたが、バブル経済が崩壊し、これまでの思考と方法では何も得るものがなく、多くの問題を成すがままに放置した10年であった。それは日本の社会経済が大きな転換点を通過したことを意味していると思う。21世紀に入り、高齢化の進行、出生率の低下、世帯規模の縮小、地方都市の衰退、郊外住宅団地の衰退、中心商店街の衰退、中山間地の崩壊、製造業の海外展開、犯罪の増加、高水準の自殺者数、多数のホームレスなど居住にかかわる状況は目に見えて悪くなっている。そして、携帯電話やインターネットの普及、高速道路網や新幹線網の整備が進み、新しい時代が到来したかのような幻想を撒き散らしながら、矢継ぎ早に「民営化」の名の下に公的なセーフティ・ネットが縮小されている。「民営化」が叫ばれる中、これまで不十分な政府のセーフティ・ネットを補完してきた企業内福利もグローバル経済化で生き残る企業戦略の中で確実に縮小している。

　こうした現代社会の流れを反映して「勝ち組」と「負け組」という二分法が闊歩しているが、全ての人が安心して暮らせる社会でなければならないのは、火を見るよりも明らかである。人は生きている間中、完璧で「勝ち組」に属し続けることは不可能で、年をとれば身体機能などは低下する。車を運転でない人、インターネットを利用できない人、自由に階段を上り下りできない人などがどのように社会の構成員として生活できるのか、を考えなければならない。

　2007年に始まると予測されていた人口減少時代が、2005年より始まった。居住を細分化し、解析するこれまでのような学問体系では、眼前に展開されている危機的な状況に対し、何ら問題解決に向かう方

向性すら見出せない。居住を全体として捕らえる新しい学問体系が待たれている。人々が安心して気持ちよく暮らすには、何が本当に必要なのか、その必要不可欠な本質を見出さなければならない。我々は、それを見出す責務を与えられている。この叢書がその一助になればと願う。

　そのためには多くの方々の力を集めなければならない。第一巻は急いで刊行することになったので編者の論文が多くなった。次巻以降、広く英知を結集させるため会員からの投稿論文を掲載する予定である。多くの方々の投稿を期待している。

　2006 年 9 月

日本居住福祉学会　事務局長
岡 本 祥 浩

―――〈初出一覧〉―――
第1章　居住福祉研究1号 (2003)
第2章　民事研修549号～551号 (2003)
第3章　居住福祉研究1号 (2003)
第4章　居住福祉研究1号 (2003)
第5章　書き下ろし（部分的には、居住福祉研究2号 (2004)）
付　録　朝日新聞論壇 (1985.9.23)
　　　　世界　1986年2月号（以上は、西山夘三＝早川和男『学問に情けあり』（大月書店、1996）に所収）
　　　　世界　2005年2月号

《編者・執筆者専門分野紹介》掲載順

早川　和男　（はやかわ　かずお／長崎総合科学大学教授・神戸大学名誉教授）
　　　　　　生年：1931年（昭和6年）
　　　　　　専門分野：都市工学
　　　　　　主著作：空間価値論（勁草書房、1973）、住宅貧乏物語（岩波書店、1979）、居住福祉（岩波書店、1997）

吉田　邦彦　（よしだ　くにひこ／北海道大学教授）
　　　　　　生年：1958年（昭和33年）
　　　　　　専門分野：民法
　　　　　　主著作：債権侵害論再考（有斐閣、1991）、民法解釈と揺れ動く所有論（民法理論研究1巻）（有斐閣、2000）、契約法・医事法の関係的展開（同研究2巻）（有斐閣、2003）、多文化時代と所有・居住福祉・補償問題（同研究3巻）（有斐閣、2006）

隅谷三喜男*　（すみや　みきお／元東京大学名誉教授、前社会保障制度審議会会長）
　　　　　　生年：1916年（大正5年）
　　　　　　専門分野：社会保障、社会政策
　　　　　　主著作：対等の倫理（筑摩書房、1958）、日本の都市問題（東大出版会、1963）、Y閉山炭住調査報告（東大出版会、1965）、日本資本主義と労働問題（東大出版会、1967）、労使関係の国際比較（東大出版会、1978）など

阿部　浩己　（あべ　こうき／神奈川大学教授）
　　　　　　生年：1958年（昭和33年）
　　　　　　専門分野：国際法（国際人権法）
　　　　　　主著作：人権の国際化──国際人権法の挑戦（現代人文社、1998）

池田　恒男　（いけだ　つねお／龍谷大学教授）
　　　　　　生年：1948年（昭和23年）
　　　　　　専門分野：民法
　　　　　　主著作：「『近代的土地所有権』と『近代的土地所有』」土地法の理論的展開（法律文化社、1990）、「震災対策、復興法制の展開軸と震災法学の課題」法律時報69巻12号～70巻8号（1997～98）（大震災と法（同文館、2000）所収）、「民法典の改正──前3編」民法典の百年Ⅰ（有斐閣、1998）など

岡本　祥浩　（おかもと　よしひろ／中京大学教授）
　　　　　　生年：1957年（昭和32年）
　　　　　　専門分野：ホームレス問題
　　　　　　主著作：居住福祉の論理（早川と共著）（東大出版会、1993）

日本居住福祉学会のご案内

〔趣　旨〕

　人はすべてこの地球上で生きています。安心できる「居住」は生存・生活・福祉の基礎であり、基本的人権です。私たちの住む住居、居住地、地域、都市、農山漁村、国土などの居住環境そのものが、人々の安全で安心して生き、暮らす基盤に他なりません。

　本学会は、「健康・福祉・文化環境」として子孫に受け継がれていく「居住福祉社会」の実現に必要な諸条件を、研究者、専門家、市民、行政等がともに調査研究し、これに資することを目的とします。

〔活動方針〕

(1)　居住の現実から「住むこと」の意義を調査研究します。
(2)　社会における様々な居住をめぐる問題の実態や「居住の権利」「居住福祉」実現に努力する地域を現地に訪ね、住民との交流を通じて、人権、生活、福祉、健康、発達、文化、社会環境等としての居住の条件とそれを可能にする居住福祉政策、まちづくりの実践等について調査研究します。
(3)　国際的な居住福祉に関わる制度、政策、国民的取り組み等を調査研究し連携します。
(4)　居住福祉にかかわる諸課題の解決に向け、調査研究の成果を行政改革や政策形成に反映させるように努めます。

学会事務局

〒466-8666　名古屋市昭和区八事本町 101－2
中京大学　総合政策学部
岡本研究室気付
TEL 052－835－7652
FAX 052－835－7197
E-mail：yokamoto@mecl.chukyo-u.ac.jp

居住福祉学の構築
居住福祉研究叢書 第1巻

2006年10月5日　第1版第1刷発行　46変上製カ
　　　　　3261-01010　P232:Y2800E:PB1+100

編者	早川　和男
	吉田　邦彦
	岡本　祥浩

発行者　　今井　　貴
発行所　　株式会社信山社
〒113-0033　東京都文京区本郷6-2-9-102
　　Tel 03-3818-1019　Fax 03-3818-0344

Ⓒ居住福祉学会,信山社 2006　印刷・製本／松澤印刷・大三製本
　ISBN 4-7972-3261-7　C3332　分類369.000-a001
　　　　Ⓒ禁コピー　信山社 2006

行政裁量とその統制密度	宮田三郎 著	六〇〇〇円
行政法教科書	宮田三郎 著	三六〇〇円
行政法総論	宮田三郎 著	四六〇〇円
行政訴訟法	宮田三郎 著	五五〇〇円
行政手続法	宮田三郎 著	五〇〇〇円
現代行政法入門	宮田三郎 著	三三〇〇円
行政法の基礎知識(1)	宮田三郎 著	一七〇〇円
行政法の基礎知識(2)	宮田三郎 著	一七〇〇円
行政法の基礎知識(3)	宮田三郎 著	一七〇〇円
行政法の基礎知識(4)	宮田三郎 著	一七〇〇円
行政法の基礎知識(5)	宮田三郎 著	三二〇〇円
地方自治法入門		

信山社